地球を壊す暮らし方

Imperiale Lebensweise

Zur Ausbeutung von Mensch und
Natur im globalen Kapitalismus

地球を壊す暮らし方

帝国型生活様式と新たな搾取

ウルリッヒ・ブラント Ulrich Brand
マークス・ヴィッセン Markus Wissen

監訳
中村健吾 Kengo Nakamura
斎藤幸平 Kohei Saito

岩波書店

IMPERIALE LEBENSWEISE
Zur Ausbeutung von Mensch und Natur im globalen Kapitalismus

by Ulrich Brand and Markus Wissen

Originally published 2017 by oekom verlag.

This Japanese edition published 2021
by Iwanami Shoten, Publishers, Tokyo
by arrangement with the authors.

日本語版への序文——
コロナの時代に本書への批評に応える

本書が二〇一七年にドイツ語で出版された当時、今回の日本語版にも影響を与える二つの出来事を著者である私たちは予見することができなかった。その一つはドイツの進歩的な人びとによる議論のなかで本書が出くわすことになった反響、つまりは本書が受けた一定の是認と批判であり、もう一つはコロナ危機である。私たちはこれら二つの出来事を、ドイツ語版で私たちが展開した議論のいくつかを深め再考するための機会として受けとめた。したがってこの日本語版への序文では、二〇一七年に本書のドイツ語原版が出たことで誘発されたいくつかの重要な議論に焦点を当てる。さらに、現在のコロナ危機について「帝国型生活様式」の観点から考察しようと思う。コロナ危機は日本よりも欧州においてはるかに劇的であり、これからの世界のあり方に甚大な影響をおよぼしているからだ。

帝国型生活様式をめぐるドイツでの論争

本書をめぐるドイツでの論争は、近年の社会的・政治的な出来事、とくに極右政党である「ドイツのための選択肢（ＡｆＤ）」の選挙での成功、そして二〇一五年におけるメルケル政権の難民政策への保守からの批判という背景に照らして理解されなければならない。この状況のなかで、ドイツの左翼はおおよそ二つの大きな陣営に分裂した。第一の陣営は、社会全体を横断する、つまりはすべての階級を横断する現象であると彼らがみなす、外国人嫌悪と人種差別の拡大に抗する闘いに関心を集中する。第二の陣営は、上層から中・下層に対して仕かけられてきた階級闘争の激化を指摘しつつも、これを解放的な方向へと転換していくのは不可能であることを強調する。この第二の陣営はそうした事情の理由を、一九九〇年代後半以降にドイツの社会民主主義が階級の問題を不可視化したことに求めた。階級政治の不在のせいで、労働者階級のなかのますます多くの層が排外主義と人種差別に傾いているというわけである。

本書は、それを意図していたかどうかは別にして右記のような議論に介入することになった。これはとりわけ、グローバル・ノースの帝国型生活様式がグローバル・サウスにおよぼした壊滅的な影響を遠因とする移民と難民の最近の動きについての私たちの議論に関係している。(1) 私たちの理解によれば、極右の台頭は、これまで帝国型生活様式から除外されていた人びと、あるいはこの生活様式のもたらす社会的・生態学的なコストを負担するべきだと宣告されてきた人びとの主張や要求に抗し、この生活様式を権威主義的な手段によって防護することに関心をいだく、主としてグローバル・ノースに位置する有力な勢力の企図に由来している。そのため私たちの本はシュテファン・レーセニッヒの本と同じように、(2) 先述したドイツ左翼の「反人種差別の陣営」によって歓迎され、「階級政治の陣営」によってかなり懐疑的な眼で受けとめられたのだが、これは驚きに値しなかった。

たとえばデニス・エファースベルクは、ドイツでの二〇一七年の総選挙の結果を分析し、とくにこの選挙でAfDによる得票の割合が増加したことを分析した際に、帝国型生活様式の概念を援用している。[3] エファースベルクによれば、この選挙結果は有権者の一部が移民、経済危機、国際政治の混乱に応答する際に示した「権威主義的ナショナリズム」の高揚によるものである。これと対立するもうひとつの方向性は、新自由主義的なグローバル化の恩恵を受けているがゆえに経済的国境や人種差別に抗して闘っている人びとの「進歩的な新自由主義[4]」である。これら二つの方向性はお互いに対立してはいるものの、自らが引き起こした難題にますます直面するようになっている帝国型生活様式を支持するという点では一致している。権威主義者たちは国境管理を強化し経済的ナショナリズムを宣伝することによって、この生活様式をもっぱら防衛することをめざしている。それに対し、新自由主義者たちはグローバル化された市場と技術競争を通じて、この生活様式を近代化しようとしている。こうした背景に照らして見るなら、左翼——および左翼をとり巻く政治的・学問的な議論——が負っている重要な課題は、帝国型生活様式を克服することによって多角的な危機に対処しうる、グローバルな連帯という第三の運動を創り出すことにある。

エファースベルクの立場と帝国型生活様式の概念はしばしば、多角的な危機の有する階級的な内実を強調して下層と中層の階級を動員しうるような視点を定式化しようとする人びとから批判された。本書に関する詳細な論評のなかでクラウス・デレは、グローバル・ノースとグローバル・サウスとのあいだの矛盾を中心的な矛盾として想定しながら、グローバル・ノースの国々における社会的緊張(の激化)を本書が無視しているとみなす。[5] デレが論じるところによれば私たちのアプローチでは、グローバル・ノースの多くの人びとが日々の糧を得るために奮闘しているという事実は軽視され、ことに階級闘争は、社会のなかで広く共有されていると想定された生活様式の背後にかき消されてしまう。同様にギュンター・ティエンは、本書は帝国型生活様式の階級的な側面を記述してはいるものの、それを分析的に立証していないとして私たちを批判している。階級間の矛盾はこの生活様式を階層化するはずなのに、〔本書において〕前者は後者の形成を解明するうえでの意義を失っているというのである。(6) その結果、私たちの批判は道徳的な領域にとどまり、グローバル・ノースの多国籍企業の最高経営責任者(CEO)と彼のもとで働く労働者たちとをまったく同列で非難している。その結果、一方におけるグローバル・ノースの労働者たちと他方におけるグローバル・サウスの庶民たちとのあいだに乗り越えられない亀裂を設けてしまう。そうすることによって私たちは、現在の新自由主義と権威主義が上から仕かけてくる階級闘争における対抗的な契機とそれのもつ潜在力とを過小評価しているというわけである。(7)

第二の批判はフェミニストによるものである。批判のこの方向性に沿ってアーデルハイト・ビーゼッカーとウタ・フォン・ヴィンターフェルトは、外部化という彼女たち自身の概念の観点から本書について論じた。(8) 彼女たちは、帝国型生活様式の社会的・生態学的なコストを負担しなければならない従属的な人びと《サバルタン》とは同質な集団ではなく、ジェンダーによる区分をともなう集団であると主張する。帝国型生活様式は、資本主義の内部で(男性の)労働力を商品化するための前提条件を創出する無給の再生産労働に不可避的に依存しているが、そうした再生産労働のほとんどは女性によって担われている。そのため、この生活様式が依存している妥協はジェンダーの区分によって規定されている。外部化はつねに、自然と女性の労働力とを外部へ分離するとともに再領有するという二重の過程である。[9] 同様にクリスタ・ヴィヒテリヒは、帝国型生活様式がグローバル・ノースとグローバル・サウスを非対称的な仕方で結びつけるだけでなく、家庭内での社会関係と国際的な社会関係とのあいだの複雑な相互接続に依存していることを強調した。たとえば、ケア労働はグローバル・ノースの諸社会においては男性と女性のあいだで不均等に配分されている。[10] 賃労働への女性の参加の拡大と日常生活の新自由主義的なフレキシブル化とを顧みるなら、この不均等な配分はケアの危機をもたらす。この危機は、グローバル・サウスの安価な女性労働力がグローバル・ノースの中流階級と上流階級の世帯の再生産にますます関与するようになることを可能にするケアの〔国際的な〕連鎖によって処理されている。こうしてケアの危機は外部化される。クリスタ・ヴィヒテリヒはここに「ケア採取主義」が機能しているとみなす。[11]

三番目の批判は、私たちの想定がグローバル・サウスの役割を単純化しているという点に向けられている。第一に、グローバル・ノースの有する物質的な富の主な原因は、グローバル・サウスの労働者および自然からの搾取にあるのではなく、グローバル・ノースそれ自体における労働者からの搾取に起因するこの地域の比較的高い生産性、〔産業〕生産システムの構造、およびそれらに照応する剰余価値の生産にあると主張された。[12] したがって、グローバル・サウスにおける自然や人間からの搾取が演じている役割を私たちは著しく過大評価しているというのである。また、シュテファン・ショッペンガートによれば、[13] 私たちはグローバル・ノースとグローバル・サウスにおける有力な諸階級の組織を、国際的な次元においても各国の次元においても過小評価している。これに加えて、私たちはグローバル・サウスの国々のあいだの違いや貧困との闘いにおける大いなる進歩を認識していないし、古い帝国の中心部の有する国際的な権力が疑問視されつつあることを認知してもいない(14)。もちろん、この種の異論は中国を念頭に置くだけでなく、おおよそ二〇〇三年から二〇一四年にかけて資源ブームに沸いた多くの中南米諸国のことも念頭に置きながら提起されたものである。さらに、ポスト・コロニアルおよび脱コロニアルの理論と批評をもっと深く受容していたなら、私たちは移民と難民の役割を、グローバル・ノースの国々における彼らの言説と行動を、そしてグローバル・サウスのポスト・コロニアル社会における権力と支配のさまざまな関係をよりよく理解していたであろうということが示唆された。「帝国型生活様式」のような概念は、グローバル・サウスの国々に存在している批判的な知識と接合されなければならないのである(15)。

　第四に、もろもろのオルタナティブ、ならびに私たちが「連帯型生活様式の輪郭」と呼ぶものに関して言えば、私たちの議論は広すぎて、焦点を欠き、根本的な社会変革にとって必要とみなされる社会的・政治的な対抗構想を確立するための論拠を提示していないと批判された(16)。ハンス・ティーは、解放的な思考と戦略における致命的な弱さが本書でも再現されていると見ている(17)。すなわち、本書に欠けているのは「対抗的な政治経済学」であり、それはつまり、他人を犠牲にすることのないエコロジカルで社会的にも魅力のある実現可能な生産・生活様式の定式化と、それをめざす闘いの描写である。

　もちろん、私たちはこれらの批評にとても感謝しているし、本書が広く受容され多くの議論を引き起こしたことに満足している。現在の状況を批判的な視点からどのように理解するかをめぐる議論に私たちが寄与したのは間違いないからだ。そして批判的な思考と解放的な社会的・政治的プロジェクトやそれに関連する戦略とにとって著しく重要であるにもかかわらず、批判的な研究者と左翼によって通常は考慮されていないか、または十分に考慮されていない若干の側面に本書は光を当てたのだと思われる。クラウス・デレは、（非）持続可能性についての議論をリードする個人や集団が無力であるという広く行き渡った感覚に、本書が説得力をもって対抗していると記した[18]。むろん、本書への反響と批評は、私たちが自らの議論を精緻にし、それをさらに発展させていくための着想の源となった。

批判に応えるとすれば、私たちは、階級と社会的再生産の重要性を、そしてそれらと環境問題とが密接に関係していることが帝国型生活様式の再生産および危機にとって有する重要性を明らかにしようと試みてきた。私たちは、帝国型生活様式がきわめて矛盾する諸効果を有していることを強調しているのであり、そうした効果のひとつは、この生活様式がグローバル・ノースの労働者をグローバル・サウスの労働者から分断するという点にある。フォーディズム以来、前者の搾取は後者の搾取によって軽減されてきた。言い換えれば、北の労働者階級の再生産は、グローバル・ノース自体における階級闘争の制度化された妥協から恩恵を受けただけでなく、自然および労働力にグローバルな規模でアクセスできるという可能性からも、そして大量の資源とエネルギーを必要とする生産と消費のパターンが生み出す社会的・生態学的なコストを外部化しうるという可能性からも恩恵を受けてきた。そしてこのことは、帝国主義的な世界秩序によって保障されてきたのである。こうした指摘は、労働者階級を非難したり、単なる道徳的な批判に逃れたりすることからはほど遠い。それはむしろ、グローバル・ノースの労働者たちが構造的に――つまり、販売しうるものとしては自分の労働力しかもたず、それ以上は何ももたないという彼ら自身の従属的《サバルタン》な地位を通じて——帝国型生活様式へと組み込まれていくメカニズムを理解することにかかわっているのである。グローバル・ノースの労働者が帝国型生活様式に統合されることは、つねに従属的《サバルタン》な関係であった。帝国型生活様式のもたらす平準化効果はつねに、それの階層化効果によって帳消しにされてきた。そして、最近では後者の階層化効果のほうがよりいっそう前面に出るようになっている。

私たちはこの点を最近の論文で解明しておいた。[19] この論文は、私たちの概念が有する階級的な内実を論じ、ケア労働をもっと体系的に考慮に入れ、連帯型生活様式のもつ解放的な見通しをよりいっそう具体化するよう試みている。そうする際に私たちは、シュテファニア・バルカとエマニュエル・レオナルディによる労働者階級の環境保護主義の概念[20]、ならびにローザ・ルクセンブルク財団の批判的社会分析研究所によって開始された新しい階級政治をめぐる議論[21]の両方に依拠している。私たちの見立てによれば、環境危機、経済危機、そしてグローバル・ノースの中核部門（自動車産業など）をすら見舞っている労働条件の悪化は、帝国型生活様式の提示した約束がますます達成しがたくなっているように見える状況を表わしている。しかもそうした状況は、グローバル・サウスのほとんどの人びとに当てはまるだけでなく、グローバル・ノースそれ自体においてもますます多くの労働者に当てはまるようになっている。権威主義的な解決策が優勢にはならないとすれば、将来の仕事と富を環境破壊に頼って得ることはもはやできないのであり、むしろ環境保護にこそ頼らなければならない。そうすれば、帝国型生活様式の克服をめざす社会的・生態学的な転換の新しい視点が得られるであろうし、そうした転換への労働者と労働組合の積極的な参加が可能になるだろう。こうした労働者階級の環境保護主義の決定的に重要な構成要素には、賃労働とエコロジーのあいだの有機的なつながりを強化することが含まれるだけでなく、使用価値と人びとや社会の再生産に関するニーズとを重視する方向へ生産を向け直し、社会の再生産とケア労働を中心に据えることも含まれる。[22] さらに、「反人種差別主義者」の陣営がしばしば階級的な視点を有していることを忘れてはならない。その視点はかなり国際(主義)的であり、各国の次元とそこでの妥協や闘争にそれほど焦点を当ててはいないとはいえ。

グローバル・サウスの諸社会、それらが世界市場に統合される際の形態、ならびにグローバル・サウスとグローバル・ノースにおいて帝国型生活様式が果たしている役割についての私たちの理解をめぐる議論に応えておこう。強調しておきたいのは、私たちのアプローチはたしかに、資本主義の中心部における相当なヘゲモニーをともなう日常生活が示すグローバルな側面と、この生活がグローバル・サウスの多くの人びとに対してもちつづけている魅力とを際立たせることを意図しているという点である。さらに私たちは、この生活のもたらす社会経済的・政治的・生態学的な帰結の破壊的な力に光を当てたい。そうすることで私たちは、北の資本主義がグローバル・ノースの内部にいる人間と自然の搾取に強く依存していることを否定するのではなく、むしろ明示しているのである。そうした搾取のためのメカニズムが外部化——たとえば都市と農村の分裂を見よ——であり、顕示的な消費による社会的階層化であり、行動の範囲を拡大すると同時にそれを制約するという帝国型生活様式の矛盾した性格である。これは、グローバル・サウスのますます多くの社会にも当てはまるようになっている。それらの社会は、国境を越えて、すなわち他の南の国々において自然と労働力へアクセスすることに依存するようになり、そうすることで、とりわけサブ帝国的な諸関係——たとえばＢＲＩＣＳ

〔ブラジル、ロシア、インド、中国、南アフリカ〕とグローバル・サウスの低開発諸国との関係――という形態をとりながら、グローバル・サウス内部での分化を促進する道を切り拓いている。[23] しかし、事態はそこにとどまってはいない。それらの社会では複雑な階級関係が出現するようになり、中流階級と上流階級は北における彼らの相棒たちの消費パターンを模倣し、資本主義的な領域獲得と同時に労働力の搾取が強まっている。

私たちの見方はまた、グローバル・サウスの多くの国々、とくに中国や他の多くの主にアジアや中南米の国々における最近の経済成長と発展を歓迎していないため、(批判的な)政治経済学者たちのあいだで不快感を生み出しているようである。グローバル・サウスの国々における資本主義的な成長は多くの人びとの生活状態を、とくにエリートや上層の中産階級の生活状態を改善する。これらのエリートは危機の時期になると、中南米で実際に観察されるように、中産階級の一部に支えられながら、いかなる犠牲を払ってでも権威主義的な手段によって自らの立場を防衛しようとする。量的な改善と成長率に焦点を絞ることは私たちには、「大きな数値のイデオロギー(ideology of the large number)」であるように思える。このイデオロギーは、資本主義の条件下における「経済の奇跡」が――すべての進歩と潜在的な分配政策にもかかわらず――たいていは人びとと自然を置き去りにしながら生じることを否定するのである。

政治経済学における多くの重要な文献において依然として過小評価されているように思われるのは、南北関係は価値の生産と移転にかかわるだけでなく、必ずしも貨幣の量に反映されない生物物理的な問題にもかかわっているという点である。アルフ・ホアンボーが述べたように、グローバルな支配における決定的に重要な要素のひとつは、「生態学的な時間と空間の領有」においてグローバル・ノースの社会に特権を与える傾向のある生態学的な不等価交換である[24]。これは経済的価値と剰余労働にのみかかわるのではなく、暴力、強奪、人種差別、生態系の破壊にも関係している。北におけるより高い経済的な「生産性」と剰余価値は、この背景に照らして理解されなければならない。研究をさらに進めるうえでは、価値と生物物理的な富の移転がどのように機能し、それらが他の国での価値と富の生産へどのように接合されているか、そしていかなる行為主体とメカニズムと権力関係がそこに決定的な仕方で関与しているかをよりよく理解することが有益であろう。

要するに帝国型生活様式という概念は、——無数の戦略、実践、意図せざる結果を通じて——あらゆる空間的な尺度において再生産される権力と支配のグローバルな布置連関をよりよく理解することを意図している。それらの尺度は、身体や心や日々の行動から、地域や国民国家として組織された社会を経て、グローバルな相互作用を支えるほとんど目に見えず意図的に隠された諸構造にまでおよんでいる。この生活様式はまた、生物物理的な物質の膨大な移転を意味するとともに往々にして破壊を引き起こす社会的な対自然関係[1]を再生産する。これは地域や国のなかで起こるが、グローバルな規模でも生じる。そしてこの生活様式は、それが同時に再生産する支配の諸関係によって表現されるのである。

社会的および政治的なオルタナティブに関して言えば、社会的・生態学的な転換を促すための明確

〔1〕本書で頻繁に用いられる「社会的な対自然関係」という概念は、「社会」と「自然」のいずれをも互いに独立した実体とはみなさず、両者の差異を視野に入れるとともに両者の相互媒介関係を強調する。

な道筋を提示していないことを私たちは自覚している。これには単純な理由がある。すなわち、そのような道筋は——少なくとも現時点では——存在しないのである。明確だと思われるようなオルタナティブを提示することには危険がともなう。なぜならそれは、多角的な危機のさまざまな原因を、権力と支配の構造的および日常的なメカニズムを、そして同時に、現に存在し進化していくもろもろのオルタナティブの多様性を、隠してしまいがちだからだ。転換は、大胆な政策と集合的行為主体による行動とを含むけれども、そこには「政治」それ自体に関する理解の刷新、社会的(再)生産の組織化(およびそれが国際的な次元へとどこで/どのように組み込まれるか)をめぐる問題、社会的な分業、そして物質的なインフラストラクチャーと知的なインフラストラクチャーも含まれる(25)。

自由をめぐる問題は、解放の戦略とプロジェクトにとって最も重要である。帝国型生活様式は、多くの人びとの物質的な福利の向上をともないながら深化するだけでなく、それのもつ魅力は、競争に基礎を置く社会において個々人の市民的な自由と「自己決定にもとづく生活様式」とを可能にする——または少なくともそれらの実現を約束する——ことにもあるという点を、アンドレアス・ノヴィは強調する(26)。つまりこの生活様式は、パターナリズムからの自由と、自分自身の生活の営みにおける個性や自律性の約束とをともなっている。帝国型生活様式は、人権にもとづく平等という普遍的な規範を侵犯すると同時に、生活と消費において自分自身の行動を邪魔されないという個人的な自由を擁護するのだ。帝国型生活様式のこうした側面は、社会構造と日常の実践や慣行とに焦点を当てた私たちの仕事ではまだ深く探究されていない。カール・ポランニーの思考を批判的な討論へ再導入するという現在の試みは結局のところ、批判的思考と左翼とが直面するこうした課題にも関連している。無責任さを体系的に生み出すことを特徴とする社会のなかで責任をもって行動し生きるということは、いったい何を意味するのか[27]。そうすると重要な政治的問題は、他人を犠牲にして生きることを拒否しながら、私たちはどのようにして非順応主義と個性を守るのかという点にある[28]。

本書はまた、根本的なオルタナティブをめざす闘争や探求への貢献として、もろもろの転換がなぜ絶対に必要なのかを理解するための分析的かつ政治的な基礎知識として読まれるべきであるが、それにとどまらず、もろもろの戦略がなにゆえに歴史的な経験および局面と現在のそれらとに照らして慎重に吟味されるべきなのかを理解するための基礎知識としても読まれるべきである。私たちはのちにコロナ危機へ言及する際にこの点へ立ち戻ることにする。

対抗ヘゲモニーを志向するプロジェクトは多くの分野においてさまざまな尺度で定式化し展開する必要があると主張する点において、私たちは自らを革命的な現実政治(ローザ・ルクセンブルク)とラディカルな改良主義(ヨアヒム・ヒルシュ)の伝統に連なるものとみなしている。ラディカルな変化を実現するうえで避けることのできない入り口は、首尾一貫した政治的・社会的闘争だけでなく、矛盾をはらんだ人びとの日常の意識にも求められると、私たちは主張する。何気ない変化が全体としては重要な変化につながることもしばしばあるし、社会運動として、あるいは既存の諸組織の内部において、社会的かつ政治的に表現されるかもしれない。ラディカルな変化というのは、既存の政治的・経済的制度から必ずしも生じるのではなく、現状から利益を得てそれを擁護する人びとに抵抗する解放的な行為主体によって担われるさまざまな紛争から生じる。したがって私たちは、本書と、それへの批評が鼓舞してくれた私たちの議論のさらなる発展とが、先述した左翼の二つの陣営のあいだに橋を架けるうえでも寄与することを願っている。

コロナ危機の時代における「帝国型生活様式」

コロナ危機のなかで、オルタナティブをめぐる問題はいっそう緊急性を増した。社会のなかでの暮らし、仕事、社会制度やインフラストラクチャー、民主主義、そして社会的な対自然関係を、持続可能な仕方で将来性のあるものにしていくために、今日私たちには何ができるだろうか。これまで考えられなかったことを突如として可能にした今日の社会的な好機を、より公正でより民主主義的な社会をめざす闘いに、とりわけ将来世代がこの惑星で期待にかなう暮らしを送ることを可能にする社会をめざす闘いに、どのように活かしていくことができるだろうか。

コロナ危機のもとで可能となった学習の過程

新型コロナ・ウイルスの感染拡大の第一波の当初から、前例のない極端な制約が日常生活に課された。すなわち、ソーシャル・ディスタンスの確保、マスクの着用、多人数での集会の禁止、リモートワーク、多くの人びとが経験した収入の減少または途絶、保育園・学校・大学・レクリエーション施設・ビアガーデン・レストランなどの公共施設の閉鎖など。二〇二〇年の春と秋に行なわれた二度のロック・ダウンは、私たちの身を守ることを意図したものであったけれども、まさにそれら自体が心理的、社会的、物理的に否定的な影響をおよぼしている。これに加えて、工業生産とサービス産業と農業が苦境に陥っていることは、東欧からの季節労働者の減少によっても示されている。世界貿易が総崩れとなった結果、石油価格は極端に下落し、ときにはマイナスにすらなっている。あらゆる国々で失業率が急激に上昇している。「ケアの危機」と再生産をめぐる問題は、移民労働者によって担われる二四時間体制のケア労働が国境封鎖のせいでもはや保証されなくなって以降、とくに目立つようになっている。中産階級がこれまで階級や人種の分割線に沿って難なく外部化してきたケア労働は、いまやふたたび家庭内で、しかも主として男女のあいだで交渉によって処理されなければならなくなっている。

貧困のなかで暮らす人びと、不安定な仕事に従事する人びと、そして難民たちのように、社会的に不利な境遇に置かれた集団がどれほど脆弱であるかを、目下の危機はきわめて明瞭に示している。多くの産業において小規模な会社は大企業に比べ、危機を乗り切るにあたってより多くの問題をかかえ込むであろう。危機をめぐるコストを誰が引き受けるのかという問題は、――積極的な政治的対抗策がとられないかぎりは――既存の不公平さと権力関係に則って処理されるであろう。

逆説的なことに、グローバルな二酸化炭素の排出量は二〇二〇年に大幅に減少した。だがそれは、持続可能性を考慮しつつ国際的に設計された気候変動対策の結果ではないのであり、したがって、気候を考慮した社会的・生態学的転換がまったく始まっていないことは確かである。なるほど一見したところ私たちは、とりわけコロナ危機への対処において、多くの事柄を可能にし新たなアイデアをもたらしてくれる機会を手にしているように見える。しかしながら、状況は見かけほどには明るくない。その理由は、化石燃料とその他の天然資源の利用に依存するか、あるいはそれらから金を稼いでいる強力な資本の集団が、帝国型生活様式という「常態」やコロナ以前の生活に復帰することに利害関心をもっているという点にある。各国政府はこれらの強力な資本の集団と密接に結びついており、いくつかの産業部門では企業の集中がいっそう強まることが予想される。これと同様に、安定した雇用状況にある人びとや彼らを代表する組織は、危機以前の状況を再興することに関心をもっている。

それにもかかわらず、危機をきっかけとする思考の転換は、つまり「よりグリーン」で連帯的な生産・生活様式の諸要素をめざす思考の転換は、それを支持する政治的諸勢力が結集し、現に優勢な政治にとってもそうした思考の転換が魅力あるものに映るなら、可能となるかもしれない。正当化の圧力は、とりわけ気候危機については消失していないのである。そして自動車産業などのいくつかの産業や金融市場は、パンデミック発生の以前ですら重大な問題に直面していた。いずれにせよ現在の経験は両義的であり、事態は争われているのであって、連帯型生活様式に向けた進歩的な言説や政策が介入していくための進入路もまた切り拓かれている。

第一に、危機はつねに「執行府の出番」をもたらす。そのことは一方では、政府に対する人びとの支持が危機のあいだに(著しく)上昇する傾向にあるという事実のなかに見いだされる。他方では、多くの国々の議会で野党が舞台にほとんど登場してこないのが現実である。グローバル・ノースの国々では、影響力の大きな措置と巨額の「救済策の束」を議会が承認している。

アルゼンチンの社会学者であるマリステラ・スヴァンパは現在の国家を、基本的な諸権利を制限し、国家自身のための権力を要求する「健康のリヴァイアサン」と呼んでいる。(29) コロナ危機への対処は政府の人間たちにとって、緊急事態宣言のもとで自分たちが何をどこまでやれるかを示す例証として役立っているのである。多くの措置が社会によって受け容れられている。こうした事態はもしかしたら、危機は主として権威主義的な仕方で処理されなければならないし、基本的な諸権利と法の支配と民主主義は制限されざるをえないという人びとの共通感覚を強化していくかもしれない。

こうした問題含みの傾向を度外視するとしても、コロナ危機の勃発のわずか数カ月前においてですら、政府がこれほど徹底的に人びとの生活と経済活動に介入することができるなどといったい誰が想像しえただろうか。国家は迅速な再編成を行ないうるような地位にはなく、「広範囲にわたる」措置は人びとに伝達されえないし、人びとから期待されてもいないと言われてきたのだから。

同時に、この状況への政府による対処法はあらかじめ定められていたものではない。当初、米国政府は〔新型コロナ・ウイルスのリスクを〕否定し、英国は動揺し、韓国は危険にさらされている集団を隔離し、日本はウイルスの感染拡大抑制に比較的成功し、多くの国々では苛烈な法的措置をともなうロック・ダウンが実行された。ロック・ダウンは、政府が資本主義的成長機構の一時的な中断を命じ、したがって、人びとの日々の生存を保障しているミクロな経済活動を多くの場所で制限することを意味している。

このような事情から私たちは何を学ぶことができるだろうか。政府がコロナ・ウイルスの感染拡大に対する思い切った措置を程度の差はあれ迅速に講じたのと同様に、気候危機は、社会的・生態学的転換に向けたより明確な政治的進路変更に着手する機会として活用することができるであろう。気候変動とその結果に関する知見は共有されており、この知見を否定する政府はもはやほとんど存在しない。そのことを世界に知らしめる重要な合図となったのが、二〇二〇年一一月の米国での大統領選挙におけるドナルド・トランプに対するジョー・バイデンの勝利と、民主党の左派がこの選挙でとくにそのグリーン・ニュー・ディール構想でもって果たした役割であった。

二〇〇八年から二〇〇九年にかけて始まった金融・経済危機で示されたように、資本主義の中心部をなす多くの国々が、経済危機の、そして今回は健康上の危機の諸現象を克服しようとする際に、甚大な規制措置と莫大な財政的資源を動員しうるということが、いまやますます明らかになっている。こうした試みはさまざまな程度で実現され、それぞれの措置は多かれ少なかれ社会的な不平等に影響をおよぼすとともに、緊急事態だという理由で正当化されている。緊縮政策の核心をなす均衡予算という呪文は、現状ではもはや用いられていない。〔しかし〕社会的な力関係が大きく変化しないとすれば、この呪文はかつて以上に強硬に唱えられることになろう。

加えて、私たちは国家の果たす役割について幻想にふけってはならない。明確な社会的・生態学的な基準(後述)が救済策の束に付加されないのなら、そのような救済策は新自由主義的資本主義の冷徹な現実の一部を形成することになる。とりわけ大企業によって、そしてこれら企業と国家との連携によって利益が民営化され損失が社会化されるという戦略は、つまり損失が政府へ、さらに政府を通じて社会へ引き継がれるという戦略は、よく知られているとおりである。同時に、これとは別の重要な事実も知られている。すなわち、大企業との結びつきにもかかわらず、国家は特定の状況では強力な経済的利害に抗してでも実際に進路変更を行なうことができるのであり、少なくとも或る程度までは社会的関心事への配慮を示しうるのである。

第二に、このことは企業にも当てはまる。人びとはいくつかの変化を、もしそれらが二〇一九年末までに起きていたなら驚きをもって受けとめたであろう。変化としてはたとえば、自動車の製造業者や供給業者が健康関連の物資を、つまりマスクや人工呼吸装置を生産したことが挙げられるし、国内の生産者たちを支援する目的で政府が地域内や国内の生産物を購入するよう呼びかけたことが挙げられる。間接的には、グローバルなサプライ・チェーンへの過剰で、いまや危険でもある依存状態が認識されつつあることも挙げられる。危機の負の影響は多くの産業において、サプライ・チェーンをつたって最も脆弱な結び目へと、つまりたいていはグローバル・サウスにおける世界市場向け工場の生産者たちへと転嫁されている。そのため、オルター・グローバリゼーションの運動にとってはおなじみの要求がふたたび取り上げられるようになっている。この要求はたとえば漸進的な「脱グローバル化」や「地域化」という用語で言い表わされている。[30] 資源を大量に消費する長距離型の観光は二〇二〇年にほぼ中断され、もっと地域に根ざした観光へと道を譲っている。

企業活動に対する政府の介入がいまや正当なものとみなされるのなら、経済活動への統制にかかわる別種の問題が問われることにもなる。それはつまり、公共部門は将来いかなる重要性を有することになるのか、企業による投資や公共インフラストラクチャーへの投資を誰が決定するのか、そしてこれらの決定はいかなる社会的・生態学的基準にもとづいて下されるのかという問題である。これは、「安定した弾力性のある経済[31]」へと向かう可能性の扉を開く。この可能性は恐慌からの自由という資本の夢想として理解されるのではなく、社会的・生態学的転換を実現するうえでの条件として理解されなければならない。弾力性のある経済とは、全体として国内総生産の下落を意味しており、それは労働時間、所得、雇用、社会保険制度に影響をおよぼす。[32] 国防産業や自動車産業といった持続不可能な経済部門の解体・転換をめぐる議論は、適切な労働市場政策と社会的・生態学的な産業政策によって補強されながら、いっそう強化される必要があるだろう。

第三に、以前には稀にしか顕在化しなかったような仕方でいまや明らかになりつつあるのは、人びとの生活が生物物理的な条件と社会的な条件に大きく依存しており、ウイルス感染症や不十分な医療体制に対して脆弱であるという現実である。効用を最大化することに主眼を置く自律的な個人という広く普及してきた想定は、信用を失った。健康は運・不運によるものではなく、病気は宿命によって(のみ)左右されるわけではない。両者はむしろ社会的な諸条件によって影響をこうむる。医療部門の新自由主義的な縮小や弱体化はいまや、多くの被害のみならず死者をすら生んでいるのであり、特定の産業部門で働く人びとをストレスとリスクにさらしている。欧米における医療提供体制の不十分さは主として英国、ギリシャ、イタリア、そしてスペインなどの国々で目に見えるものとなってきているが、この不十分さは緊縮財政やユーロ危機のあとにEUが課した諸条件によってもたらされたものである。外部から課された新自由主義的「構造調整」を経験したグローバル・サウスの国々においては、事態はいっそう陰鬱な様相を呈している。とりわけそのような経験の結果として、医療制度の現状についての幅広い社会的議論が起こっている。

こうした状況下では、医療およびとくにケアにかかわる専門職、そしてその他の不可欠な社会的役割を担う公益的で「システム上必要な」職業には、以前よりも高い評価が与えられるようになっている。しかしそれは、いまのところ往々にして象徴的な評価の域を出ていない。こうした職種には、食糧の生産と売買、あるいは基礎的な公共インフラストラクチャーの維持に携わる人びとの活動が含まれる。その後の賃金交渉では概して、これらの部門の労働者たちに対する評価の高まりがより高い賃金へ結実することはほとんどなかった。しかしながら、(大型の)自動車、すぐに時代遅れになる消費財、刷新がくり返される流行の衣服、週末の旅行その他の地位誇示商品など、これまで重視されすぎていたかもしれない財とサービスと産業については批判的な議論がくり広げられるようになっている。日常生活のインフラストラクチャーをなす「基盤経済[33](foundational economy)」は目下ますます評価されるようになっており、これは重要な経験となっていくかもしれない。たとえ危機のあとに古い(ジェンダーに沿った)ヒエラルヒーがすばやく立ち上げられてしまうとしても、そうした経験がまたもや忘れ去られるようなことがあってはならないのである。

第四に、このように混迷している時期に人びとは、確実に相互の利益となるならば日々の振る舞いを迅速に変更することをまったくいとわないということを私たちは学ぶことができるし、学ばねばならない。ケアをめぐる負担がまったくないか、あるいはそれをほとんど抱えておらず、しかも安定した収入のある人びとにとって、現在の状況は逆説的な効果を有するであろう。つまり、これらの人びとは、全般的な社会・経済情勢をめぐる懸念にもかかわらず、社会的に強いられた自分自身の日常生活の中断を好ましいものであるとすら受けとめているのである。このことはとくに、(高収入の職業の傾向として)自宅にオフィスを構えることのできる人びとに当てはまる。それに対し、不安定な雇用に従事しているか、または自営業を営む多くの人びとにとって、正常な状態の中断は経済的惨事以外の何ものでもない。私的な領域においても、途方もない負担がしばしば生じている。たとえば、自宅学習、自宅待機命令、接触の禁止は子どもたちや親たちをしばしば疲弊させており、窮屈な生活状況によって過酷化する一種のストレス・テストとなっている。
そうではありながらも多くの人びとが、不確実性と物質的・社会的・心理的な負担にもかかわらず、連帯型生活様式の潜在的な諸要素が実践のなかに具体化されたり、現在の状況から自発的に生じたりするのかどうかを問うている。目下のところ多くの人びとが自分の自動車を「保護された空間」とみなしているにせよ、都市は「自動車から解放される」ことによって、以前よりもゆったりしているように見える。自転車による移動は、規制が緩められただけでなく、より多くのスペースが割り当てられることにより、しばしば公共交通と自動車移動の両方に代わる交通手段であることを証明している。多くの人びとがこれを好ましい状況だと感じているのであり、したがってそれは引き継ぐことのできる集合的な経験となる可能性がある。

危機のあと、新たな「私たち」が創出されると信じるに足る理由がある。私たちは一緒になることによってようやく「経済」を立ち上げ、それを再び古い輪郭のまま回していくことになる。それはすなわち、長い残業をともなない多くの人を不安定な条件のもとに置く仕事であり、過剰消費であり、同時にしかし、市民の最高の義務としての政治的な沈黙でもある。だが、「私たち」のそうしたあり方がいまでは争いの的になっており、この争いは包摂と排除の両方を生み出すであろう。それは、私たちの見方によれば少なくとも生活の社会的・生態学的な側面を強めていく機会を与えてくれる。強制的な性質を免れた日常生活をめぐる現在の両義的経験は、連帯型生活様式への接点をたしかに宿しているであろう。スペインをはじめとする欧州のいくつかの国ですばやく導入され、何百万という人びとの生計の保障を意図しているベーシック・インカムを、簡単に無効にすることなどできそうにない。

第五に、国際的な政策と協力が急務となっている。このことは、世界保健機関が感染の拡大を追跡しているあいだに急速に明らかになってきた。同時に、危機対策は多くの場合(欧州連合によるそれのような最近の共同の取り組みにもかかわらず)国民国家によって指揮されている。「自国の」経済は、たとえそれが欧州連合をさらに弱体化させる可能性があるとしても第一に救済されるべきだとみなされている。欧州の豊かな国々は貧しい国々よりもそのような救済策をめざす傾向にあり、このことは経済的集中のさらなる進行をもたらすであろう。難民に対するEUの非連帯的な政策はとりわけコロナ危機のあいだに顕著になってきており、このことは、現に優勢な政治勢力が極右勢力のさらなる躍進に対して抱いている危惧の表われとして理解することもできる。

それにもかかわらず、コロナ危機の有するグローバルな側面のおかげで、他の国々の状況(何よりもまず保健をめぐる状況)にも大きな注目が集まっている。長きにわたる交渉のあと、欧州の復興基金が二〇二〇年七月に合意された。この基金はとくに、コロナ危機によって最も深刻な影響を受けたEUの加盟国と地域を支援するために計画された。オーストリア、デンマーク、オランダ、スウェーデン、フィンランドといった厳格な緊縮政策をとる国々の政府の抵抗に屈することなく、基金の多くは返済義務のない補助金に充てられており、しかも欧州委員会による大規模な借入が歴史上初めて認められた。これにより少なくとも、以前の危機管理対策を特徴づけていた厳しい緊縮政策の弱体化が明らかになったのである。国際的な政治協力の必要性は、国連事務総長であるアントニオ・グテーレスがイランに対する制裁措置を、同国でのコロナ・ウイルスに対する闘いを支援するために解除するよう二〇二〇年三月末に要請したという事実からも明らかになっている。この間に、低所得国への債務の帳消しが多くの人びとによって要求されてきた。この帳消しは、豊かな国々の側による気前のよい振る舞いとしてではなく、植民地主義による歴史的な負債への賠償として理解されるべきである。グローバルな社会的諸権利への要求を制度的に実現するための「世界規模の社会政策[34]」は、より広い支持を得られる可能性がある。

権威主義の新自由主義的コロナ資本主義に抗する連帯型生活様式

コロナの時代にあって、連帯型生活様式をめざす進歩的な政策とはどのようなものだろうか。また、不平等と自然破壊と権威主義への傾向を継続させるような「コロナ資本主義[35]」が地固めされていく可能性に抵抗する政治とは、どのようなものだろうか。ローザ・ルクセンブルク財団の批判的社会分析研究所によれば、ありとあらゆる混乱にもかかわらず、批判的な思考と進歩的な政治戦略は「さらに先へと達する視点を強調し、議論し、組織する一方で、目下の機会を開かれた窓として利用する。これは、主意主義的に「大当たり」を得るか、それとも実用主義的に「はした金」を得るかという、「あれかこれか」の問題ではない。重要なのはむしろ、抵抗の実践と参入の具体的なプロジェクトとを戦略的な観点に結びつけることである[36]」。危機のさまざまな諸要素は非常に異なった仕方で接合されるであろうし、それがどのように起こるかを予測するのは難しい。また、ここ数年の異議申し立て運動やオルタナティブな実践のなかで形づくられた経験を積極的に取り入れることも重要である[37]。

連携は、大いなる不確実性という条件のもとで創り出される。そのためクリシュトフ・ゲールクは社会的な対自然関係の深刻な危機を念頭に置きながら、「不確実性への新たな対処」を論じるのと同時に攻勢的な転換の政策を提唱している。「試練はむしろまさしく次の点にある。すなわち、自然を支配する戦略を用いることで社会的な対自然関係を制御しようとする試みが引き起こした、まさにその危険によって、資本主義的な繁栄モデルを根本的に転換する必要性を根拠づけること、これである」[38]。ここでは確実性が問題になるのではなく、「ウイルスは完全には制御しえないのだからこそ」[39]パンデミックの原因とその脅威について熟考することが大切になるのだ。これは、進歩的な政策が考慮に入れるべき重要な側面のひとつである。

資本主義的生産のなかで強固に確立された明白な不条理を強調し、この不条理に別の角度から光を当てることが有意義になる。評論家であるカトリン・ハルトマンは、グローバル・サプライ・チェーンの危機とともに明らかになりつつある、資本主義的世界市場のこうした不条理のひとつに言及している。すなわち、ドイツはその食糧の九〇%を自国で調達することができる一方で、世界で三番目の農業生産物と食品生産物の輸入大国なのである。その理由は、ドイツの農業が食肉製品および乳製品の生産・輸出と緊密に連携しているからである[40]。

コロナ危機は、帝国型生活様式が気候正義をめざす運動によって政治上の争点にされてきたという事実、ならびに現在の政策が気候危機に対してどの程度まで実施されねばならないのかをめぐって議論がなされているという事実にも示されているように、新たな様相を見せつつある。その一例としては、航空機産業と自動車産業への救済策に社会的・生態学的な基準を課すことを求める、世論の広範な要求を挙げることができる。

このことは私たちを、政治的イニシアティブをめぐる問いへと導く。現存の経済的・政治的な権力構造を鑑みるなら、今後の政策決定が金持ちや権力者の利益のためにだけなされるのを防ぎ、社会的・生態学的転換の潜在力を強化するために、多種多様な提案とイニシアティブが求められている。目下の急を要する措置としてはたとえば、低所得層への操業短縮手当の増額、家賃支払いの延期、代金未納による立ち退きや電気供給遮断の中止、自らの健康を危険にさらす専門職に対する追加手当が挙げられる。「民主主義の側からの攻勢」は、すでに講じられた緊急措置のあり方に関する反省を可能にするだろうし、将来において同様の危機が起こった際の意志決定のための適切な手続きを創り出すことを可能にするだろう。そしてそれはまた、民主主義的な社会政策と社会構造政策を促すだろう。この過程においては医療部門の諸組織が重要な役割を担うと考えられる。この点をマイク・デイヴィスは最近、次のように強調している。

「オキュパイ運動〔二〇一一年〕以来、社会主義者たちは所得と富の不平等に抗する闘争を一ページ目に掲げてきた。それはたしかに偉大な功績であろう。だがいまや、私たちは次の一歩を踏み出さなければならない。つまり、医療産業と製薬産業を当面の標的としつつ、社会的所有を提起し経済権力を民主化するという次の一歩である[41]」

　左翼にとっての中心的な課題のひとつは、緊縮政策の再現を阻止することであろう。このような政策は、たとえば必要な投資の延期を地方自治体が検討しているところではすでに或る程度まで現われてきている。たとえばアタック・オーストリア(Attac Austria)はこのような政策に対し、「コロナ危機による苦難の分担」を要求することで対抗している。この要求は、五〇〇万ユーロ以上の資産にはさしあたり一〇%の税金を課したうえで、一億ユーロ以上には三〇%、一〇億ユーロ以上には六〇%の税金を課すというものである。これによって七〇〇億〜八〇〇億ユーロの税収を追加的に生み出すことができ、その過程で不平等を軽減し、金融市場を少なくともいくらかは安定させることができる。(42)資産が非常に集中しているドイツやオーストリアのような国々に関しては、これは妥当な提案である。

進歩的な政治は、世界の他の国や地域の人びとの生活条件の向上を支持する連帯をそれが意味しているかぎりは、国際主義的な政治である。目下、危機がグローバルな規模において人びとに不平等な影響をおよぼしていることが明らかになりつつある。植民地主義による搾取の世紀のあとも、いっそう多くの人びとが不安定な条件下で生活しているのであり、彼らは収入を欠けばただちに生存の危機に陥る。健康とは、感染症などの病気がないことだけではなく、不安に苛まれず、物資面での懸念がなく、生活が所得に大きく左右されることがない、適切な生活の諸条件を生み出すことのできる社会的な状態でもある。グローバル・サウスの国々ではとくに公共インフラストラクチャーが、グローバル・ノースにおける通常の水準よりも劣悪な状態にある。したがって対外債務の帳消しと自由貿易政策の放棄は、自己決定にもとづく発展にとって不可欠な条件である。

そのため、グローバル・サウスの国々におけるコロナ危機の負の影響を抑制することだけでは満足しないような財政的・政治的イニシアティブが緊急に必要とされている。再度述べるなら、今日に限らず重要なのは、帝国型生活様式を後退させてグローバルな社会的諸権利を実現することを視野に入れながら経済的・政治的な世界秩序を考え直すことである。そうするためには、危機に関するさまざまな経験だけでなく、連帯型生活様式についてすでに多面的に実践されたオルタナティブやこれから展開されようとしているオルタナティブが、認知されなければならない。(43)

最後に、オルタナティブを政治的に主張するうえで重要なのは、進歩的な政党の方針と運動の担い手たちとのあいだに、労働組合と他の利益団体とのあいだに、そして学術界、公的機関、経営陣における進歩的な人びとのあいだに、同盟関係を結んでいくことである。「コロナ資本主義」がどの程度まで地固めされていくかは、良質な分析に加え、優勢な社会的言説や権力関係へ介入することのできるイニシアティブと紛争がどの程度展開されるかにとりわけ左右されるであろう。

二〇二〇年一二月

ウィーンとベルリンにて

ウルリッヒ・ブラント

マークス・ヴィッセン

凡　例

一　本書は、Ulrich Brand/Markus Wissen, *Imperiale Lebensweise: Zur Ausbeutung von Mensch und Natur im globalen Kapitalismus*, München: Oekom Verlag, 2017 の全訳である。ただし本訳書では、二〇二一年に刊行された英語版(*The Imperial Mode of Living: Everyday Life and the Ecological Crisis of Capitalism*, New York/London: Verso, 2021)で新たに付加された一連の文章を訳出する一方、ドイツ語原版にはあったが英語版からは削除された文章を割愛している。また、本訳書では巻末の参考文献一覧において、英語版で用いられている二〇一七年以降の新たな文献の情報も収録している。

一　日本語版への序文は、著者たちが訳者の求めに応じて寄せてくれたものである。もともと日本語版への序文の末尾にあった謝辞は、本訳書では巻末に配置した。

一　原著においてイタリック体で表記されている箇所は、本訳書では傍点を付して示してある。

一　〔　〕内の語句等はすべて、訳者が挿入したものである。

一　本文中にある(　)内の算用数字は原注の番号であり、〔　〕内の算用数字は訳注の番号である。原注は巻末において章別に設け、訳注は本文の各該当ページに配置している。

一　ドイツ語等の外国語の原語を示したほうがよいと思われた箇所については、該当する訳語のあとの(　)内に原語を記載した。

一　本文中で引用されている文献のうち、日本語訳があるものについてはその訳書の訳文をできるかぎり尊重したが、当該訳書の訳文とは一致していない箇所もある。

目　次

略号一覧

ADAC　ドイツ自動車連盟
BBU　(ドイツの)連邦環境保護市民イニシアティブ連盟
BGR　(ドイツの)連邦地理科学・資源庁
BMBF　(ドイツの)連邦文部科学省
BMVI　(ドイツの)連邦交通・デジタルインフラ省
BRICS　ブラジル、ロシア、インド、中国、南アフリカ
BUKO　(ドイツの)国際主義連邦調整会議(二〇〇二年以前は、開発政策行動グループ連邦会議)
BUND　環境と自然保護のためのドイツ同盟
CETA　(EUとカナダとの)包括的経済・貿易協定
COP　国連気候変動枠組条約締約国会議
EU　欧州連合
EZLN　サパティスタ民族解放軍
FAO　国連食糧農業機関
GDP　国内総生産
GH　アントニオ・グラムシ『獄中ノート』
HWR　ベルリン経済・法科大学
IASS　持続可能性のための高等研究所
IATA　国際航空運送協会
ICS　国際海運会議所
IEA　国際エネルギー機関
ILA　帝国型生活様式と連帯型オルタナティブの工房
ILO　国際労働機関

IMO　国際海事機関
IPCC　気候変動に関する政府間パネル
ITF　(OECDの)国際交通フォーラム
IMF　国際通貨基金
MDGs　ミレニアム開発目標
MEW　マルクス＝エンゲルス著作集(『マルクス＝エンゲルス全集』大月書店)
MIV　自動車に頼る個人的な交通
NAFTA　北米自由貿易協定
NBS　中国国家統計局
OECD　経済協力開発機構
OICA　国際自動車工業連合会
OPEC　石油輸出国機構
Pkw　乗用車
REDD　森林減少・劣化による温室効果ガス排出を削減すること
SUV　多目的スポーツ車
SDGs　持続可能な開発目標
TTIP　環大西洋貿易・投資連携協定
UNCTAD　国連貿易開発会議
UNDP　国連開発計画
UNEP　国連環境計画
UNFCCC　国連気候変動枠組条約
VCD　ドイツ交通クラブ
VCÖ　オーストリア交通クラブ
WBGU　グローバルな環境変動に関するドイツ連邦政府科学諮問委員会
WTO　世界貿易機関

第一章　或る生活様式の境界地点にて

私たちが、他者の苦悩に頼って自らの生活と自らの再生産を続けることを拒絶し、自分たちを他者から切り離された存在として受けとめることを拒絶しないかぎり、コモンなどおよそ不可能である。

シルヴィア・フェデリーチ(1)

本書のきっかけについて

一九九四年二月の『アトランティック・マンスリー』誌上に、米国のジャーナリストであるロバート・D・カプランによる「迫りくる無秩序」と題された寄稿文が掲載された。(2)この文章のなかで著者は、西アフリカを例にとりながらいわゆる低開発世界の政治的・社会的事情に紙幅を割き、それについて著しく陰鬱なイメージを提示している。南部の巨大都市における道路の渋滞、スラム、少年兵、汚染された河川、そしてこの寄稿文が伝えようとしている内戦の光景に関する劇的で強烈な一連の写真によって、そのイメージの陰鬱さはさらにいっそう強まる。著者のメッセージは明快である。すなわち、グローバル・ノースが冷戦の終焉にともなってグローバル・サウスへの関心を失ってしまったあと、後者はいまにも混沌状態へ沈み込んでいきそうだというのである。この地域は、暴力、国家の瓦解、疫病、「人口過剰」、そして生態系破壊の牙城になりつつあるというわけだ。

この寄稿文の意図は、人びとの苦悩について注意を喚起したり、北の富と南の紛争との関係を再検討したりすることにあったのではない。著者のカプランにとって重要なのはむしろ、「文化的」かつ宗教的な動機にもとづくおびただしい数の紛争が国民国家間のあからさまな競争へ取って代わっている世界秩序を素描することなのである。これに加えて彼は、南における無政府状態の拡散と、文化的に不均質になった北の社会それ自体に生じている緊張状態のせいで、グローバル・ノースにおいても国民国家の秩序が脅かされていることに警告を発しようとしている。

カプランはその際、資源の欠乏と環境破壊の拡大という生態学的な問題の次元に特別な意義を認めている。「いまこそ「環境」を、そのあるがままの姿で把握するべきときである。つまり「環境」とは、二一世紀の初頭における国家の安全保障問題にほかならないのだ。人口数の増加、拡散する疾病、森林伐採、土壌の浸食、水資源の枯渇、大気汚染、そして場合によってはナイル川デルタ地帯やバングラデシュのような危機的とも言うべき人口過剰状態にある地域での海面上昇は、政治的・戦略的な帰結を生んでいる。すなわち、これらの事態は、——大規模な移住を生み出すか、あるいは逆に集団間の紛争をたきつけることによって——他のあらゆる試練の源となるであろう外政上の中心的な試練を表わしているのである(3)」。

カプランによるこの寄稿文の公刊から二〇年以上の歳月が経過した。いまでは、自分の生命を守る必要に迫られて、あるいはより良い生活への願望に駆りたてられてEUに到達しようと試みる人びとに対し、欧州の政治家たちは威嚇や拒絶の提案と具体的措置とを競って提示することに明け暮れている。国際比較で見るなら受け入れの見通しが十分に立つ数の難民(4)を追い返すことが国家の安全保障問題へとすり替えられ、フェンスが建設され、「〔ナショナルな〕運命共同体」への訴えかけがなされ、「〔難民受け入れの〕上限」を要求する声が高まっている。深い利害対立によって争いあっている欧州の政治的エリートたちは、或るひとつの試みにおいて互いに歩み寄っているように思える。その試みというのはつまり、国民国家の秩序――そしてこの場合には国民国家の上に位置する《スプラナショナル》秩序〔EU〕――に迫っているとカプランが想像した脅威に対し決然として全力で対抗することであり、そうするうえでの恰好の実例を難民に見いだすことである。

この点とならんで、二〇一六年の情勢のなかで一九九四年のカプランによる診断を連想させる事態がもうひとつある。すなわち、〔グローバル・ノースへの入域を〕拒絶されるか、あるいは拒絶されようとしている人びとの多くが自国を逃れようとしているのは、どうやら生態学的な理由にもとづいているように見えるという点である。これらの人びとは、気温の上昇、あるいは農業や鉱業における希少な資源をめぐる争いのせいで、困窮や暴力のない生活を送る可能性を奪われている。シリアの内戦もまた、それの勃発に先立って長期にわたる干ばつが起きていたというかぎりで、この物語に付け加えることができる。干ばつは社会的な紛争が生じる可能性を高めたのである(5)。

したがって、カプランによる破局のシナリオの現実性は二〇一六年に立証されたように見える。そればかりではない。彼のシナリオは欧州による遮断政策を正当化する根拠をも提供している。「環境」はいまや国家の安全保障問題となった。そして「環境」による災難をとくにこうむっているのはグローバル・サウスであり、この地域は政治の安定と経済の発展を国民国家の枠組みのもとで達成する見通しがまったく立たなくなるような混沌状態に陥っている。そうだとすればグローバル・ノースとしては、自らの文明的な獲得物を防衛することに専念し、まさにこの高邁な目的のために、グローバル・サウスからやってくる人びとを遠ざけざるをえないように見えるのである。

問題はもっぱら、カプランによる診断と今日の難民政策がいずれも、その正当化や説得力の根拠を、決定的に重要な以下の二つの事情について沈黙を貫くことから引き出しているという点にある。第一に、人びとは単純に天然資源の欠乏や「気候変動」のせいで避難を強いられているのではない。そうではなくて、資源の欠乏を引き起こし、気候変動を多くの人びとにとっての致命的な脅威にまで深刻化させているのは、——たとえば土地、水、生産手段の獲得機会における不平等のような——不公正な社会的関係なのである。第二に、そうした不公正な社会的関係は、苦難に見舞われている地域から受ける直接的な印象を越えて私たちの視線をグローバルな脈絡へと向けるときにのみ把握されうる。すなわち、そうするときに初めて、生態学的な危機と暴力的にくり広げられる紛争とが、それらの帯びるすべての複雑性を含めて理解可能になるのである。

たとえば、コンゴにおいて敵対関係にあるとされる「民族」間の紛争の背後には、携帯電話やノート・パソコンの製造に使われるコルタン鉱石に対するグローバル・ノースの需要が見いだされる。——気候変動の進行による干ばつの拡大の不可避的な帰結であると世界の多くの地域で受けとめられている——水をめぐる紛争は、小農民による生産方式が破壊されつつあることの結果として理解されうる。この破壊はしかも、グローバル・ノースの企業による工業型農業がグローバル・サウスの地方エリートや全国エリートの利害関心をとり込みながら推し進めているものである。そして、ＥＵによる農業政策と通商政策もまた、——避難の根拠が正当なものとして認められないがゆえに「非合法」というレッテルがしばしば貼られる——アフリカの小農民が欧州へと移住する原因のひとつとみなされうる。なぜならＥＵのこの政策は、多額の補助金を受けた農産物をアフリカへ輸出することによって、アフリカにおける市場と収入の見込みとを根絶やしにしているからである。[6]

　こうした観点から世界の現状を見るなら、ＥＵの政策が外見上の正当性を失うのと同様に、カプランによる分析もまたその外見上の説得力を喪失する。ＥＵの政策は、他者の犠牲の上に成り立つ繁栄であるにもかかわらず、まさにその他者による分け前の要求に抗してまで自らの繁栄を防衛しようとする試みとして把握される。そのかぎりにおいてＥＵの政策は、自分自身の利益のために世界中の自然と労働力とを利用し、その際に生じる社会的・生態学的なコストを外部化する〔外部へ転移する〕ことに基礎を置く、或るひとつの生活様式の論理的な帰結である。そのようにして外部化されるコストは、グローバル・ノースのための消費財を製造する際に排出され、南半球の生態系によって吸収される（あるいは大気圏内に集積される）二酸化炭素という形状を帯びることもあれば、グローバル・ノースにおけるデジタル化や「インダストリー４・０」[1]を実現するうえで不可欠な前提をなす金属原料をグローバル・サウスから取り寄せるという形状を帯びることもある。あるいはそれは、鉱物や金属の採掘、私たちが廃棄した電化製品の再加工、または化学殺虫剤によって汚染された環境でグローバル・ノースの消費用の「トロピカル・フルーツ」を栽培する大規模農園における過酷な労働に見られるような、健康と生命を危険にさらしつづけるグローバル・サウスの労働力という形状をとる。

本書の意図について

以上のようなもろもろの前提に依存し、かつまたそれらに照応する生産様式をつねに含みこんでいるような生活様式を、私たちは帝国型生活様式と名づける。この語によって私たちは第一に、グローバル・ノースの人びととグローバル・サウスのますます多くの人びとが、往々にして批判的な省察はおろか意識的な知覚をすら経ないまま彼らの日常生活——生産活動と消費活動——を送ることを可能にしている仕組みを浮き彫りにしたいと思っている。私たちにとって重要なのは、通常の生活なるものがそれの基礎にある破壊を人びとの眼からまさに消し去ることで組み立てられていく、その道筋を明らかにすることである。言い換えれば本書の主題は、人間と自然に対する支配を産み出し常態化させている日常の実践を、そしてその基礎にある社会的かつ国際的な力関係を論じることにある。

私たちは第二に、(社会的な再生産、エコロジー、経済、金融、地政学、欧州統合、民主主義といった)実にさまざまな領域で問題と危機が山積し、先鋭化し、重なりあっている時代に、通常の生活なるものがいかにして、なぜ確立されるのかを解明してみたい。帝国型生活様式が私たちにとって中心的な意義をもつように思えるのは、この脈絡においてである。この生活様式において問題になるのは、実に多様な危機現象の震央部に位置しているひとつのパラドクスである。すなわち、この生活様式は、冷戦の終焉にともなって克服したはずだと人びとが数年前まではまだ想定していた気候変動、生態系の根絶、社会の分極化、多くの人びとの貧困化、地域経済の破壊、あるいは地政学上の緊張の激化といった危機現象を、――先述のように――世界の多くの地域において先鋭化させているのである。そればかりではない。帝国型生活様式はこれらの危機現象を引き起こす本質的な原因となっている。この生活様式は同時にしかし、その効用が集中している場所においては社会的関係を安定させることに貢献している。他所における人間と自然を犠牲にして生産され、まさにそれゆえに安価である食品がもし仮に得られなかったとしたら、二〇〇七年以来の深刻な経済危機[2]を見ても明らかなとおり、グローバル・ノースの社会における下層の人びとの生活の再生産を保証することはなおいっそう困難になっていたかもしれない。ただし、そうした事情をもって、グローバル・ノースにおいてあの経済危機によりさらにいっそう加速した社会の分裂が過小評価されてはならない(7)。

私たちは第三に、現在のもろもろの危機と紛争を帝国型生活様式の矛盾の顕現として把握しようと思う。今日の多くの諸問題がこの矛盾のせいで危機的に先鋭化していることもまた、帝国型生活様式

[1]「インダストリー4・0」とは、二〇一一年にドイツの産業界で初めて使われたあと、ドイツの連邦政府による産業振興戦略の柱として採用されることになった構想であり、モノのインターネット（IoT）などを活用した製造業と流通業のデジタル化・ネットワーク化による「第四次産業革命」を示唆する用語ともなっている。

[2] 米国の投資銀行であるリーマン・ブラザーズが二〇〇八年九月に破産したことが、それ以降の世界的な金融危機と不況の引き金を引いたことは事実である。けれども、金融危機は実はすでに二〇〇七年に米国と欧州で同時に発生していた。すなわち、二〇〇七年六月には米国においてベア・スターンズ傘下のヘッジ・ファンドが経営に行き詰まり、同年八月にはフランスのBNPパリバの傘下にあるヘッジ・ファンドが口座凍結を実施したのだった。そのため著者たちは「二〇〇七年以来の深刻な経済危機」という表現を用いている。

がまさにいま死をもって勝利を購《あがな》おうとしていることに起因していると言えよう。この生活様式はその本質からして、自然と労働力とに対する——言い換えれば「外部」に対する——グローバルな規模での過大な略取が可能であることに依拠している。したがってそれは、他者が自分にふさわしい分け前を放棄することを前提にしている。しかしながら、これらの他者がそうした放棄をますます受け容れなくなるか、あるいは外部を略取しコストを外部に移すことに彼ら自身がますます頼るようになればなるほど、帝国型生活様式からはその運用の基盤がいっそう失われていくのである。

そうした事態がいままさしく起きている。中国、インド、ブラジルのような新興工業国が資本主義的に発展し、これら諸国の中流階級と上流階級が良き生活に関する「北」のイメージと実践を我がものとするにつれて、資源に対する彼らの需要と、コストをたとえば二酸化炭素の形で外部化することへの彼らの欲求もまた増大する。これらの諸国はこうして、経済的な観点においてだけでなく生態学的な観点においてもグローバル・ノースの競争相手になり上がっていく。その帰結は、たとえばグローバルな気候政策やエネルギー政策に見いだされる、自然環境をめぐる帝国的な対立関係である。しかも、グローバル・ノースにおける帝国型生活様式を維持するために自分自身の生活が台無しになるのを甘受するグローバル・サウスの人びとは、ますます少なくなっている。目下生じているような避難と移住の動きは、そうした背景からも理解されなければならない。加えて、そうした動きのうちには、これまで帝国型生活様式の分け前に与ることのできなかった人びとに対してこの生活様式が依然として発揮している魅力が映し出されている。すなわち、難民たちは安全を求めるとともに、より良い生活を求めているのであり、そうした生活は他所よりも資本主義の中心部における帝国型生活様式の諸条件のもとでこそ実現されるのである。

こうした事情は、帝国型生活様式における——原料をめぐる紛争または難民の遮断という形状を帯びた——抑圧的で暴力的な側面がまさに今日、なぜこれほどまで包み隠さず露わになっているのかも明らかにしてくれる。帝国型生活様式は排他性に依拠しているのであり、自分が生み出したコストを転移することのできる外部を保持しているかぎりでのみ存続しうる。ところが、ますます多くの経済圏がこの外部を入手しようとしており、外部化の過程が生むコストを引き受ける用意のある人びと、あるいはそうしたコストを引き受けることのできる人びとがますます少なくなっているだけに、外部は消滅しつつある。そのため帝国型生活様式は、自分自身の魅力と自分自身の普及の餌食になろうとしている。

そうであるとすれば、資本主義の中心部になお残されている選択肢は、遮断と締出しによって自らの生活様式を排他的に安定させようとする試みだけになる。そうした試みによって、たいていは自らを「市民的な中道」と呼びつつこの政策を執行している諸勢力[3]は、自らの敵対者であると彼らがみなしているものを、すなわち権威主義的で人種差別的で民族主義的な運動を呼び覚ますことになる。この運動が目下いたるところで強くなっているのは、帝国型生活様式の正常な営みにおいてつねに作用している排他性の首尾一貫した守護者であるがゆえにそれの本当の守護者でもあると、この運動が自らを演出しているせいである。しかも、この運動はその「市民的な」競争相手とは異なり、自らの支

[3]　「市民的な中道」を名乗る勢力とは、保守主義から自由主義を経て社会民主主義にいたるまでの、これまで多くの国で政権を担ってきた政党・政治勢力を指す。

持者層に従属的《サバルタン》な地位をあてがっておきながら、それと同時に彼らをポスト民主主義的な受動性から解放するのだと称することができる。ノラ・レートツェルは、一九九〇年代初頭のドイツに出現した人種差別主義を例にとりながら、このメカニズムを適切にも「反逆的な自己服従」と名づけた。それは運動の参加者たちに、「自分が投げ入れられている諸関係のなかにあっても自己自身を行為主体として構築すること」を可能にしてやるのである。(8)

こうした診断が正しいのであれば、第四に――環境問題をめぐる主流派の論争で提示されているものよりもラディカルなオルタナティブを定式化することが要求されるであろう。そうすると、「緑の革命」(9)や新たな「社会契約」(10)を要求しておきながら、威勢のよい修辞とは裏腹に政治経済の諸問題と帝国型生活様式とを手つかずのままにしておくのでは、もはや不十分である。科学によってますます厳密に裏づけられるようになっているがゆえに否定することのできない生態学的な危機の事実から「政治」が正しい結論を引き出すことに期待するのも、やはり短絡的である。なぜならそれもまた、期待の担い手として想定されている「国家」という制御主体が、帝国型生活様式の対極に位置しうるものではなく、むしろこの生活様式を制度的に確保するうえで不可欠な要因であることを見逃しているからである。

さしあたって重要なのはむしろ、生態学的な危機をありのままに認めることである。それはすなわち、資本主義とともに形成され最終的に普遍化されるにいたったグローバル・ノースの生産と消費の規範は、それのエコロジカルに近代化された亜種においてすら、ますます多くの暴力、生態系の破壊、そして人間的な苦難というコストを支払うことによってのみ維持されうるのであり、しかもそれは世界のなかの小さな区画でしか維持されえないという事実に、正面から向き合うことである。私たちはいま、価値増殖過程への自然の投入と社会の分裂とに依然として頼りつづける権威主義的な政治のもとで、諸矛盾の未曽有の蓄積に遭遇している。社会とその生物物理的な基礎の再生産を保証することは、資本主義的な成長の厳命のもとではますます困難になっている。私たちは危機管理の危機に、ヘゲモニーの危機と国家の危機に直面している。

以上のような洞察から出発するなら、次に問題となるのは、優勢な発展傾向に抗して目下のところ実施されている多様なオルタナティブについて、それらの普遍的な実行可能性を問い、社会的な効力を高めるうえでそれらが有している道義的な諸要素を吟味することである。つまり問わなければならないのは、——若干の例のみを挙げるなら——エネルギー民主主義、食糧主権、あるいは連帯経済をめざす運動のなかに、優れて民主主義的であるような社会化の見取り図が、つまりは或る意志決定から影響をこうむるすべての人がその意志決定に同等な権利をもって関与するという原則にもとづく社会化の見取り図が、明瞭に見て取れるかどうかという点である。これは私たちの見方からすれば、いくつかの中心的な問いのひとつをなしている。なぜならこの問いは、帝国型生活様式の原理に真っ向から対立する社会的な秩序原理を探求するものだからである。

本書の構成について

以上により、本書において論じられるべき中心的な主題の輪郭が明らかになった[11]。私たちはまず第、二章で、最近になって「多角的な危機」へと濃縮され、ますます権威主義的に処理されるようになっている諸問題を分析する。その際に明らかになるのは、危機への対処の仕方が権威主義的であるだけでなく、激しい争いの対象にもなっているという点である。国民国家の内部において、EUのレベルで、EUと米国との関係において、ひいてはグローバルな環境政策のための諸制度のなかに、過去数年間に起きた経済的、政治的、生態学的なショックにいかに取り組むべきかをめぐって対立する諸見解が存在している。ドナルド・トランプの大統領選挙での勝利によって新たな頂点に達した、あるいはむしろ最低点に達した権威主義の台頭ですら、政治的エリートたちのあいだに拡がった不安感の表現としても解釈されうるであろう(12)。「市民的な中道」は、ヘゲモニー・プロジェクトの定式化と政治的な指導のための能力をどうやら喪失したようだ。そうこうするうちに、政治と学問におけるリベラル左派の陣営内では或るひとつのコンセンサスが形成されつつある。このコンセンサスによれば、危機の多様な諸現象は国民経済のエコロジカルな近代化によって共通に対処することが可能だという。とはいえ、そのための対処法はあまりにも控えめであり、私たちが帝国型生活様式のなかに見いだす多角的な危機の核心問題を手つかずのままにしておくのである。

第三章では、この核心問題をより厳密に概念規定することが課題となる。ここで私たちは、人びとによる日常の行為とその基礎にある社会的な構造とを媒介するものとして、「帝国型生活様式」の概念を導入する。私たちはこの概念によって、構造のなかに打ち立てられた支配関係を規準として常態化するメカニズムを明らかにしてみたい。重要なのは、私たちが第三章で——批判的な思想のさまざまな伝統、とりわけマルクス、グラムシ、フェミニズム理論、ブルデュー、フーコーに依拠しながら

──組み立てるこの概念のさまざまな次元を区分することである。その際、帝国型生活様式の中心的な次元として、この第一章でもすでに素描しておいた外部化だけでなく、グローバル・ノースにおける社会的階層化をも明らかにしなければならない。社会的・生態学的に見て破壊的な作用をおよぼす生産の規範と消費の規範に対する責任、ならびにそれらの規範から引き出される効用は、階級とジェンダーと人種差別の諸関係によって媒介されているということを、私たちは示すつもりである。これに加えて、行為のもろもろの可能性を構造的に押しつけるものであるとともにそれを拡張するものでもあるという帝国型生活様式の二重の性格を明らかにする必要がある。

　第四章と第五章では帝国型生活様式の歴史の概略が、植民地主義におけるその始まりから今日におけるその普遍化にいたるまで描き出される。第四章において中心に据えられる時代はフォーディズムの時代である。これは一九五〇年代から一九七〇年代まで資本主義の中心部を規定するとともに、前代未聞の拡がりをもつ物質的な繁栄を人びとにもたらした。にもかかわらず、その繁栄は社会的な不平等にもとづいており、そうした不平等を再生産するものだった。フォーディズムにおいて私たちの興味を引くのは、それまでもっぱら上層階級のものであった多量の資源浪費と排出とをともなう消費規範が、グローバル・ノースの中層階級や下層階級にまでいかにして拡散していき、それによって今日の社会的・生態学的な危機の土壌がどのようにして準備されたのかという点である。

　第五章の論述は、ひとつの政治的な「機会の窓」を開放することになった一九七〇年代におけるフォーディズムの危機から始まる。この危機において問題になったのは、特定の蓄積モデルが有する経済的な潜在力が枯渇したことだけではなかった。それとならんで或る包括的な社会的危機が問題となったのであり、この危機においては労働と共存と自然利用の優勢な諸形態が新旧の社会運動によって政治問題とみなされるようになったのだった。しかしながら、この機会の窓はすぐに閉ざされた。その後に生じたのは中心部における帝国型生活様式の深化であり、資本主義の周辺部にあるますます多くの諸国へのそれの拡散であった。最近観察されるようになっている地政学的で地理経済的な対立関係や地殻変動もまた、私たちの命題によれば、普遍化不可能なものが右記のような仕方で普遍化されてしまったことを背景に置くことで把握されうるのである。

第六章は帝国型生活様式の歴史とそれの現在のあり方を、この生活様式の特徴の多くが凝縮しているひとつの社会的領域である自動車移動との関連で考察する。そこでは、よりにもよって生態学的な危機に関する意識が高まりつつあるまさにその時代に、多量の資源浪費と排出とを生む多目的スポーツ車(SUV)への需要が増えているという観察が出発点に置かれる。この背理は、主体化の形態および階級関係やジェンダー関係の転換という脈絡のなかで自動車移動を分析する場合にのみ理解することができる。そうするとSUVの運転は、新自由主義的な資本主義における自動車移動の主体性の表現とみなされるのであり、社会的・生態学的な脅威に対処するうえでの、ひいては社会生活の隅々にまで浸透している競争に対処するうえでの、普遍化しえないがゆえに排他的である手法として現われてくる。それにもかかわらず、SUVの運転という対処手法こそまさしく、解決するとそれが称している現象を生み出すか、あるいは増強しているのである。

いまやその兆候があちこちで見られるようになっている、自動車移動やその他の社会的領域のエコロジカルな近代化は結局のところ、帝国型生活様式の前提と帰結を変えはしないであろう。それは所詮、私たちが第七章で検討するいくつかの偽りのオルタナティブのひとつでしかない。とはいえ、「偽りである」ことは「無効である」ことを意味しない。それどころか、世界の多くの場所で観察されうる緑の経済のもろもろのアプローチは、緑の資本主義と銘打たれたひとつのプロジェクトに結実するかもしれない。――世界中の右派と新自由主義の政府が、そして一部には社会民主主義の政府もまた関心を寄せている――資本主義のこの類型は、より多くの化石燃料消費という要素をともないながら推し進められるであろう。そのうえ緑の資本主義は、社会的・生態学的なコストの生産と外部化という根本的な問題に何ひとつ変更を加えないであろう。なぜなら、これに変更を加えるためには、生産活動と消費活動の「どのようにして」という側面だけでなく、「何を」という側面をも問い直さなければならないからである。

　第八章において私たちは、まさにこの問題に取り組んでいる行為主体に、つまりは帝国型生活様式のエコロジカルな近代化をもって満足するのではなく、まさにそれの克服をこそ志向する行為主体に焦点を当てる。むろん、実践され構想されている数多くのオルタナティブについて、限られた紙幅のなかで十分に述べることなど不可能である。したがって、第八章において私たちが取り組むのは、そうしたオルタナティブに関する網羅的な叙述ではなく、現在の経験と私たちが自覚している戦略的な試練とに沿った全般的な叙述である。そのようなオルタナティブは、たとえば環大西洋貿易・投資連携協定[4](ＴＴＩＰ)に反対する闘争に示されているような、帝国型生活様式のさらなる浸透を抑止すること、またはそれに対して抵抗することである。あるいはオルタナティブは、エネルギー民主主義や食糧主権といった新しい試みを発展させることができる空間の創出と確保でもあろう。それはさらに、現状への不満がいたるところに存在するにもかかわらず、右記のような新しい試みがいままで足場を得ることができなかった社会的な領域にまで、それらの試みを拡張することでもあるのだ。

[4] 環大西洋貿易・投資連携協定とは、米国とEUとのあいだで二〇一三年から交渉が開始された、貿易と投資の包括的な自由化をめざす協定である。この交渉はしかし、米国のトランプ政権の保護主義的な方針のせいで二〇一六年に中断した。

第二章 多角的な危機と社会的・生態学的な転換

生産のたえまない変革、あらゆる社会状態のたえまない動揺、永遠の不安定性と変動、これが、以前のあらゆる時代と区別されるブルジョワ時代の特徴である。

カール・マルクス／フリードリヒ・エンゲルス(1)

私たちは逆説的な状況を生きている。一方では、生態学的な危機にかかわる、とりわけ気候変動にかかわる幅広い社会的・政治的議論が存在する。エネルギー転換もまた多くの国において重要なテーマになった。環境政策がメディアで論じられ、これについてさまざまな研究が行なわれ、もはや数え切れないほどの専門家会議が生態学的な危機の諸側面とそれらへの対処法を取り扱っている。国家による政治と行政は近年では持続可能性というテーマに集中的に取り組んでおり、このテーマは多くの企業や業界団体においても、またますます多くの従業員たちや労働組合にも「受け容れられて」いるように見える。学校教育においては環境と持続可能性はいまやカリキュラムに欠かせない要素となっており、大学では環境についての教育課程やプログラムが幅広く提供されている。

たしかに何かが起こっているのであり、こうした議論や営みには長い前史がある。たとえば一九八〇年代以来の(西)ドイツの環境保護運動、原子力エネルギーの位置づけをめぐる激しい論争、そしてエネルギー転換という概念がまだ存在すらしていなかった時期にこの転換をすでに模索しはじめていた市民社会と地方政治の先導者たちがいなかったとすれば、エネルギー転換はほとんど想像することもできなかったであろう。オーストリアでは、ツヴェンテンドルフ原子力発電所をめぐる一九七八年の国民投票[1]、そしてハインブルガー氾濫原の水力発電所をめぐる一九八〇年代初めの論争[2]が、環境政策を後押しする画期的な事件となった。

それだけに、警告的な研究や報道がくり返し提示しているような、環境破壊がより広範に、いっそう急速に進んでいるという事実はなおさら逆説的である。世界の資源消費量は二〇世紀から二一世紀への変わり目に急速に加速しており、一九七〇年から現在までに三倍になった(2)。社会にとって必要不可欠な社会的・生態学的な対策はわずかな領域で進んだにすぎず、たいていは不十分である(3)。しかもこの対策は、きわめて強力に展開される持続不可能な開発によって妨げられてもいる。たとえば、自動車は一般にますます大型化し、より強力なエンジンを備えるようになっており、航空路線は増加の一途をたどっている。食肉消費はドイツ、オーストリア、スイスにおいて依然として高い水準を保っており、生態学的にはほとんど持続不可能な仕方で生産されるスマートフォンはここ数年で、人びとの日常生活にすっかり定着している(4)。こうした状況をふまえつつ、近年のいくつかの動向を概観してみよう。

二重の危機から多角的な危機へ

二五年前〔一九九二年〕にリオデジャネイロで発せられた「持続可能な開発」の時代の宣言は、画期的な出来事であった。一九九二年六月に開催された国連環境開発会議の場で「世界共同体」は、環境と開発の「二重の危機」への取り組みに向けた出発の合図を出そうとした(5)。東西の体制間対立の終結後、多くの国での環境意識の高まりや、生態学的な問題を覆い隠してきた古典的な開発戦略の明白な破綻を背景にして、方向転換が模索されたのである。気候と生物多様性に関する二つの「リオ条約」およびアジェンダ21は、ローカル、ナショナル、そしてリージョナルな政策のためのグローバルな枠組みを創り出したと言われている。国際的な次元では「地球環境マネジメント」という構想が具体化されていった(6)。その想定によれば、適切な政策上の基本枠組みとインセンティブとを作り出しさえすれば問題は解決可能であり、社会的・生態学的な立て直しも進んでいくとされた。「持続可能な開発」という理想像は玉虫色の光を放っていた。

批判的な世論——たとえば国際主義連邦調整会議[3]（BUKO）の周辺における声——はこの当時すで

〔1〕　ツヴェンテンドルフ原子力発電所は、オーストリアで最初に建設されながら運用が阻止された商業用原子炉である。一九七六年に完成したが、試運転の是非をめぐって激しい論争が起こり、一九七八年の国民投票では有権者の過半数が反対票を投じた。この余波として同年、発電用の核分裂炉の建設と運転を禁止する法律が制定された。

〔2〕　ハインブルガー氾濫原は、現在はドナウ・アウエン国立公園に指定されている地域である。一九八三年、この地域での水力発電所建設計画が発表されると、全国的な反対運動が展開され、計画は中止に追い込まれた。

〔3〕　国際主義連邦調整会議とは、資本主義への抵抗とグローバルな連帯に向けた協調行動をめざすドイツの民間ネットワークである。社会運動のあいだの連携と対話のための緩やかなネットワークとして一九七七年に設立された。

に、〔「持続可能な開発」が掲げる〕野心的な目標に反して、多くの事柄が言及されていないことに気づいていた。たとえば資本主義的なグローバル化がそうだ。一九八〇年代半ば以降に続けられてきた交渉の結果、一九九五年に世界貿易機関〔WTO〕が設立されたにもかかわらず、資本主義的なグローバル化が議論の主題となることはなかった。WTOを生み出した精神は国際的な環境政策をも貫いていたのであり、国連気候変動枠組条約〔UNFCCC〕にせよ、生物多様性条約にせよ、それらはいずれも環境危機の克服を本質的には市場メカニズムに委ねるものであった。これと同様に、リオ会議の一年半前には湾岸戦争が開始され、当時の米国大統領であったブッシュがアメリカ的生活スタイルに譲歩の余地なしなどと強弁していたにもかかわらず、南北間における帝国的な諸関係が〔環境と開発をめぐる議論のなかで〕問題として取り上げられることはなかった。そしてついには、そもそも既存の政治的諸制度が――ローカルな次元のそれであれ、国民国家の次元のそれであれ、国際的な次元のそれであれ――これらの問題に対処しうるのかどうかが問いただされることは、リオ会議のあとにはほとんどなくなった。持続可能な開発をめぐる議論においてはたいてい、グローバル化や国家の機能不全ないし転換をめぐって討議がなされることはなく、そこで優越していたのはむしろ国家と統治機構への強い信頼であった。(7)

二〇〇七年から二〇〇八年にかけて、持続可能性をめぐる議論は経済・金融危機のせいで変更を迫られた。「中核事業」(とされるもの)、つまり資本主義の経済成長、生産、働き口の確保が中心問題となったため、環境政策上の課題は二の次とされた。ドイツとオーストリアの廃車助成金は、企業と労働組合と政府が短縮操業と組み合わせながら産業の主要部門の安定化を図った手法の典型例である。

ドイツ政府は二〇〇九年の第二次景気刺激策の一環として、一台につき二五〇〇ユーロ（総額としては五〇億ユーロ）の「環境対策補助金」によって新車購入を促した。二〇〇九年一月から九月までに、この補助金によって一七五万台の新車が購入された。オーストリアでは自動車製造業者の支援を目的として、三万台分の新車購入に対し、一台につき一五〇〇ユーロの補助金が支給された。短期の経済的観点から見れば、人びとを解雇する必要がなく、場合によっては失われていたであろう重要な生産能力が維持されることからして、こうした政策はきわめて有効であった。社会的な観点から見ると、廃車助成金は一部の人びとをえこひいきしている。というのも、支援を受けていたのは、労働組合によって組織化され、高収入で、大部分を男性が占める仕事によって支えられた有力な産業であったからである。ケア労働など、経済的には同じくらい重要な他の部門では、従業員に対する政治的支援ははるかに少なかった。そして生態学的な観点から見るなら、また長期的な経済の観点から見ても、どのみち徹底的な立て直しがなされるべき産業部門の安定化が図られるというのは、まったくもって問題含みである。たしかに新車は一般的に、旧型車に比べて汚染物質の排出量が少ない。だが、自動車の「エコロジカル・リュックサック」――その生産、利用、廃棄に必要な物質およびエネルギーの総量――は製品のライフ・サイクル全体にわたって償却されるため、車両が不必要に早く廃棄される場合、未償却の「残余負債」が残されたままになる。そして廃車助成金によって作り出されたのは、まさしくこの残余負債へのインセンティブなのであった(8)。

生態学的関心の乏しいこうした危機政策に対抗して、同時期に――とりわけコペンハーゲンにおける二〇〇九年の国連気候変動枠組条約締約国会議〔COP15〕が失敗に終わり、気候正義を求めるグローバルな運動が起こって以降――生態学的な危機はふたたび政治問題化されていった。二〇一一年三月の福島原子力発電所の事故をきっかけとして、いくつかの国が再生可能エネルギーへの助成を強化したり、少なくともそれを政治的優先事項にしたりするようになった。そして二〇一五年末のパリ締約国会議〔COP21〕と前後して、一九九七年の京都議定書を引き継ぐ協定が取り決められた。これらの出来事は多くの人にとって、なお記憶に新しい。

一九九〇年代の環境政策に関する議論と比較すると、情勢は明らかに二つの方向で変化している。第一に、いくつかの旧発展途上国の著しい経済発展と、その人口の一部の繁栄は、天然資源の採掘と使用の大幅な増加、そして温室効果ガス排出量の急上昇をともなっていた。今日ではすでに、いくつかの新興工業国が――住民一人あたりではなく――絶対数で見れば、多くのOECD〔経済協力開発機構〕加盟国よりも多量の二酸化炭素排出量を示しており、この傾向はますます強まりつつある。二〇一七年に、米国が五三億トン〔一人あたりでは一六トン〕の二酸化炭素を排出したのに対し、中国は九八億トン、一人あたりでは七トンを排出した。[9] こうした増加分を考慮すれば、二〇一〇年から二〇五〇年までの期間に各人は一人あたり年間二・七トンの二酸化炭素「排出予算」を有していると、グローバルな環境変動に関するドイツ連邦政府科学諮問委員会(WBGU)は想定している。[10] このことが意味しているのはつまり、気候変動政策における二℃目標[11]を六六%の確率で達成するには、各人は年平均でこの量〔二・七トン〕を超える排出を行なってはならないということである。だが、この算定では世界人口の増加が考慮されていない。

第二に、二〇〇七年から二〇〇八年にかけての危機の当初からますます認識されるようになってきたのは、目下の危機に関して問題となっているのが多角的な危機あるいは多重の危機であり[12]、金融危機や経済危機と同時に生態学的な次元もまた考慮に入れなければならないということである。ロンドンにあるリベラル左派のシンクタンクである「ニュー・エコノミクス財団」は、三重の逼迫という言葉を用いている。すなわち、金融市場の危機、気候変動、天然資源の枯渇という三重の危機である[13]。とはいえ、多角的な危機という概念にはさらなる別の側面も含まれている。つまり、政治的代表制の危機あるいは既成政党の危機であり、この危機はたとえば、切迫した問題に対処するうえで既成政党がますます信用を失いつつあることと不可分である。二〇〇七～二〇〇八年以来の危機が露わにしたのはまさに、保守主義、自由主義、そして社会民主主義の諸政党がまずもってエリートの利害関心を代表しているということであった。このことは多くの国で新しい政党の結成を、あるいはこれまであまり重視されてこなかった政党の台頭をもたらしている。たいていの欧州諸国では右派や極右の政党が問題となっているが、ギリシャ、ポルトガル、スロヴェニア、あるいはスペインでは左派政党が躍進している[14]。二〇一五年の夏以降は、たとえばトルコのように往々にして権威主義的で、反体制派に対して暴力を用いる傾向にあった体制が、抑圧を強化するようになっている。シリアにおけるような内戦はますます苛烈になり、その他の諸国では資本主義的グローバル化の否定的な影響がいっそうはっきりと露呈してきている。世界的な市場競争の圧力のもとで、ただでさえ困難であった生活状況は耐えがたいものになっている。難民の移動(「難民危機」)はそうした事態への反応である。グローバル・ノースの多くの人びとは難民たちと連帯する姿勢を示しているが、その他の人びとは難民たちに対して人種差別を剝き出しにしている。これに加えて私たちは、貧困の拡大、社会の分断、そして社会保障の削減によって引き起こされる社会的再生産の危機にも直面している。この危機はまた、とくに女性たちにさらなる労働を課すために、すでに深刻化しているジェンダー関係の危機にもつながる。(15)

この多角的な危機は、国や人口集団や個人に応じて実に異なった仕方で現われるとはいえ、世界規模の危機だといえる。二五年前(一九九二年)に想定されていたのはまだ、環境と開発という「二重の危機」が主としてグローバル・サウスの人びとを襲うだろうということであった。だが、今日における多角的な危機はグローバルな開発モデルの危機なのである。

こうした事実を明瞭に表現しているのが、一七項目に具体化され運用可能なものにされた「持続可能な開発目標(SDGs)」である。この目標は、三年間にわたる準備過程を経て、二〇一五年九月の国連サミットの場で「持続可能な開発のための二〇三〇アジェンダ」として採択された。私たちは重大な転換点に立ち会うことになるのか、それともこの試みが今後ともエコロジカルな近代化の路線に沿って進んでいくのかは、将来的に明らかになるだろう(第七章参照)。私たちの関心にとって重要なのはむしろ次のことである。すなわち、二〇〇一年、世紀の変わり目に採択された開発目標(ミレニアム開発目標：MDGs)は、依然としてグローバル・サウスの国々や古典的な開発テーマに重点を置いていたのに対して、SDGsはあらゆる国に適用され、社会的・生態学的な諸問題に強調点を置いているということである。「もし私たちがこのアジェンダのすべての範囲にわたり自らの野心を実現することができれば、万人の生活は大いに改善され、私たちの世界はより良いものへと変革されるだろう」(16)。いくつか重要な目標を挙げておけば、たとえば化石燃料と農産物輸出に対する補助金の段階的撤廃というものがある(目標12・c、目標2・b)。だが一九三の政府によって採択されたこの文書には多くの妥協も含まれており、たとえば企業に対してはかなり緩やかな表現で、持続可能性を考慮した手法と定期報告を導入することが「奨励」されている(目標12・6)。そして目標8では「継続的で、包摂的で、持続可能な経済成長」が掲げられている。

ＳＤＧｓは、グローバルな政治エリートたちの懸念の表われとして解釈できるだろう。つまりそれは第一に、資本主義世界市場の古典的開発戦略がとりわけ生態学的かつ多角的な危機を背景として、ますます機能不全に陥りつつあることへの懸念であり、第二には、世界中の広大な地域を統制するような帝国型政策がもはや立ち行かなくなっていることへの懸念である。そして第三には、危機とその最も否定的な影響とを他の地域――すなわちグローバル・サウス――に外部化したり、とくに気候変動や放射性廃棄物のケースについて明らかであるように、それらを未来に向かって外部化したりするメカニズムは時代遅れになってきているのではないかという懸念である。とはいえ、政策的な舵取りをめぐる不屈の楽観主義という点においては、ＳＤＧｓはこれ以前のもろもろの公的な文書の延長線上にある。

大転換？

いままでは非常に細分化した持続可能な開発をめぐる言説と、ＳＤＧｓや――たとえば緑の経済(第七章参照)をはじめとする――その他の戦略という形でのこの言説の具体化は、高度な重要性を依然として帯びている。そして、これらを包括する枠組みもまた存在しているように見える。ここ五年間の学術的な議論を追ってみると、私たちは或る転換期に踏み入っているように思えてくる。つまり、社会的・生態学的な大転換、あるいは持続可能性に向けた転換の時代に。[17] SDGsに関する合意書もまた、「私たちの世界を転換する――持続可能な開発のための二〇三〇アジェンダ」と題されている。二〇年あまり前に持続可能な開発という用語がそうであったのと同様に、「転換」という用語に託されているのは、私たちの時代のとてつもなく巨大な問題に立ち向かうために政治的かつ戦略的な領域を切り拓いていくことをねらいとした、或る野心的な構想なのである。

ドイツ語圏での議論に関しては、グローバルな環境変動に関するドイツ連邦政府科学諮問委員会（WBGU）による二〇一一年の報告書が、今日においても重要な準拠点である。そこで中心に据えられているのは、社会はそのエネルギー基盤を再生可能エネルギーへ置き換えなければならないという議論である。そのスローガンは「脱炭素化」、そして「化石燃料と原子力に依存した」経済のあり方の克服であり、これらは再生可能エネルギーの拡充、エネルギー消費量の削減、エネルギー効率の向上を通じて達成されるのだという。この転換は、何よりもまず早期に工業化を開始した諸国においてはただちに、だが中期的には全世界規模で進めていくべきことが想定されている。WBGUの報告書は、転換についての他の多くの報告書と同様に、持続可能性へと向かう変革の過程を探究し、それを推し進め、さらなる変革の過程を引き起こしていくことをもくろんでいる。

転換というこの概念は、「持続可能な開発」の概念ほどに影響力があるとはとうてい言えないのだが、現在の学術的な議論や政策上の議論においては持続可能な開発に類似した役割を果たしており、この概念では生態学的な危機がより広い脈絡のなかに位置づけられているのである。

とはいえ、持続可能性の概念と同じく、転換というこの概念もまた具体性を欠いている。転換とは――その代表的な定義によれば――「意志決定と発展の道筋をより合理的なものにするために、価値観と日常の行動に疑問を投げかけ、それに挑み、以前の視点を変更するような根本的な変化」と理解されている。(18) そしてそれは「社会システムの性質そのものの変革に関連し、社会的、文化的、技術的、政治的、経済的、そして法的な変革を包括している」という。(19)

こうした転換の概念に社会・政治的な意義はほとんどないにせよ、専門家サークルの内部ではそれはきわめて重要である。このことは、現存する資本主義的構成体の枠内でいかにして多角的な危機に対処するべきなのかをめぐるエリート間での見解の相違を示唆している。つまり、新自由主義的な方針が誤った道をとらせていることがますます認識されるようになっているのである。「転換」は明らかに、環境政策や持続可能性をめぐってこれまで支配的であった見方、つまりテクノロジーと投資によって――そしてこれに対応する資金調達の見込みと政治上の枠組みとによって――低炭素社会への移行が実現されうるという前提から出発する見方を超え出ている。こうした見方に代わって、エコロジー志向の企業、市民のイニシアティブ、あるいは科学者などの「転換のパイオニア」によって遂行されるべき、もっと根本的な変革が必要だという認識が共有されている。(20) そうした認識は、持続可能性に向けた社会的な価値転換への期待によって補完されている。

その際、〔転換を進めるうえでの〕障害物として、抗いがたい制度的拘束作用（いわゆる「経路依存性」）、エネルギー産業と自動車産業の強力な利害関心、そして有力な科学システムまでもが明確に名指しされている。「大転換へと導きつつある変革のうちで最も困難な変革は、テクノロジーを超えたところにある。それはたとえば生活スタイルの変革であり、グローバルな協調をめざす革新であり、特定の政策を遮断する仕組みの克服であり、世代を超える長期的な変革への責任ある取り組みである」[21]。

この場合「大転換」という概念は、一九世紀における産業資本主義への移行を跡づけた経済史家のカール・ポランニーによる同じ表題の著作にまったくもって意図的に関連づけられている[22]。大転換という語はラディカルな響きをもっており、問題を深刻に捉える観点からすればふさわしい表現である。しかしながらポランニーの分析との相違は、このオーストリアの経済史家が、当時台頭しつつあった自由主義的な産業資本主義のダイナミクスを分析し理解しようとしていた点にある。ポランニーによれば、それまで優勢であった道徳的で大部分は地域的であった経済は、複雑な機械、急速に上昇していく生産力、そしてとくに労働市場を中心とする国内市場の創出によって「離床」させられた。この「自己調整的市場」は一九世紀に入ると、価格メカニズムと利潤への利害関心とが可能なかぎり妨げなく貫徹することのできるユートピアへとまつり上げられた。労働力と自然は――貨幣と同じく――商品として取り扱われるが、それらを生産することは他の商品の生産よりもはるかに多くの条件を必要とする。というのも、労働力と自然は資本主義的な市場向けの商品として生産されたわけではなく、それぞれに固有の産出形式をもっているからである。労働力と自然は複雑な生物物理的ダイナミクスの一部なのであって、――労働力の場合には――若者の社会化プロセスや報酬付きの労働時間以外での再生産活動といった社会的諸関係の一部でもある。それゆえポランニーがマルクスに続いて指摘したように、もし対抗運動が生じなければ、労働力と自然とを価値増殖過程へ投入することを推し進める資本は、労働および自然という基盤を掘り崩す傾向を有している。

次節で詳しく述べるように、転換をめぐる議論において想定されている変化は、ポランニーからの用語の借用が期待させるほどにはラディカルなものではない。いずれにせよ、ポランニーの分析した大転換から生じ、現在の危機の核心をなしている資本主義的社会化の根本的なメカニズムに関して、この議論は意味ありげに沈黙を貫いているのである。〔この議論における〕三つの短絡を以下で具体的に見ていこう。

社会的・生態学的転換の限界——新しい批判的な正統派？

第一に、持続可能性への転換を方向づけ促すことを可能にするうえで重要なダイナミクスが、しばしば過小評価されている。このことはとくに、人類の三分の二がいまだなお工業社会で生活してはおらず、彼らの大部分が自分たちの社会を——化石燃料を基盤として——工業化していくことに多大な努力を費やしているという事実に関係している。[23] これに対し、〔ＷＢＧＵの〕転換論においてなされている多くの提案から得られるのは、現在の趨勢はどのみち持続可能性に向かっているのであって、そこに到達するためにはあといくつかの多少なりとも重要な障害が取り除かれさえすればよいのだ、という印象である。

第二に、現在の議論では、世界の〔生態学的な〕状況をめぐるラディカルな問題分析は、転換過程がどのように進行していくかに関するやや穏便な政策上の観念とは対照をなしている。〔後者の観念においては〕根本的転換の過程は、多少の改革は要するにせよ既存の制度体系のうちで達成されうると考えられている。したがって大転換は、「近代社会の制度構造を、その反省能力、参加可能性、もろもろの力を均衡させる可能性、そして包括的イノベーション能力の面で強化していく、包括的な制度改革のプロジェクトとして理解されうる」(24)。それだけでなく、「経済は、従来の市場適合的な利益志向の行動パターンを保持し」、なおかつ投資の安全性を保障されながら、「気候と適合したものになるべきである」(25)。

しかしながらここで見逃されているのは、投資家たちは将来にわたっても自然を可能なかぎり「無償の生産力」として利用することに心を砕くという事実である。そして多くの消費者たちは今後ともできるだけ安く、たくさん買うことに魅力を感じつづけるだろうし、有力な広告機構によってそうするように促されてもいる。しかも多くの人びとは、彼らが置かれている不安定な社会的状況によっても安価に購入することを強いられている。

この議論の立役者たちにとって重要なのはむしろ、政治的・経済的な意志決定を担う者たちに転換の必要性を承服させることのようだ。これを「帝王学」の見方と呼んでもよいだろう。つまり、エリートと闘い、彼らからその特権をもぎ取り、その権力を制約することではなくて、正しいことをなすようにエリートたちを説得すればよいのだというわけである(26)。このことは、先述のWBGU報告書のなかの一種の戯画とでもいうべき一節が物語っている。そこでは、WBGU委員長がオバマ米大統領に対して効果的な気候変動対策の重要性を納得させるために、どのように電話会議を行なったかが描かれているのだ。こうした見方の根底には、科学と政治の関係をめぐる古典的できわめて単純化された理解が横たわっているのであり、それはとりわけジルケ・ベックが気候変動に関する政府間パネル

(IPCC)の事例について説得的に批判しているとおりである。[27]「真理は権力に語りかける」――科学は政治に問題を教え諭し、そのことによって政治が妥当な解決策を生み出すことを可能にする。だが、このような観念は資本主義社会の構造と力関係にぶつかって打ち砕かれる。この構造と力関係は国家の政策のうちに刻み込まれ、この政策を世界的な気候問題よりも自動車産業や銀行の問題に対して敏感なものにするからである。同じことは、資源採掘や環境破壊によって悪影響を受けた住民集団の要求と比べ、鉱業関連の大企業のほうにより大きな注意を払うという国家の傾向にも当てはまる。これに関連してクラウス・オッフェとニコス・プーランザスは、資本主義国家の「構造的選択作用」という言葉を用いている。[28]

このことと密接に関係するのが、〔短絡の〕第三の側面である。多角的な危機が広く認識されているにもかかわらず、転換の概念は依然としてエコロジカルな近代化の視座に限定されたままである。社会的転換や大転換をめぐる議論の多くはその核心部において、とくにエネルギー・システムの再編を目標としているのであり、この目標に加えて、消費規範の変革と、国家やとりわけ企業の積極的な役割が語られている。科学とテクノロジーは「下部構造」に配慮するべきというわけなのである。そして、転換の成功にとって中心をなすわけではないにせよ一つの尺度とされるのは、二酸化炭素排出量の削減である。しかしながら、社会の転換をめぐる古典的な問い、つまり正義、万人に対する良い生活の保障、権力と支配の抑制――そしてこれらに密接に関連する所有関係の変革――をめぐる問いは、明らかに不十分にしか注意が払われていない。そのうえ転換をめぐるこの議論は、社会的分業の再編に関する議論から、[29]つまり生計労働とは異なる生活保障のあり方と公益的労働およびケア労働とをより体系的に考慮し評価する議論から、依然として切り離されたままである。

こうした問題は、「プラネタリー・バウンダリー〔地球の限界〕」や「人新世」つまり地質学上の「人間の時代」をめぐる言説のうちに最も明瞭に現われている。(30) 正当にもこれらの議論においては、人類が地球規模での地質学上の駆動力となったことが指摘されている。自然システムは人間によって、もはやそれらが「自然的」とは言い難いほどにまで変容させられた。プラスチック、アルミニウム、死の灰、あるいは燃料中の不燃焼物といった産物は、生態系のなかにはっきりとした痕跡を残している——人新世という概念が指し示しているのはとくにこのことである。気候変動、生物多様性の喪失、窒素循環の攪乱といった複数の問題領域とそれらの相互作用において、それを越えると地球システムの環境変化が制御不可能な展開をとりはじめる閾値は、すでに踏み越えられてしまっていると考えられている。こうした意味での「ティッピング・ポイント〔4〕」に達した場合、人間の生存そのものが危険にさらされることになる。

二〇一六年八月末、国際地質学会議の「人新世」作業部会はケープタウンでの会議において、人類が一万二〇〇〇年間におよぶ完新世を経て地球史上の新たな時代に突入したとする人新世の見解に、ほぼ全会一致で合意した。この新たな時代は、経済成長、資源消費、人口の増大とそれにともなう開発が空前の加速をみた二〇世紀半ばに始まったと考えられている。だが、「人新世」や「プラネタリー・バウンダリー」という用語は、（自然）科学によって厳密に定義された概念としてよりもむしろ、「文化的想像力」との関連で議論されている。人新世の概念に備わっているのは「明瞭に政治的な目標設定である。それは行動を動機づけ、気候変動との闘いへのこれまでの不十分な努力を刺激すると考えられている」[31]。

しかしながらこの議論においては、単なる「人類」が〔地球上で〕活動しているわけではなく、人類が自然におよぼす影響はつねに社会的に――階級関係、ジェンダー関係、そして人種によって――媒介されているということが見落とされている。だが、この媒介こそが問われるべきである。グローバル・ノースの資本主義社会に生きる人びと、とくにその上層を占める人びとは、たとえばグローバル・サウスの先住民コミュニティで(半)自給自足の暮らしを営む人びとよりも、平均して明らかに多くの資源を消費しているのである。

生態学的な危機を十把一絡げにしてグローバルに表象することは、たとえそれが現状に対して批判的であるにしても、まさに右記のような社会的諸関係を曖昧にしてしまう。「要するに、人新世は人類の力を暴く。だが、いったい誰が、もしくは何が力を握っているのか、またこの力はどのように行使されるのかについては覆い隠してしまうのだ[32]」。あるいはマルクスとエンゲルスの言葉を用いて言えば、問題とされるべきは人類という抽象概念ではなく、次のような意味での近代ブルジョワ社会である。すなわち「このような巨大な生産手段と交通手段を魔法のように忽然と出現させた近代のブルジョワ社会は、自分で呼び出した地下の悪霊をもはや制御できなくなった、あの魔法使いに似ている[33]」。

［4］　漸次的な変化が急激で不可逆な変化に移行する転換点を指す用語。気候変動にこのような転換点をもたらす要素は「ティッピング・エレメント」と呼ばれ、さまざまな要因のうち、その引き金がひとつでも引かれるとドミノ倒しのように連鎖反応が起こると考えられている。

この点では、プラネタリー・バウンダリーの遵守が人類に「安全な活動範囲」を与えるという、ロックストロームらの有名な論文のタイトル[5]が提示している約束ごとは、きわめて不確実であるばかりか、ある意味では皮肉めいてすらいる(34)。というのもすでに今日、豪雨、洪水、干ばつに見舞われている被害者は世界中にたくさんいるからである。環境論において非常に重要な概念である「傷つきやすさ[6](Verwundbarkeit)」は抽象的でグローバルな問題なのではなく、きわめて具体的で社会的に媒介された問題なのである(35)。

こうした問題を確認しておくことは、さしせまった必要の前では二の次とされるべき学問上の粗探しにはとどまらない重要性を帯びている。なぜなら、危機に対処するための行動の筋道は、とりわけ科学と政治が下す危機診断によって敷かれるからである。もしこの診断が、資本主義社会に関する理解をまったくもたず、おのずと進展していく人類の発展の最高段階として資本主義社会を暗黙理に捉えているような者によって下されるなら、彼らは危機に対してせいぜい技術的な解決策か市場ベースの解決策を提案するだけだろう。それゆえ、人新世という概念の生みの親であるパウル・J・クルッツェンが、人類をこの新たな地質時代へと直面させている問題の解決のために、社会的諸関係の根本的変革などを提案するのではなく、「たとえば気候を「最適化する」ための、大規模な地球工学プロジェクト」を強調していることは驚くに値しない(36)。

こうした批判は、それをいくらか和らげるなら、転換をめぐる優勢な議論のなかでも最も分析的に内容豊かで、戦略的にもきわめて広範囲にわたる研究のひとつ、つまり新たな大転換の必要性に関するＷＢＧＵの研究にも当てはまる(37)。なるほどこの研究は、気候変動、土壌劣化、都市化、あるいは土地の競争的利用といった種々の「メガ・トレンド」を確認し、これらのメガ・トレンドを克服したり、社会的・生態学的な観点から社会を形成したりする際に妨げとなっている利害関心を名指しする。この研究はしかし、これらのメガ・トレンドや利害関心を資本主義的社会化の根底的趨勢との関連で分析するわけではない。このことが重大な短絡につながるのであり、それはライナー・リリングが的確に指摘するとおりである。すなわち、WBGUの研究において問題にされているのはたしかに「資本主義を変革することである――ただし、それはあくまで半分だけである。この変革の対象は資本主義における産業主義とエネルギー基盤であって、資本主義の政治経済ではないのだ(38)」。

求められているのは、商品形態、価値形態、または政治的形態という資本主義的な諸形態[7]とそれらの変革とを考慮に入れるラディカルに考え抜かれた転換なのであり、そうした転換の構想によって初めてポランニーの洞察が正当に扱われることになる。ポランニーは、今日しばしばそうみなされているように、経済と社会の自由化がその破壊的影響とともにひとつの対抗運動を引き起こすという「二

[5]　ロックストロームらが発表した論文のタイトルは「人類の安全な活動範囲」である。本書の末尾の参考文献一覧にある Rockström et al. 2009 を参照せよ。
[6]　「傷つきやすさ」は環境論の文脈においては、ある個人や社会が環境危機によってこうむるリスクの程度が、経済状況、教育水準、情報や知識へのアクセス可能性、政治的意志決定過程における発言権など、社会的・制度的な要因に応じて異なることを示す概念として用いられる。
[7]　マルクスは『資本論』で、商品、価値、貨幣、資本などのカテゴリーが、人びとのあいだの具体的な社会的関係を客体化し個々人にとって疎遠にするだけでなく、それらの客体化された関係によって個々人の意識や行動が支配されるようになる事態を批判した。そして彼は、それらのカテゴリーを「形態」と呼んだ。そうした経済的形態と同様のことは、資本主義社会における政治や国家や法といった形態にも当てはまる。

重運動」の理論家にとどまっていたわけではけっしてない[39]。ミヒャエル・ブリーが明らかにしたように、「一九世紀のいわゆる二重運動の叙述に関心を集中した『大転換』の受容によって見失われてしまったのが、(中略)ポランニーの本来のメッセージである。すなわち、ほかならぬこの二重運動が二〇世紀の最初の約三〇年間において破綻したことが、見失われてしまったのだ」[40]。ブリーによれば、ポランニーは「市場社会に依拠した社会の防衛運動に、(中略)この当時にはもはや何の期待も抱いていなかった。この運動は彼にとっては問題の一部であり、ファシズムと密接に結びついたものであり、解決策などではなかった」[41]。一九三〇年代から四〇年代にかけて、市場社会はポランニーにとって、社会主義的な転換を通じてしか自由が擁護されえないような段階に達したとブリーは指摘する[42]。

今日の状況とポランニーが『大転換』を描いた時代とのあいだには強い類似性を見いだすことができる。つまり、資本主義の諸条件のもとでは社会的・生態学的な危機は社会的にも空間的にもきわめて選別的にしか対処されえないという見方には、多くの根拠があるのだ。第七章でより詳しく論じるように、「緑の資本主義」はグラムシが述べた意味での受動的革命——つまり支配的な社会勢力によって指揮される転換——の一要素と考えることができる。けれども緑の資本主義は、社会的・生態学的な危機をもたらした推進力を停止させるのではなく、世界中の他の地域を犠牲にしながら、せいぜいのところこの推進力をきわめて選別的な仕方でエコロジカルに近代化するにとどまるであろう。それにともない、競争のもとでの交換価値の生産に結びついている根本的な問題は、世界の一握りの人びとだけが耐えられるものへと再編される。しかも、そうした一握りの人びとに対するこの再編の効果ですら、階級、ジェンダー、人種によって媒介されるのである。その一方で、緑の資本主義のもとでも生み出される社会的・生態学的なコストは空間的にも社会的にも外部化されていく。それゆえ、ポランニーを〔転換という〕用語においてだけでなく、彼の著書の内容という観点からも参照することは、資本主義を超え出ていくひとつのプロセスとして「転換」を理解することを意味するはずである。

転換の概念は言葉としてはラディカルに響く。そのことはこの概念の成功を部分的に説明してもいる。この概念は明らかに、根本的な変化への欲求と、多角的な危機に対処するには不十分だとみなされている現行の政策に対して広く蔓延する不満とを捉えている。そのことは、危機の時代、予測不可能な趨勢に見舞われている時代、そして——とくにエリートたちの、そして高給取りの上層従業員層の、さらには富裕国の多くの人びとの——持ち分や地位の保障を旨とする政策がなされているような時代にあっては、無意味ではない。

それにもかかわらず、大転換もしくは社会的・生態学的な転換というきわめて重大なテーマに関する一連の論考は、一種の「新しい批判的な正統派(Orthodoxie)」へと凝固し、オルタナティブな視点を閉め出す危機の定義の優越へと導いていくおそれがある(43)(ギリシャ語で orthós は「正しい」を、dóxa は「意見」や「信念」を意味する)。この新しい批判的な正統派は、発展の有力なあり方に対して批判的な立場を自任しているが、それ自体としては現行の制度システムに依然として固執しており、エリートの洞察に信頼を置いている。或る種の政策的・戦略的な覆いがかけられているように思えるのであり、それはたしかに議論を動機づけはするが、問題と危機の根底に潜む原因を過小評価する危険を冒している。転換をめぐる議論の大部分において優勢であるのは明らかに、現存の力関係と制度を考慮するならば変革はまさしくこれらの力関係や制度から発するものでなければならないという——たいていは暗黙裡の——判断なのである。

まとめよう。「新しい批判的な正統派」がひとつの批判的言説であることは疑いえない。それは、時代の最先端でポスト化石燃料時代へ移行するための諸条件を定式化しようとしている。だが、ほとんどの場合においてこの言説に欠落しているのは、批判の対象となっている現象が社会構造と力関係のなかに根をもっていることへの洞察であり、まさにこの社会構造と力関係を超え出ていくことを可能にする趨勢への洞察である。換言すれば、解放への視点がそこには欠けているのだ。それはつまり、不当な要求や排除を、強者や富者が強いる要求を、そして豊かな国々に住む大半の人びとが保持しているさまざまな特権を批判的に捉え直していく、万人にとっての良い生活という視点である。

転換の論理、利害、紛争

したがって、社会的・生態学的な転換というプロジェクトについて熟考し、それを実現するための今日的な条件を見極めようとするのなら、私たちは或る事情を肝に銘じておくべきであろう。それはつまり、ブルジョワ的・資本主義的社会がそれ自体に転換の論理を内包しているという事情である。[44] まさにグローバル化に関する最近の議論においてしばしば引用される、資本主義分析における或る有名な叙述が、このことを明確に説明している。それはマルクスとエンゲルスの『共産党宣言』からの次の一節である——「ブルジョワジーは、生産用具を、したがって生産諸関係を、したがって社会的諸関係全体を、たえず変革せずには存立することができない。これに反して、古い生産様式をそのまま維持することが、これまでのすべての産業階級の第一の存立条件であった。生産のたえまない変革、あらゆる社会状態のたえまない動揺、永遠の不安定と変動、これが、以前のあらゆる時代と区別されるブルジョワ時代の特徴である。あらゆる固定した、錆びついた関係は、それにともなう古びて貴い観念や見解とともに解体し、新しくできあがった関係はみな、固まるひまのないうちに古くさくなる。身分的なもの、恒常的なものはすべて煙となって消え、神聖なものはすべてけがされる。こうしてついには人びとは、自分の生活上の地位やお互いの関係を、冷ややかな目で見るほかはなくなる」(45)。

したがって、問題となるのは変革に賛成か反対かということではなく、変遷ないしは転換の論理なのである。この論理によって、転換概念の有意味な限定が可能になる。今日支配的である論理は、利潤を獲得し、資本を蓄積し、経済活動を拡大し、自然を搾取するという論理である。これと同時に、私たちにはなじみ深い問題もたち現われてくる。すなわち、過労や燃え尽きへと行き着いてしまうような、人間労働力の過剰なまでの搾取である。ここにおいてこそ転換という概念がその意義を高めるのであり、この意義はさらに明瞭にしておく必要があるだろう。ブルジョワ社会のたえまない自己革命という、変化の支配的な論理そのものが問題視されることになる。この論理は、これまで以上に深刻で、これまで以上に統制不可能な危機を引き起こす。しかもそれは、権力と支配につきまとわれていて、民主主義的な社会形成と自己決定へのいかなる展望も、解放と万人にとっての良い生活へのいかなる展望も切り拓きはしない。したがって社会的・生態学的な転換、あるいは大転換を構想するうえでは、こうしたもう一方の、持続不可能で、危機を頻発させる、だが法外な力を備えた転換のダイナミクスを考慮に入れておかねばならない(46)。この問題についてはは本書のさまざまな箇所で立ち返ることなる。

この問題は私たちをさらなる論点へと導く。転換をめぐる目下の議論は、根本的な、つまりは構造的な社会変革がはらんでいる、無視しえない緊張関係を視野に入れることを可能にしている。すなわち一方には、必然的に小さな場面から始まらざるをえないアプローチが存在しており、それらは主として実験、ささやかな取り組み、具体的な改良政策、ゆっくりと変化していく言説、組織的および日常的な実践において表現される。これらのアプローチは戦略的に企図された試みであったり、妥協の表現であったりもするが、危機の意図せざる結果であったりもする。そのなかにはたとえば、新しいテクノロジーによって変化していくコミュニケーション形態のように、人びとにとって説得的で魅力的に見えるものもある。中期的に見れば、これらのアプローチが諸制度の変革につながる可能性は十分にある。つまりそれらのアプローチは、企業と家族、研究施設と教育施設、メディア環境、国家や政党などの政治組織において、共存の多様な諸形態をもたらしうるのである。

しかしながら、構造と優勢な(資本主義的、人種差別的、家父長制的な)論理とを社会的・生態学的な意味において実際に変革する営みは、すでに起きている変化と近代化の過程のみによって「生じる」のではない。そうした変革の営みは、転換をめぐる議論において広く合意されているように戦略的な行為を必要とする。このことはまずもって、現在の持続不可能な生活様式とその深化が、さまざまな利害関心やすでに根づいてしまっている慣行と結びついていることに関連している。

社会的・生態学的な課題に取り組んでいくうえでは、学習過程やさまざまなイノベーションとならんで紛争もまた避けられないということを、転換をもたらす行為は含意している。紛争は多くの場合、有力な行為主体がその利害を追求するなかで批判や抵抗に直面する際に起こる。たいていの紛争は、政党間で、議会のなかで、法廷において、あるいは雇用主と労働組合とのあいだで、規制された経路に沿ってくり広げられる。妥協が難しかったり望ましくなかったりする場合、優勢な行為主体は往々にして、公的な紛争やスキャンダルを避けながら自らの利害を押し通すための手段を用いることができる。わずかな権力手段しかもたない人びとや組織が、自分たちの利害は代表されていないと感じているような場面では、そうした人びとや組織が異議申し立てをすることもある。異議申し立ては、政治的には右派からも左派からも、また社会的・生態学的な立場からも、あるいはその他の立場からもなされうる。

それゆえ重要なのは次のことである。つまり、社会的・生態学的な転換への見通しは必然的に、そうした深甚な変化への関心をまったくもたないか、あるいは部分的な関心しかもたない多くの優勢な経済的・政治的行為主体に対抗していくことを含意しているのだ。目下のところ重要となる出発点はエリート間の不和かもしれない。その場合、彼らのうちの進歩的な部分が行動し連携することが可能とならなければならないであろう。このことは意外に困難ではないように思われるし、これからもくり返し生じるだろう。というのも、社会的・生態学的な観点から見て転換の担い手となる行為主体もまた、あらかじめ定められているわけではけっしてないからである。そうした行為主体は、過程と紛争のなかで、別種の生活様式や社会組織を経験するなかで、そしてそれらをめぐってなされる論争のなかで形成される。転換の担い手たちは通常、行為主体らが彼らの推し進める過程を「転換を促すもの」と自称することで生まれるのではない。そうした担い手たちはむしろ、たとえば「シュトゥットガルト21[8]」に対する抵抗のなかで、あるいは石炭のさらなる採掘や発電のための石炭の消費に対する抵抗のなかで、そして動物工場への批判や食肉（または少なくとも工業的農業によって生産される食肉）の消費への拒絶が拡がるなかで、ひいては個人や集団によるこれまでとは根本的に異なる日常の実践のなかで生じるのである。

社会的・生態学的な転換の担い手となる、或る面では事態の推移のなかで初めて形成されていくこうした行為主体にとっての試練は、構造的な変革と断絶を具体的な仕方で視野に入れ、準備し、着手し、すでになされている取り組みを前進させ、それを防衛することにある。転換をめざす行為は改良の政治を拒むわけではないが、方向を指し示してくれる包括的な地平のうちへと改良の政治を組み込むのである（第八章参照）。社会と政治に関する目下の議論の大部分に欠けているのがこの点である。そしてすでに述べたように、転換をめぐる議論がとても重要であることの理由はこの点にある。

ヨアヒム・ヒルシュと彼の同僚たちは二五年以上前に、この点に関連してラディカルな改良主義という概念を作り出した。(47) この概念において中心をなしていたのは、資本主義の近代化という社会民主主義の改良構想と国家社会主義とに対する批判である。これらはいずれも、社会は本質的に国家によって形成されうると考える点において共通していたのだ。それに対し、ラディカルな改良主義の観点では、社会的諸関係は全面的に変革されねばならないのであり、この変革のための「アルキメデスの点」（絶対に確実な基礎）は何ひとつ存在しない。多様なイノベーション、学習過程、紛争とならんで、社会的再生産のまったく新たな方式と論理が必要となるのであって、そういう新たな社会的再生産こそが、蓄積と支配に依拠して危機と窮乏化と破壊を甘受する資本主義的転換のダイナミクスに取って代わらなければならないというのである。このことがラディカルな改良主義の基礎をなしていたのであり、今日にいたるまでそうでありつづけている。一方、「新しい批判的な正統派」はこうした視点を見過ごしてしまう。なぜなら彼らは意識的にまたは無意識のうちに、現存する支配関係の分析を放棄するか、あるいはこの関係を全面的に是認するからである。

社会的・生態学的転換の前提としての帝国型生活様式の克服

では、持続可能性へと向かう転換がこれまでのところ、ようやく開始点にたどり着きながらも、他の持続不可能なダイナミクスを封じ込め覆すことができないでいるのはなぜなのだろうか。すでに述べたように、この転換に反対する強力な経済的利害が存在する。危機に対処しようとする現在の政治がはらむ構造形成的な力――これは転換をめぐる議論のなかで見落とされがちなのだが――は、資本による生産的な投資機会の追求から生じている。経済的エリートと政治的エリートが意見の一致を見ているのは、新自由主義的局面のもとで強化されてきた自分たちの権力上の地位が疑問の余地なく受け容れられていなければならないという点である。二〇〇七年と二〇〇八年の危機の最中に資産家たちにとって重要であったのは、彼らの資産とそれに関連する地位とが保護されることであった。それ

［8］「シュトゥットガルト21」とは、シュトゥットガルト市の鉄道路線網の再編を中心とした都市開発プロジェクトである。一九九四年に発表され、二〇一〇年に工事が開始されたが、このプロジェクトの民主的透明性や生活環境および自然環境への影響を疑問視する市民や環境保護団体による抗議運動が現在も続いている。

が多くの面で成功し、彼らが負債を——とりわけ銀行の救済をとおして——国家に委ねることができたということこそ、今日の欧州やその他の地域で「財政規律」と「債務整理」をスローガンとする緊縮政策が支配的であることの理由であった。目下の危機が示しているのは、国家の政治的な裁量の余地が新自由主義的な緊縮政策のもとでどれほど狭い範囲に制限されているかということでもある。エリートによる権力の維持とならんで競争力の確保が依然として優先事項にされており、国家は競争と経済成長への固執を問い直さないまま新自由主義の執行人となったのである。

生態学的な危機への深い憂慮が存在するにもかかわらず、対策がこれほどまでに不十分なのはなぜなのか。本章ではいくつかの理由を指摘してきた。たとえばそれは、明らかにすぐに限界を迎える「エコロジカルな近代化」の手法をとった各国の環境政策と国際的な環境政策である。欧州の緊縮政策に対する進歩的な政治の側からの応答が成長のパラダイムにとどまっており、必要不可欠な社会的・生態学的な立て直しにほとんど無関心であることも問題となった。私たちはさらに、多角的な危機に対処するうえでは生態学的に見てほとんど持続不可能な政策が優先事項とされていることも指摘しておいた。本書の他の章ではグローバル・サウスの国々における開発戦略について論じるが、こうした戦略はまったく古典的な仕方で工業化ないしは原料搾取に依拠しているのであり、しかもそれがグローバル・ノースの企業、政府、消費者によって支持されている[48]。本章では最後に、危機のさまざまな次元のあいだの連関を検討したうえで、生態学的な危機の克服をめざすその独特な視点によって近年ますます重要になってきた議論、すなわち社会的・生態学的な転換をめぐる議論を素描しておいた。この議論はきわめて重要だが、そのなかで考案された戦略が生態学的危機の核心部にまで達することはほとんどない。その核心部とはつまり帝国型生活様式である。次章ではこの概念をより詳細に説明することにしよう。

第三章　帝国型生活様式の概念

ヘゲモニーの事実が明らかに前提としているのは、ヘゲモニーが行使される諸集団の利害と傾向が考慮されているということである。

アントニオ・グラムシ(1)

解放へと向かう社会的・生態学的な変容をこれまで困難にしてきた諸問題の複合体を、本書では指摘しようと思う。帝国型生活様式は政治制度と経済と文化のみならず、重要な政治的・社会的行為主体の気質と選好と利害関心に、ひいては日常の実践にも深く根を下ろしている。そのためこの生活様式は、構造を変えることがなぜこれほどまでに困難なのかを説明するための本書での主要な論拠をなしている。以下では、この帝国型生活様式という概念を体系的に説明することにしたい。

概念の定義

帝国型生活様式という概念の核となる考えは、資本主義の中心部における日々の生活が、他所での社会関係と社会的な対自然関係の形成によってそもそも初めて可能になっているという点にある。中心部での日々の生活は、労働能力、天然資源、そして吸収源——すなわち（二酸化炭素を例にとるなら、それを吸収する熱帯雨林や海洋のように）環境へ排出する分よりも多い量の素材を吸収してくれる生態系——からの原理的に際限のないグローバルな規模での略取によって支えられている。[2] 資本主義の中心部における生活にとって決定的に重要なのは、他所——とりわけグローバル・サウス——で社会が編成され、自然に対する当該社会の関係が形成されていく際のあり方であり、その様式である。なぜならこれらは、グローバル・ノースの経済にとって欠かせないグローバル・サウスからの労働と自然の移転が保証されるかどうかを左右するからである。反対に、グローバル・ノースにおける帝国型生活様式は、他所における社会構造を上層から決定的な仕方で規定している。「他所」という漠然とした表現はまったく意識的に用いられている。家庭用器具と医療用機器や、交通と水・エネルギー供給のインフラストラクチャーに投入される原材料の由来、そうした原材料が採取されたり織物や食品が生産されたりする際の労働条件、そしてそのために必要となるエネルギーの浪費は、大量の生活必需品を購入し消費し使用する際に人びとの眼からは見えなくなっている。ここには、たとえば印刷媒体やデジタル媒体のような「文化的生活手段」も付け加えることができるだろう。社会的かつ生態学的な前提のこうした不可視性こそ、購入と使用が自明なものとなることを初めて可能にしているのだ。農業社会学者のフィリップ・マクマイケルは、食品の由来と生産を隠蔽するこうした戦略を「出所のない食品(food from nowhere)」と名づけた。この戦略のおかげで、時間と空間において際限のない食品の利用可能性が標準化されてしまうのである。(3) その事例としては、冬にドイツの学校給食で提供される中国産のイチゴ、非合法の移民労働者たちがアンダルシアで北欧市場向けに作るトマト、そしてタイやエクアドルのマングローブの森を破壊しながらグローバル・ノースの消費者たちのために養殖される小エビを挙げることができる。

私たちが提示する「帝国型生活様式」という概念は、グローバル・ノースに暮らす人びとの政治的・経済的・文化的な日常の構造と実践に深く埋め込まれ、グローバル・サウスの新興工業国のそれらにもますます埋め込まれるようになっている生産と分配と消費の規範を指し示している。ここで念頭に置かれているのは物質的な実践だけでなく、とりわけそうした実践を可能にしている構造的な条件であり、それと結びついた社会的な理想像と言説である。このことは、よりいっそう先鋭な形で次のように定式化することができる。すなわち、帝国型生活様式から実に多様な仕方で生じてくる「良い」生活や「正しい」生活の基準は、たとえそれらが包括的な社会的諸関係の一部をなし、とりわけ物質的・社会的インフラストラクチャーの一部をなしているとしても、日々の暮らしのなかでこそ形づくられる、と。(4)

その際、矛盾をはらんだ社会構成体——資本主義的な社会構成体——は、それが日常の実践と常識に根を下ろし、そのことを通じていわば「自然なものに」なっているかぎりでのみ再生産されうる。このような認識から出発するという点において、生活様式という私たちの発想はアントニオ・グラムシの伝統に倣っている。ただし「帝国型」という形容句を付加することによって私たちは、グラムシを超えて、この生活様式の有するグローバルにして生態学的な次元を強調したい。

帝国型生活様式は資本主義社会の再生産における不可欠の契機である。それはもろもろの言説と世界の捉え方とを通じて打ち立てられ、さまざまな実践と制度のうちに定着し、市民社会と国家における社会的な論争の結果として生じる。帝国型生活様式は不平等と権力と支配に、ときには暴力に基礎を置いており、同時にそれらを生み出してもいる。それはもろもろの主体の外側にあるのではない。この生活様式はむしろ、もろもろの主体を彼らの常識(5)に沿って生み出し、主体を規範によって拘束すると同時に、主体に行為能力を授けもする。主体はつまり、女性や男性として、効用を最大化しながら他人よりも優れていると感じる個人として、さらには良い生活の特定の形態をめざして努力する存在として形成されるのである。「ヘゲモニー的世界観の領有と主体の構成は軌を一にする。自分を方向づけることによって、私は自分を主体化する。ヘゲモニーは強制と等置されるのではなく同意にも根ざしているので、ヘゲモニー的世界観を常識のうちへと統合することは単に強制によるものではなく、むしろそこには自立性すら見いだされる」(6)。だが、このことが意味するのは、帝国型生活様式は〔その有様をめぐって〕争われつづけるということでもある。帝国型生活様式にはつねに、いまの生活を覆すオルタナティブな解釈と実践が入り込み、もろもろの要求とオルタナティブへの願望も入り込んでくる。そのかぎりにおいて、あらゆる生活様式にはつねに、服従と自己確立とが矛盾をはらみながら内在しているのだ(7)。

帝国型生活様式という概念は人びとの日常を社会構造と結びつける。この概念は、有力な生産・消費の規範が依存している社会的・生態学的な前提と、こうした前提に埋め込まれている支配の関係とを可視化しようとする。そしてこの概念は、新植民地主義的な南北関係のなかで、階級関係とジェンダー関係のなかで、さらには人種化された関係にもとづく消費と生産の実践のなかで、支配がいかにして常態化されていくのか、その結果、支配がいかにしてもはや支配として気づかれなくなっていくのかを解明しようとする。生活様式の概念は生産様式の概念をも含んでいる。つまり生活様式の概念は、生産の技術的な諸条件および企業組織と労働組織の諸形態を、有力な消費規範との関係のなかで考察するものなのだ。

こうして生活様式(Lebensweise)という概念は、意味のうえで似通っており、また一部には理論的にも似通っている二つの概念から区別される。すなわち、生活態度(Lebensführung)と生活スタイル(Lebensstil)である。日常の生活態度という、うまく練り上げられた社会学の概念が指し示しているのは、諸個人が多様な日常の要請をひとつの一貫した生き方(Lebensentwurf)へとまとめあげていく際の方法と様式である。それは、「ある個人が多様な生活領域で日々行なうさまざまな実践的諸活動の組み合わせ、またはそのまとまりを指している」[8]。生活態度の具体的なパターンにとって重要と考えられるのは、物質的・文化的・社会的資源へのアクセスであり、それらの利用可能性である[9]。それらの資源は不平等に分配されており、したがって不満や批判の出発点となる。ここで、「生活態度」と「生活様式」は交わる。それにもかかわらず生活態度という概念においては、大部分が「行為主体の背後」で生み出され、もっぱら権力行使の形状を帯びた戦略的な諸行為の帰結として形成される社会的な諸条件に、光が当てられないままとなっている。それに対して生活様式という私たちの概念は、生活態度を支える諸条件が形成され分配される際のあり方を――物質的な面でも文化的な面でも――正面から視野に入れる。その際には、危機意識をめぐる問い、そして支配を志向する選択肢とオルタナティブな選択肢をめぐる問いにも、より多くの注意が払われる。要するに生活態度という概念は主として、新自由主義的な刻印を帯びた労働過程と消費強制とが課してくる過大な要求に人びとがどのようにして対処し、それを自分の生き方のなかでどのように処理するかを把握しようとするのに対して、帝国型生活様式という構想は、新自由主義的な諸条件のもとでの日常的な生活態度がいかにして成就するかを問う。さらに、そうした成就の理由は、この生活態度がもたらす社会的・生態学的に破壊的な帰結が外部化されうるという点にも求められるのである。

一方、生活スタイルという概念[10]が個人化をめぐる論争の文脈〔1〕で選択の自由という形で使用され、資本主義社会の階級、ジェンダー、人種、ひいては国民国家によって編成される一連の社会関係を度外視するのであるなら、私たちはこの概念からきっぱりと距離をとる。これに対して生活様式という私たちの構想は、社会構造に埋め込まれた非対称性を強調するのだが、その際にこの構想は、諸個人によるそのつどの選択の自由を否定しはしない。生活スタイルの概念がピエール・ブルデューの伝統のなかで使用されるならば、それは生活様式という私たちの概念に近づく。すなわち、この場合には生活スタイルの概念は、たとえば趣味におけるさまざまな選好として身体化されて現われる不平等な社会関係を含意する。趣味とそこから帰結する振る舞いとにおける「洗練された差異[11]」において、社会的な不平等が再生産され、諸個人の身体に書き込まれ、そうすることで不平等はいわば「自然」なものになる。こうした考えを私たちは――以下の叙述で明らかになるように――受け継ぐのであるが、私たちは同時に、右記のような行為パターンが依存している帝国的な諸前提を強調する。

概念のいくつかの層——日常の行為と社会構造

帝国型生活様式という概念のうちで行為に関連する側面は、「車の運転や外出、食事、入浴、ノート・パソコンの使用といった日々の実践が、何よりも習慣やルーティンや日常の規則によって規定されている」という点を際立たせる。(12) これに加えて、日常の実践を引き受けたり拒否したりすることにとって重要なのは直接的な知覚や感情や情動であるが、消費水準の向上や食肉の消費や自動車に頼る個人的な交通〔MIV〕の重視に見られるような、社会に根を張った価値意識もまた重要である。この価値意識のせいで、もろもろのオルタナティブがより困難になる。端的に言えば、持続不可能であるはずの物事が、たいていは意識されないまま継続される実にありふれた実践となるのだ。

しかしながら、意識されていないということは、帝国型生活様式が多様な戦略に結びついていないということを意味するわけではない。この生活様式が戦略と結びついているのは間違いない。自動車工場や工業型畜産場や火力発電所への投資、自由貿易政策や「自分を魅せる買い物で幸せに！」というマーケティングの決まり文句、原材料市場での振る舞いのことを考えてみればいい。あるいは、熱

［1］「個人化」の概念は主に、ドイツの社会学者であるウルリッヒ・ベックが提起した。それによれば、一方で個人は選択の自由を与えられてはいるが、他方では自分が選び取ったかに見える選択肢そのものが条件づけられたものにすぎず、場合によっては選択を強制される。

帯雨林のような複雑な生態系を気候政策が二酸化炭素の吸収源としての機能へ縮減してしまうこと、原材料のグローバルな貿易を初めて可能にする港湾のようなインフラストラクチャーを建設すること、または新しい自動車を買うために貯金することを考えてみればいい。しかし、こうした多様な形態の意図的な行為と、それに先立つ戦略的な意志決定――たとえば国家の政策や企業の経営陣による意志決定――は歴史を有していて、この歴史は行為や意志決定がなされた時点よりもはるか以前に始まり、主体には必ずしも意識されるわけではない。ピエール・ブルデューはこれを「相互行為の真理」と表現しているが、この真理は「けっして相互行為それ自体に」根ざすものではない(13)。行為と意志決定が埋め込まれている社会的な脈略は、そうした行為や意志決定が合理的なもの、あるいは通常のものとして現われることを可能にするのであり、それらを担う主体に慣習として刻み込まれてきたものである。相互行為とそれに随伴する意志決定とを把握するためには、ハビトゥスが、「自然＝本性と化した文化が、すなわち身体化された文化が、身体となった階級(14)」が、それゆえ主体によって内面化された社会関係が顧慮されなければならない。そうすると、行為と意志決定は「認識」および「見過ごし」の行ないとして把握可能になり(15)、そのなかに数多くの意識されない諸前提が入り込んでいる意識的な行ないとして把握することができるのだ。

したがって、自動車の購入が意識的な行為であることは疑いない。しかしながら、この行為が個人による費用・便益の計算の帰結である合理的選択の行ないとして把握されるだけならば、この行為がインフラストラクチャーや制度によって、あるいは社会的な理想像によってあらかじめ与えられ慣習的に内面化された軌道に沿ってなされているという事情に十分な光が当てられないままになっている(16)。

公共交通を犠牲にして拡充された道路網、自家用車の購入と使用のための国家による助成、支配的な男らしさのイメージや個人の自立という表象、他所で資源と労働力の安上がりな取得を可能にする価値創出の連鎖、排気ガスに対する緩い規制、自動車の所有をめぐってもくり広げられる社会的地位にかかわる競争——個人を超えており個人に必ずしも意識されるとは限らないこれらの要素が、自動車を購入するという意志決定に影響をおよぼしている。それらの要素が購入の意志決定に初めて「合理性」を与え、この意志決定が通常のものとして現われることを可能にし、支配を基礎づけ再生産する前提——そのもとで意志決定が行なわれるのだが——を消し去り、場合によってはその暴力的な形状をも消し去ってしまう[17]。

ハビトゥスというカテゴリーは、意識された行為とその意識されない諸前提とを媒介することによって、同時に日常の行為の層と社会構造の層とを結びつける。後者の社会構造について言えば、私たちの文脈では以下の事情が重要な意味をもつ。すなわち、資本主義がその中心部において——そしてますますいわゆる新興工業国においても——その経済的生産性と同時に社会的生産性をも達成するのは、他所にある労働力と自然のもつ生産性とを価値増殖過程へ投入し、そこで産み出された価値を中心部へ移転するからでもある。これにより、さまざまな生活関係がグローバルな商品交換を通じて——しかも最終生産物だけでなく、原材料のような素材の取引を通じて——相互に結びつけられる。「トラクターや牽引用モーターは、グローバルな社会において人間の時間と自然の空間に価格が付けられるような不平等な形式が存在しなければ、可能にはならなかっただろう[18]」。安価な原材料が資本主義の発展にとって不可欠だとすでにマルクスは指摘していた。それは一方では原材料の安価さにともなう資本主義の中心部への価値移転のためであり、他方では利潤率の傾向的低下に抗する「反対傾向」としての原材料価格の下落がもつ意義のためだというのである。[19]

市場に媒介される価値移転のこうした形態をもたらすのは、政治的に、法的に、あるいは暴力によって行なわれる収奪であり、それはたとえば公共財の私有化という形態をとる。これはとりわけ、グローバル・ノースの企業や最終消費者によって行使されるにもかかわらず、その行使の現場では出所がほとんど見えなくなってしまう圧力に由来している。この収奪はたいてい、追放、窮乏化の過程、自然破壊をともなう。

二酸化炭素の吸収源を指定すること、あるいは生態系をその二酸化炭素吸収機能へと矮小化することは、ときに収奪と市場に媒介された交換の両方の要素を含んでいる。たとえば、グローバル・サウスにおいて小農民たちが粗放的に利用していた一区画の土地が「休閑地」であると宣告され、それまでこの土地に適用されてきた慣習法が従来の利用者たちを周辺に追いやる形式的な法体系へと転換されるなら、これこそが収奪にほかならない。[20]これに続いて、二酸化炭素の吸収源を作り出し、それを通じて二酸化炭素排出削減の義務の一部を果たすべくユーカリのプランテーションを設ける計画を立てているグローバル・ノースのエネルギー関連大企業に、右記の一区画の土地が譲渡されるなら、この土地は国際的な排出権取引のなかに組み込まれることになる。[21]したがって、ここで問題になっているのは市場によって媒介されていく出来事である。収奪、それに続く私有化、さらにはグローバルな市場への統合を経て、かつては共同で利用されていた土地が緑の資本主義の交換価値の論理に服する。従来の利用者たちは周辺に追いやられ、生態系にとって破壊的なグローバル・ノースの生産・消費規範を安定させるという利害関心のもとで、当該地域の生態学的な複雑性はきわめて疑わしい形態の環境保護へと矮小化される。「エコロジカル・フットプリント」[22]という優れた隠喩は或る意味では、空間上でのこうした生態学的不等価交換の表現である。なぜなら、土地や集団にとって特有の「フットプリント」はきわめて多様であり、しかもそれらは、生態学的に見てどの地域が他の地域に負担を押しつけながら存続しているかを明らかにするからである。

したがって、とりわけグローバル・サウスにある資源や労働能力の領有と、同様に主としてグローバル・サウスに見いだされる排出物質のグローバルな吸収源の不均衡な利用は、市場によって媒介された交換という形態を、かつまた(あるいは)法的・政治的・暴力的な収奪という形態をとる。それらは社会的、経済的、生態学的に見て著しく不平等であり、権力と支配の刻印を帯びている。すべての人びとや集団が、他所にある労働力と資源に等しい仕方でアクセスできるわけではない。むしろ(労働力と資源の)こうした略取は不平等のさまざまな分割線に沿って、つまりは階級やジェンダーや人種差別による振り分けという分割線に沿って、ひいてはとりわけ新植民地主義的な南北関係に沿って生じる。帝国的な次元は、人間と自然を支配し破壊する傾向のある略取において現われるのである。

概念の諸次元

帝国型生活様式という概念には、「日常の行為」と「社会構造」という二つの層を横断するいくつかの次元がある。概念の次元とは、特殊な生産・消費規範の帝国的性格の分析、批判、変容を方向づけるうえで有益ないくつかの観点を指すものである。それらの観点は同時に、帝国型生活様式という構想を産んだ理論上の源泉も指し示している。

価値増殖過程への投入、蓄積、再生産

グローバル資本主義の発展と特定の局面におけるその相対的な安定は、帝国型生活様式と密接に関係している。この生活様式によって恩恵を受けたのは、とりわけ資本主義の中心部における資産所有者や生産手段の所有者であり、のちには賃金生活者の大半もまた恩恵を受けた。植民地主義の論理は資本主義の全発展史を貫いているのである。さらに、グローバル・サウスの諸国において多かれ少なかれ大集団をなしている、少数のエリートから中産階級までの人びともまた受益者のなかに含まれる。帝国型生活様式によって社会関係と社会的な対自然関係が形づくられるのは、資本主義の中心部にとどまらない。そうした関係は植民地においても、あるいは他所における生活のための生産物が特定の経済的・政治的条件、特定の労働組織の条件、特定の自然圏の条件のもとで産み出される諸国においても、形づくられるのである。

資本主義のダイナミクスは世界市場での競争という条件のもとで生じる。それは国家によって、さらには国際政治によって保護され調整される。企業は価値増殖のための最良の条件を追求するのであり、マルクスとエンゲルスが『共産党宣言』で強調しているように、資本には世界市場を作り出す傾向がある。(23) 労働力と自然の商品化は資本主義の拡大にとって不可欠な契機である。それは最初から、地域を超え出るグローバルな次元を有していた。したがって資本主義はつねにまた、社会の内部で、

かつまた社会の境界線を越えて多くのものを価値増殖過程へ投入することを、あるいは領域獲得を意味しており[24]、(新)植民地主義および人種差別主義と密接に関係している[25]。

価値増殖過程への投入ないし領域獲得は、資本主義とその外部——つまり非資本主義的な環境——との関係において観察されうるような、資本主義的生産様式のダイナミクスの一部をなす契機である。その際、資本主義の外部とは、地域や国々、社会的・物理的なインフラストラクチャーなどの社会構造上の領域、さらには人間のもろもろの欲求や活動を指す。これに対し、価値増殖過程への投入と結びついた蓄積という契機は、生産過程における剰余価値の産出、流通における剰余価値の実現、さらには投下資本の増大と関係している。そこでは資本主義内部での事の経過が問題となるが、それにもかかわらずこの経過は、〔その外部を巻き込む〕資本の膨張的な傾向を通じて初めて可能になるのである[26]。

帝国型生活様式という構想の視座——ここで私たちはレギュラシオン理論に依拠することになる[27]——から見て重要なのは、次の二点を強調することである[28]。第一に、資本主義的な蓄積はつねに生産と消費を包含している。蓄積の円滑な進行が前提にしている生産規範と消費規範の照応関係は、たとえば第二次世界大戦後の数十年における、すなわちフォーディズムの時代における規格化された耐久型の大量生産品(自動車、テレビ、洗濯機、冷蔵庫など)に見られた(第四章参照)。資本主義的に生産された商品の消費を通じて、労働力の再生産は「資本循環の内的な契機に」なったのである[29]。

第二に、生産規範と消費規範の照応は自動的に生じるのでも、必然的に生じるのでもない。それはむしろ社会的闘争の帰結であり、そうした闘争の産物である力関係と妥協を国家と社会のなかで制度化したことの帰結である。たとえばフォーディズムにおいては労働運動によって勝ち取られた福祉国家のもろもろの獲得物が、さらには賃上げと生産性向上との結合が、「調整様式」の中心的な要素をなしていた。この調整様式はグローバル・ノースの諸国における社会的な豊かさを大幅に向上させただけでなく、そうした諸国の労働者階級までもが過去にはありえなかったような仕方で豊かさの分け前に与るのを助けたのだった。

これによりグローバル・ノースにおいて、それまで上流階級と(上層の)中流階級に限定されていた帝国型生活様式が社会のなかに普及していくための基礎が作られた。それと同時に人口の大半の再生産は実に多様な仕方で、首尾よく機能する帝国的な関係に依存するようになった。第一に、新植民地主義的な南北関係に当てはまる事柄だが、再生産に必要な財を作り出し使用するための資源(鉱物、石油、農業原料)はその大部分が、グローバル・サウスの安価な労働力によって採取され、栽培された。のちには「新たな国際分業」[30]の枠組みのなかで、紡績・衣服産業のような労働集約的な分野では生産そのものがグローバル・サウスの諸国へ移された。第二に、鉱業、石油採掘、さらには工業生産や農業がしばしば生態系を破壊し、グローバル・サウスにおけるもろもろのオルタナティブな形態の経済活動が存立の根拠を奪われたせいで、グローバル・サウスの従属は社会的な対自然関係においても見られるようになった。第三に、帝国型生活様式はジェンダー関係のなかにまで刻み込まれた。フォーディズム的な賃金関係の普及が男性の労働者と従業員を「一家の稼ぎ手」として働くよう引き立てた一方で、女性は無償のケア労働を担い、しかも(あるいは)教育を受けていない労働力として娯楽用電気製品や家電製品の規格化された生産に従事させられたのだ。[31] こうして、「男らしさのヘゲモニー」[32]という男性中心的でヨーロッパ中心主義的な生き方が帝国型生活様式の不可欠の構成要素となる。最後に帝国型生活様式に加わるのが、構造的な人種差別と新植民地主義である。それらは、たとえばグローバル・サウスにおける労働力の過小評価として表現され、搾取と抑圧を正当化し、グローバル・ノースの社会で優越感を醸成した。[33] それゆえシュテファン・レーセニッヒが示唆するように、物質的な社会的・生態学的コストの外部化は、「損害の責任が損害をこうむった人びと自身に投げ返されることによって、象徴的な排除の過程と辱めの経験をともないながら、（中略）さらには負担の転嫁と責任の押しつけの実践をともないながら」進行するのである。[34]

生産規範と消費規範を通じて、諸個人の再生産は帝国型生活様式にとって不可欠の契機になり、その前提および結果となる。資本主義の本質的な指標は、労働力の再生産が市場に依存している点にある。一人ひとりの生存を確実にするために必要不可欠なもろもろの手段（土地や労働手段）から「自由になり」、「モラル・エコノミー」[35] という共同体的な紐帯から解き放たれて、大半の人びとは生きていくために自らの労働力を市場で売るように強制される。同時に、こうした必然性によって人びとは帝国型生活様式に身を置くように強いられる。しかもそうした強制は、自分の収入を稼ぎ出す生産過程と自分の再生産にとって必要な商品とが他所の労働力や自然の不平等な領有に依存すればするほど、ますます強まっていく。

ときに別の場所で痛苦と破壊をもたらす帝国型生活様式へのそうした構造的な強制は、しかしながら必ずしも強制として感じられるわけではなく、むしろしばしば行為の可能性の拡大として受けとめられる。[36] 多くの人びとにとって帝国型生活様式は、主観的に満足のいく生活の可能性を意味する。［グローバル・サウスの］労働力と自然の不平等な領有によって、収入が得られるだけではない。日常を楽なものにしたり生きがいのあるものにするのを助けてくれたりする製品（家庭用器具、自動車、スマートフォンなど）も獲得可能になる。さらにそれは、自由時間の活動や実現可能な旅行先の選択肢の幅を拡げ、起こりうるさまざまな危機的状況下でも実際に安全な状態や少なくとも安全と感じられる状態を作り出す。

加えて帝国型生活様式への構造的な強制は、国民国家や階級への帰属に応じて、またジェンダー・アイデンティティや人種に応じて異なる仕方で現われる。たとえば或る人びとが地産や旬の食品を買うことで帝国型生活様式への強制を一部にせよ避けることができるとしても、他の人びとが手にすることができる行為選択の余地は、とりわけ日々の生計労働、消費、社会関係のあり方が問題になる場合、わずかなものにすぎない。乏しい収入と資産しかもっていない人、あるいは失業保険や社会的再分配措置に頼って生活している人は、たとえばTシャツやお買い得な食料を購入するときに、他所での劣悪な労働条件や自然の搾取から利益を得るような仕方でしか社会的な豊かさに与ることができないのである。

したがって帝国型生活様式は生活と社会参加にとって、必然であると同時に期待を抱かせるものであり、強制であると同時に前提である。特定の生活を強いられるという側面とそれが可能になるという側面との組み合わせも、その強制を避けうる能力も、諸個人の社会的地位によってさまざまである。地位が行為を決定するわけではないにしても、それは行為の枠組みを定め、したがって個人が選びとることのできる行為の選択肢の幅を決める。それゆえ、私たちが提起する視座は次の点で特徴的である。すなわちこの視座は、広大な空間に拡がる日常的なものの再生産が、構造的な――人びととの行為を制約しかつ可能にする——枠組みと条件によって支えられていることを、しかもそうした枠組みと条件もまた、やはり人びとの日々の行為によって打ち立てられていることを、可視化するのである。

ヘゲモニーと主体化

帝国型生活様式は進歩についての一定のイメージをともなうが、その物質的な核は生産力の発展にある。コンピューターはつねにより高機能にならねばならず、食料品はより安くならねばならない。ところが、それらが生産される社会的・生態学的な諸条件には、十分にあるいはまったく注意が払われない。進歩についてのそうしたイメージが生産規範や消費規範と整合的に合致し、それゆえ資本主義的蓄積のダイナミクスに照応し、このダイナミクスのもたらす否定的な帰結の外部化が成功しているのならば、帝国型生活様式に疑問を投げかけるのは難しい。つまり、帝国型生活様式はヘゲモニーにもとづいている。それは広く受け容れられ、社会経済的にも政治制度のうえでも保護され、人びとの日常の実践に深く定着しているのだ。

アントニオ・グラムシにとってヘゲモニーは、広く共有された「統治される者の同意」[37]をともなうような支配の布置連関を意味する。支配における物質的かつイデオロギー的同意の要素は「常識」によって安定する[38]。なぜならこの常識によって、社会的支配の中心をなす次元は疑念を抱かれることなく自然なものとして現われ、それゆえまさに支配としては感じられなくなるからだ。現存する社会的な関係は諸個人によって、ひいては企業や労働組合、国家機構やメディアなどの集合的行為主体によって広く受け容れられるか、あるいは積極的に再生産され、世界の捉え方や世界への意味づけの一部になる。

ヘゲモニーは第一に、戦略的な次元を有している。この次元は、支配階級が自分たちの利害関心と世界の見方を普遍化する能力のことを意味している。従属《サバルタン》する階級は支配階級のもろもろの利害関心（たとえば成長や競争力への利害関心）を自分のものにしているか、あるいは社会的地位に応じてこれらの利害関心を自分のものにすることを余儀なくされる。こうして、支配者の利害関心は普遍的な利害関心になり、何が社会的に「通常」でごく「自然な」ことなのかをめぐる広く共有されたイメージになる。つまり、支配階級が「指導的」〔な階級〕になる。そうなるための前提は、社会全体――あるいは少なくとも社会の多数派――にとって魅力的なものとなるような仕方で支配階級が自らの利害関心を定式化し、練りあげることにある。こうした状態は、注意深く組み立てられた計画によってではなく、支配階級のさまざまな分派のあいだの紛争や、そうした諸分派と従属階級との紛争を通じて生じる。

グラムシが「アメリカニズムとフォーディズム」の分析で示唆しているように[39]、生産過程の特定の組織化とそれに呼応する特定の消費規範の浸透にともない、諸個人の行為の大半が期待通りの仕方で行なわれる規則性が作り出される。ここにはヘゲモニーの中心をなす物質的な要素がある。ホモ・エコノミクスとともに、それに対応する人間像が成立したのであり、この人間像は資本主義に典型的な交換価値と競争への志向を人間の本性〔自然〕とみなしたのだった[40]。こうした「支配的な行動パターンの非歴史的な自然化[41]」は主流派経済学の産物でもある。主流派の経済学者たちは資本主義的生産様式の表層をそのまま受け容れたせいで、彼らがただ記述しているだけだと称するあの特異な主体を編み出すことに貢献したのだ。

ホモ・エコノミクスという人間像に現われているのは、ヘゲモニーの第二の次元である。すでに述べた統治される者の同意は「大きな〔意味での〕政治」にかかわるだけでなく、生活様式と常識にもおよんでいる。この同意は、社会の成員がそれぞれに特殊な生活状態に応じて選び取る実践のあり方を含んでいる。したがってヘゲモニーをめぐっては、すなわち同意にもとづく支配をめぐっては、それを手に入れようとする戦略が展開されるだけでなく、ヘゲモニーはむしろ帝国型生活様式の基礎をなすありふれた事柄とルーティンとをともなう日常においてこそ追求される。たとえば自動車を使用すること、自分の家をもつ夢、好ましい娯楽や通信のためのテクノロジーの購入といった何気ない事柄をめぐって、ヘゲモニーは形成されるのである。これは戦略的な行為だけでは達成されえない。戦略的な行為によって追求される利害関心が日々の生活の条件や志向に関連する実践とルーティンの一部にならないかぎり、ヘゲモニーは形成されないのだ。この意味において、ヘゲモニーは包括的な物質的・象徴的実践である。ヘゲモニーに含まれるのは、「多くの個別的集団や社会的集団の日々のイニシアティブであり、そのイニシアティブはこれらの集団のなかで、より大きな集合体が共有している慣習への積極的な自己服従という形態において支配への賛意を表現する」(42)。

ヘゲモニー理論による支配の理解は常識と日常の実践とを重視するが、同時に、支配に服している主体へ目を向ける。したがって、支配を打ち立て安定させるがそれを疑問視もさせうるような主体化の過程がどのように進行するのか、そのあり方にも目を向けるのだ(43)。支配が諸個人をただ強制し、規律化し、抑圧するのではなく、諸個人の願望と欲求に注目するならば、支配は個人のアイデンティティの一部になり、アイデンティティを形づくり、それを通じていっそう効果的なものになる。支配は諸個人にとってもはや外的なものではなく、むしろ個人が自己自身に働きかけるまさにそのメカニズムを用いるようになり、それゆえもはや支配としては感じられないような仕方によってその影響力を振るう。

このことを一例に則して明らかにしてみよう。資本主義は、合理的に行為し、成功も失敗すらも自己の責任とする諸個人の特性に働きかける。資本主義はその際、一九六〇年代と七〇年代の新しい社会運動が解放的な見通しのなかで、フォーディズムの国家と社会を特徴づけていた家父長制的で後見的な傾向に対して加えていたような批判を、新自由主義の局面において自らのうちに取り入れることになる。資本主義はこうした批判を、独自の近代化の契機へと変質させるのである。その際、一部の人びとにとっては生き方と消費の可能性が多様化する一方で、競争と社会的不平等が先鋭化する。〔資本の〕立地点と〔人びとの〕地位をめぐる破滅的な競争は、労働力と自然の不平等な領有を強化し、そうすることで帝国型生活様式を強化するのであるが、そうした競争は日常化していく。新自由主義的な資本主義における主体性の有力な形式である「企業家としての自己」は、骨の髄までこの競争に没頭する。新自由主義的な資本主義のもろもろの命令を、それがもはや支配としては現われないようなやり方でこの自己は内面化するのだ。

主体化は身体的な次元をも有している。階級、ジェンダー、人種は——すでにピエール・ブルデューの議論を用いて示しておいたように——身体になり、動作や感情や嗜好のあり方のうちに刻み込まれる。(44) それを通じて支配はいわば「自然なもの」になる。支配は、消費を通じて差異を際立たせようとする努力のなかで、また自分の社会的地位を確かなものにし自己自身を実現しようとする努力のなかで再生産される。自己確証と卓越化のこうした手法は、シュテファニー・グラエフェが指摘したように、まさに「社会的な危険が増大する時代において」いっそう重要になる。[45]そうした手法は消費によって媒介されることで、帝国型生活様式の推進力となる。

生産規範と消費規範の整合的な連関が形成される場合と同様に、主体化とヘゲモニーの構築もまた、「資本」が自らのそのつどの要求に合わせて主体と日常の実践とを意のままに作り出せるような過程ではけっしてない。むしろ、自分自身の願望と社会的な可能性とのあいだで持続的な折り合いをつけようと人びとが格闘するのだが、その際に彼らは権力資源を同等に用いることができない。加えて、ヘゲモニーと主体化はけっして完全ではない。むしろ、それらのうちへと入り込んでいる参加の要請と正義の表象は、社会的諸関係を批判する反省的な方法によっても明示化される。このことは、帝国型生活様式の約束がよりいっそう多くの人びとにとって達成不可能になる場合に、あるいは――ストレスや苦しみの原因となる――消費への強制がそのような消費によってもたらされる地位や名声といったメリットを帳消しにしてしまう場合に生じうる。新自由主義的な主体性の病理学に関する最近の(労働社会学による)研究が示しているように、そうした地点へと多くの人びとはいまやすでに到達しているのかもしれない。[46]

また、先に導入したハビトゥスの概念と関連して次のように問うことができる。すなわち、ハビトゥスはいかなる状況においてもはや存続しえなくなるのか、そしてもろもろの要求や願望はいかなるときに満たされえなくなるのか、と。これは危機の時代に起こりうる事態だが、場合によっては毎日の数多くの小さな心配事や新たな経験の結果として、あるいはいまのような生き方をもはや欲しないというかたちでも起こりうる。それは、ときに個人の日常の小さな変化のなかに現われ、しばしば一時的なものにとどまりながらも、深く根を下ろして社会的な帰結を生むこともありうる。(47) ブルデューを超えて考えるならば、ハビトゥスへの違和感は、現存する諸関係の政治問題化やもろもろのオルタナティブへの実践的な追求にも向かいうるのである。

だが、そうした状況を迎えたとしても、ますます増大する不平等の経験を、解放へ向かう実践につながっていく反省的な社会意識へと架橋してくれる自動作用など存在しない。政治化には数多くの形態がありうるし、とりわけ政治化の右翼的な形態が考えられる。さらに、——二〇〇八年以降の政治情勢の展開が示しているように——危機的な状況は、まさに帝国型生活様式を構成する諸実践を国家が支援することによって安定へと向かうこともある。たとえば、自動車の製造・販売を「廃車助成金」によって活発にしようとすること、あるいは工業的に生産された食料品の価格を自由貿易協定への参加で切り下げようとすることによって、危機的な状況は回避される。

もちろん不平等の経験は、オルタナティブをめぐる社会的・政治的論争の空間を切り拓く。とはいえ、帝国型生活様式の約束が多くの人びとにとって現実のものになっているか、あるいは少なくとも実現可能なものに見えるかぎり、したがって生活様式の有力なあり方が無傷なままで、通常のものとして通用するかぎり、この空間はオルタナティブを産みはしない。こうした状況において、解放をめざす諸勢力にとっての中心的な試練——この点については最終章で立ち返ろう——は、「モラル・エコノミー」(48) のイメージと残存物を突きとめ、そうしたイメージと残存物から良い生活と生態学的・社会的に正しい生活とに関する魅力的な理想像を引き出してくることにある。

階層化

すでに本章のいくつかの箇所で示しておいたのは、帝国型生活様式なるものについて私たちが単数形で語るとしても、この生活様式は社会的緊張をはらむ多様な分割線に沿って、つまりは諸国と諸地域のあいだ、都市と地方のあいだ、階級間、ジェンダー間、人種間、さらには社会と自然のあいだの緊張関係に沿って再生産されているということである。特定の場所にいる一定の人びとに帝国型生活様式が保障しているより良い生活が、他所にいる他の人びととの生活条件の掘り崩しを前提にしているかぎり、帝国型生活様式は多様な権力関係と支配関係を含意している。

このことはたとえば、富裕層が自らの社会的地位を確認したり、中産階級の上層の成員たちが社会的な階層上昇の野望を強調したりする際に示す顕示的消費のなかに、あるいは地位にともなう消費のなかに表現されている。贅沢品の消費においては、商品の象徴的価値はその使用価値よりも優位にある。二万ユーロのロレックスは、その一〇〇分の一より安い価格で買える腕時計よりも時刻を表示する点で優れているわけではない。ロレックスはしかし、それにふさわしい環境で控え目に見せびらかすなら、その所有者が大いに威信を獲得する助けになりうる。(49) フレッド・ハーシュが示唆したように、地位にともなう消費が生み出す卓越化とならんで、さらに別の形態の階層化も存在する。(50) 裕福な人びとは、――たとえばブランド製品のように――容易には手に入らず、希少であり、他の人びとによっても消費されることで価値を失っていくような財でもって、自分を他人から区別する。こうした「地位を示す」財としては、たとえば芸術作品、骨董品、地価の高い地域の不動産がある。

別の例を挙げよう。気候変動の原因になる慣行には、ジェンダーに特有の著しい差異がある。たとえば交通手段の利用の仕方や食肉消費の量におけるジェンダー間の違いを考えてみればよい[51]。さらに、生態学的な危機への責任も――フォーディズムにおいて化石燃料消費の規範が社会全体に普及したにもかかわらず――どの階級に所属しているかに応じて異なっている。ヴッパータール研究所が――もちろん階級概念の使用を回避しながら[52]――立証しているように、「教養豊かで、高所得、そして環境意識の高い生活スタイルの人びとの共同体――社会環境と言ってもよい――が、同時によりにもよって最大の資源消費を行なっている。(中略)彼らは数多くの面で徹底的に環境を意識しながら意志決定を下す。しかし、そうした意志決定のもつ環境に優しい効果は実際には帳消しにされる。なぜなら彼らには、その物質的状況のおかげで、よりわずかな社会環境にある人びとよりも多くの製品とサービスを享受することが許されるからである。(中略)より低い専門教育を受け、より乏しい資産しかもたない人びとは、たしかにしばしば環境のことを意識せずに行動するが、実際には環境に優しい。その理由は往々にして、彼らの可処分所得が低すぎるせいで、多量の資源を必要とする生活スタイルが彼らに許されていないからである[53]」。

労働力の再生産に影響をおよぼすことのできる構造的権力と、ますます巧妙になっていくマーケティングの仕組みとを備えた資本主義の強力な行為主体たちが、人びとを一定の生活様式へと駆りたてている[54]。この事情を、帝国型生活様式の概念は看過してはならない。この概念が意味しているのは、すべての人が同じ仕方で生きているということではなく、「良い生活」と社会の発展とに関する一定の共有されたイメージが支配的になっているということである。この生活様式は社会を階層化する側面を有しているが、この側面は、ヘゲモニーを生み出し社会を統合する側面と永続的な緊張関係にある。つまり、帝国型生活様式は社会的不平等にもとづいており、しかもこの不平等を再生産している。それと同時にこの生活様式は、社会的不平等を加工することをも可能にしている。より上位の階級の豊かさがより従属的な階級にとって、少なくとも実現可能であるかに見える幸福の約束として現われるかぎり、帝国型生活様式は不平等な社会を安定させるのである。

外部化

本章における「価値増殖過程への投入、蓄積、再生産」の項ですでに明らかにしたように、資本主義的な商品生産、競争、交換価値への志向、労働力の商品化、そして剰余価値の領有は、外部なしには考えられない。それらは社会的・経済的・生態学的な観点で見るなら外部から利益を得ているのである。経済的により強い諸国における労働力の再生産は、他所での労働力、資源、吸収源の「有利な」略取を通じてより容易になる傾向がある。このことは何よりも食品や耐久消費財といった手ごろな価格の商品において明らかだが、それら——あるいはそれらの素材——は他の諸国において生態学的・社会的に破壊的な諸条件のもとで作られるのである。賃金がそれほど上昇しなくとも、あるいはむしろ低下するとしても、「マーケット・バスケット」は大きくなりうる。[55] マルクスはこのことを「相対的剰余価値」の増大と特徴づけた。労働力の再生産に必要な諸商品の価格の低下によって労働力の価値が低下し、剰余価値率ないし利潤率が上昇する。[56] 資本主義の世界市場と、中心部において強力に制度化された労使関係という条件のもとでは、こうした事態は生産過程に投入される素材が他所で作られたという事実に本質的な基礎を有している。シュテファン・レーセニッヒは「外部化社会」について語っているが、それはもろもろの否定的効果を永続的に外部へ転嫁する社会である。「私たちは外部化する。なぜなら外部化できるからである。すなわち、社会構造のおかげで私たちはそうすることのできる状態に置かれているからであり、もろもろの社会的メカニズムがそうすることを私たちに許すからであり、私たちの周りに行き渡っている実践がそうすることを私たちに保証してくれるからである。だが、或る意味では私たちは外部化するほかないために外部化している。それというのも、社会構造が私たちに外部化を強要し、社会的メカニズムが私たちを外部化へと駆りたて、私たちの社会環境のなかに行き渡っている慣習行動が私たちを外部化へと誘うからである[57]」。

フェミニズムの社会・経済理論は外部化の視座を拡張した。すなわち、しばしば価値増殖過程への暴力的な投入に続いて生じる、市場によって媒介された人間と自然の(過剰)搾取は、資本主義的な生産にとってのみならず、ケア労働の領有にとっても必要不可欠なのである。ここでは外部化は、包括的な意味で「原理」として[58]、つまり資本主義経済の円滑な運行に決定的に寄与する原理として理解されている。資本主義的な外部化の構造は、「(女性による無償の社会的労働と生態学的自然によるさまざまな働きという)分離させられたものからの価値の剝奪」を意味しており、それは、「分離させられたものを無償で、または安価な費用で領有するための基礎をなしている。したがって、資本主義のグローバル化はこの(外部化という)原理のグローバル化へと導いていく。それは新たに進行中の領有過程に現われており、この過程は新たな分離境界線の確定と結びついているのである[59]」。

外部のもつ意義は、実際の生産過程とならんで生計労働と再生産との結びつきにおいても、具体的には、より稠密になりつつある「ケアの連鎖」においても示されている。クリスタ・ヴィヒテリヒはこの点をめぐって、「トランスナショナルなケア採取主義」という概念を提唱している。この概念は、「グローバルな中間階層が、より貧しい他の地域からケアの能力を領有することによって自己の再生産を確実にし、ケアの能力を収奪し、そうすることで自己の再生産の危機をより貧しい地域に転移する」実態とその手法を示すものである[60]。同時に、移住が大規模に生じて、再生産労働がトランスナショナルに組織されているにもかかわらず、女性化されエスニック化されたケアの道徳と、それを実現しようとする活動と、そうした活動に対する社会的に低い評価は、依然として維持されたままである。「グローバル・ノースにおける危機的な状況とケアの不足はこのようにして回避され、〔ケア労働者の〕出身世帯や出身国へ転移される。グローバル・サウスやグローバル・イースト出身の女性のケア労働者たちは、ケアの国外流出によって生じる自分たちの家庭でのケアの空白を、自分自身が事業主となって個人的に克服しなければならない。これは、〔生計労働と家内労働との〕両立の問題の一変種である。この問題を処理するために彼女たちは、自分自身の子どもや高齢の家族成員の世話を、女性親族、近隣の女性、さらには貧しい地域や貧しい国出身の移民女性に任せるのである[61]」。

それゆえ、帝国型生活様式に具備されている社会経済的かつ生態学的な危機の外部化は、特定の地域に住む一定の〔恵まれた〕集団のための労働と生活の諸関係を、相対的に生きる価値のある魅力的な状態に保つ一方、別の地域と別の社会集団を犠牲にしながら進行する。資本主義的生産様式が優越していて、世界システムのなかで政治的・経済的に強い立場を占めているような社会にとって、問題の外部化と危機の外部化というこの傾向は不可避である。エリック・オリン・ライトは、「利潤を最大

化する企業に否定的な外部性を生み出させる体系的な圧力」について語っている。(62)

帝国型生活様式という概念の使用価値について

最後に、帝国型生活様式という概念のもつ政治的・学術的な使用価値について、私たちの考えを九点にわたってまとめておこう。第一に、この概念は資本主義的生産様式と日常の実践と主体化の形態との密接な連関――ここには生計労働と無報酬の労働形態も含まれる――を明らかにする。価値増殖過程への投入と資本増殖の戦略、国家による政策の構造と過程、そして優勢な力関係は、思考と行為のさまざまな選択肢によって明示され、人びとのアイデンティティと身体に刻み込まれ、意志や欲求の対象となる。このようにして、それらは日常の細やかなところにまで入り込む。

第二に、帝国型生活様式という概念――それはまさに「帝国型」という形容句が付されることで政治的に強い意味を獲得する――は、自動車を所有し運転する人びと、ほかに代替の交通手段があるにもかかわらずまったく自明なことのように短距離で飛行機を利用する人びと、あるいは工業的に生産された肉を食べる人びとに道徳的な非難を向けるためにあるのではない。それらの振る舞いは批判され変更されなければならないし、しかもそれらは一人ひとりの行動、義務づけ、または禁止によって、ひいては別の選択肢を社会的に提供することによって変更されなければならない。それはしかし、私たちが分析的かつ政治的に使用しているこの概念の意図するところではない。そのかぎりで、変革のための最も重要な手がかりは、「自分から責任を引き受けること」にあるのでもなければ、「道徳的な態度と非道徳的な態度」[63]のどちらを個人が選ぶのかという選択にあるのでもない。手がかりはむしろ第一義的には、帝国型生活様式を再生産する社会的な構造と不平等のパターンを指し示すことにある。

第三に、帝国型生活様式という概念は、生態学的な危機意識が広く行き渡っているにもかかわらず、資源を浪費し排出物を増やしてしまう実践が強固に存続していることの重大な理由を指し示す。この概念が示しているのは、とりわけ資本主義の中心部における社会的再生産が他所における労働力と自然の略取によって行なわれ、それがまさに新自由主義的なグローバル化の危機においても安定的にくり広げられているという事態である。この概念はさらに、他所での諸関係が――まさに世界市場への編入をとおして――略取の構造により規定されつつ形成されることを示唆している。

第四に、この概念は、とくに一九九〇年代以降に確立されたような類のグローバルな環境政策がなぜそれほど効果を発揮しないのかを説明してくれる。私たちは危機管理の真正の危機に直面している。なぜなら、危機の核心部をなす帝国型生活様式が政治のなかでまったく議論の対象になっていないからである。その最も良い例が、毎年開催される気候変動枠組条約をめぐる会議である。たとえば二〇一五年のパリ協定では、気候変動の主要因としての化石燃料への言及がひとつも見いだされない。しかしながら、各国による有力な環境政策もまたエコロジカルな近代化の線で実施されているため[64]、問題含みの生産・生活様式にそうした政策が手をつけることはない。したがって帝国型生活様式という構想は、対自然関係の根本的な転換との関連で、国家の政治と政府間協力の政治に過大な期待を寄せたりしないように警告するのである。その際、そうした政治の責任を免除するわけでも、既成の政治のありようをシニカルに眺めるわけでもない。というのも、支配を基礎に置く社会関係（および力関係）と優勢な傾向は対自然関係の基礎に横たわっていて、それらを国家の政治だけでもって克服することはできないからである。こうした事態は中南米のいわゆる進歩的な諸政府にも見て取れる。それらの政府が、世界市場を志向する新採取主義に対して、原材料の無制限の採掘に対して、ひいては農産物の栽培とその世界市場での販売に対して、オルタナティブを発展させることはこれまでなかった。それらの政府は、より良い分配をめぐる社会的闘争の結果として、世界市場というケーキからより多くのものを得ようとするけれども、ケーキそのものとケーキを作る条件を疑問に付そうとはしないのである。

第五に、帝国型生活様式という概念は、持続可能性へのさまざまな信仰告白や生態学的な危機との効果的な向き合い方が見いだされるにもかかわらず、新たな帝国型資源政策、新たな形態の採取主義、そして諸問題を外部化する政治がなぜ目下のところ優越的な地位を占める傾向にあるのかを明らかにする。価値増殖過程へと自然をいっそう資本主義的に投入しつづけることは、危機を処理し、同時に経済を活性化すると言われている。優越した力関係、制度、利害の構造だけでなく、まさにヘゲモニーを備えた生活様式もこうした事態を促進する。つまり、帝国型生活様式という構想でもって私たちは帝国主義の概念を掘り崩すつもりなどけっしてないのだ。むしろ、とりわけグローバル・ノースの社会に暮らす中流・上流階級の日常の実践と日常の知覚のなかに帝国主義の政治がヘゲモニーによって定着しているのを明らかにしなくてはならない。重要なのは、帝国主義の政治が継続している理由をヘゲモニー理論を用いて基礎づけ解明することであり、とりわけ、帝国型生活様式の社会的・生態学的な矛盾がますます明らかになっている時代においてそうした基礎づけと解明を施すことなのである。

第六に、帝国型生活様式という構想は、良質な言論、合理的で公共的な討論、あるいは「人類」に固有の啓蒙された利害、それどころか支配的な諸勢力に固有の啓蒙された利害に対して寄せられる高い期待を相対化する。というのも、そうした期待はしばしば、深く定着した傾向や実践の有する知覚の枠組みを素通りするか、あるいはそうした傾向や実践の側へと選択的に取り込まれるからであり、その結果、一定の消費・生産規範が問い直されるのではなく、むしろその近代化をとおして固定されるからである。これに似たことが多くのオルタナティブ(と勘違いされた)アプローチにも当てはまる。そうしたアプローチにおいては、たとえば緑の経済の戦略がそうであるように、帝国型生活様式の深い定着にあまり光が当てられないままなのである(第七章参照)。

第七に、帝国型生活様式という概念は闘争と変化の契機をつねに含んでいる。第二章で論じたように、資本主義社会の本質はまさに永続的に変容しつづける点にある。問題は、どのような(いくつかの)方向へ向かって、なおかつどのような論理と利害の布置連関と力関係が優越しているなかで、資本主義社会の変容が生じるかという点にある。帝国型生活様式は、生態学的な持続可能性という意味では或る程度まで「より環境に優しい緑色」になる。だがそれは、化石燃料やその他の再生不可能な原材料をより多く利用するという意味では「より環境に厳しい茶色」にもなる。したがって帝国型生活様式は、その根本的特徴を維持するためには永続的に自己を革新しなければならないか、もしくはそれぞれに特殊な利害を有する多くの行為主体によって革新されなければならない。このことは、生活様式の具体的な形成をめぐって闘争が生じることも意味する。グローバル・サウスの諸国における労働者たちやそれら諸国の政府のように否定的な影響をこうむる行為主体たちは、社会的な基準や環境の基準を引き上げ、そうすることで外部化の方法と様式に影響を与えることができる。

第八に、帝国型生活様式という構想は、解放へと向かって生態学的な危機を政治問題化しようとする試みの前提、出発点、形態に光を当てる。さしあたり私たちにとって重要に思われるのは、生態学的な破局主義の広まりに対抗することである。この破局主義は、予想される破局を引き起こす諸関係を永続させるための道具にすらなっている。このことは、たとえば気候変動に関する政府間パネル(IPCC)のようなよく練られたシナリオに目を閉ざすことを意味しない。だが、とりわけ気候にとってのティッピング・ポイント(たとえば、それによって膨大な量の攻撃的な温室効果ガスであるメタンが放出されると思われる永久凍土の融解)が到来してしまう可能性を鑑みるなら、時が切迫しているのは事実であるとしても、重要なのは、解放のための複雑で矛盾に満ちたプロジェクトから目を離さず、権威主義的でテクノクラシー的な形態による危機の処理に対抗することである。危機のそうした処理の仕方は諸問題をかえって先鋭化させてしまうのだ。

こうして帝国型生活様式という概念は第九に、ありうる解放的なプロジェクトのための出発点をなしており、社会的・生態学的変容の地平を切り拓く。もろもろのオルタナティブは、支配的な状態と偽りのオルタナティブへの批判を、対抗ヘゲモニーの戦略を、つまり、人間にとって暮らしやすいが、社会的・生態学的に見ても破滅的ではない魅力的な生活様式の諸形態を必要とする。これは、強力な行為主体たちとの紛争や彼らからの反撃を引き起こすけれども、まさに生活様式にかかわる現在の帝国的な実践からの反撃をも招きかねない。この点については第八章で論じよう。

第四章 帝国型生活様式の形成史

このわれわれの世界、すなわち強力な中枢と服従させられた周辺からなる世界には、少なくとも怪しげではないような富など何ひとつ存在しない。

エドゥアルド・ガレアーノ(1)

帝国型生活様式についての包括的な歴史を書こうとするなら、もうひとつの独立した研究プロジェクトが必要になるだろう。歴史資料や文献を網羅的に調べ、それらを帝国型生活様式という概念の観点から再解釈しなくてはならない。その際には、一定期間にわたって社会構造として凝固し、経験的に観察可能なさまざまな生活実践、闘争、要求の構造的発展を描かなければならない。だがそれだけでなく、歴史的には貫徹することができず、周縁でのみ生き延びたような構造的発展についても描写する必要が出てくるだろう。さらに、異なった時代や地域におけるさまざまな人びとの日常についての多層的なマイクロ・ヒストリーも重要になるはずだ。とくにこの最後の点については、本書のサイズでは扱うことができない。

したがって、本章で示したいのはひとつの範例にすぎない。すなわち、帝国型生活様式が異なった歴史段階でどのように発展し、いかなる連続性や効力を今日にいたるまで有しているかを範例として示そうと思う。その際に関心の対象となるのは第一に、システムとしての資本主義的生産様式のダイナミクスがどのように拡張していったか、そして、社会的関係と社会的な対自然関係とが領域獲得の過程を経て、どのように商品形態へとますます服従させられていったかという問題だ。というのも、このダイナミクスがシステムの矛盾と危機をくり返し生み出してきたからである。

第二に重要なのは、さまざまな階級、階級内の諸分派、社会集団によって展開された、より良い生活条件と行為可能性の拡張とをめぐる闘争が、特定の時期に世界の特定の場所で大きな成功をおさめたという事実であり、その成功がいかにして生じたのかという問題である。けれども、そのような闘争は植民地的、家父長制的、人種差別的、階級的な支配という条件のもとでたえず制約されてきた。そのため、社会的諸関係の改善をめざすさまざまな闘争は結果的に、帝国型生活様式の拡張と深化をしばしばもたらすこととなり、環境破壊をせず連帯を志向する共存や経済活動のあり方を実現することはほとんどなかったのである。したがって、私たちの中心的な考えは次のようなものになる。すなわち、帝国型生活様式とは支配層の利害関心と周辺化された人びとの要求や願望とのあいだに生まれた或る種の妥協であり、この妥協のもとでは、生活環境を生み出すための重要な前提条件とその否定的帰結が部分的に外部化されるのである。これが、生活様式の「帝国的」な次元である。(2) 帝国型生活様式はほとんどの場合、より良い生活条件をめぐる闘争がうまくいった地域における社会的妥協の帰結なのであるが、そうした地域というのは、国際分業における地位や政治的理由のおかげで資本主義のダイナミクスと剰余価値の生産を保証しつづけることができたし、いまもなおそうすることのできる地域にほかならない。

第三に、歴史的には、資本主義内部のオルタナティブに加えて――これらのオルタナティブもしばしば資本主義へとかなりの程度取り込まれており、かなり多くの人びとの生活条件を改善する機能を果たした――、資本主義へのオルタナティブもつねに存在した。後者のオルタナティブはときに資本主義を近代化する作用をも有し、最終的に資本主義へと取り込まれることもあったが、抑圧されたり周縁へ追いやられたりもした。つまり、本書にとっては帝国型生活様式の歴史そのものが問題になるのではなく、範例としての帝国型生活様式をまさにその歴史的生成において、したがってその変容可能性において把握することが重要なのである。帝国型生活様式に対しては介入と抵抗がくり返し生じ、しかもそれらがときに成就してきたのであって、そうした介入と抵抗の可能性を可視化することは帝国型生活様式の歴史の叙述に含まれるのだ。[3]

帝国型生活様式の歴史的な確立過程のいくつかの側面を素描するために、本章と次章では四つの時期を区別したい。第一期は、一八世紀末までの初期資本主義と植民地化の時期である。第二期は、一九世紀から二〇世紀初頭にいたる自由主義的資本主義の時期、および歴史的な帝国主義の段階までの植民地化の継続期である。二つの世界大戦のあいだの比較的長い戦間期のあとに始まったのが短い第三期であり、これは一九五〇～七〇年代のフォーディズムという形状を帯びていた。そして、新自由主義的資本主義のグローバル化という第四期が、世界の多くの場所で危機に陥りながらも今日まで続いている。[4]

もちろん、資本主義の発展の異なる段階について語ることは、発見的性格をもつにとどまる。というのも、共通点がいくらあったとしても、現実の歴史は異なった地域においては時間的なずれをともなって生じるし(たとえば、フォーディズムは米国において明らかに早く確立した)、局地的に異なったものになるし(たとえば、活発な工業化はありとあらゆるところで生じたわけではない)、非連続的に展開するからである。また、私たちは植民地支配や新植民地主義についての統一的な姿を提示したいわけではないし、非ヨーロッパ地域の発展や行為主体をその地域ごとの独自性、内的な権力関係、ダイナミクスなどを無視して理解したいわけでもない。[5] そんなことをすればヨーロッパ中心主義に陥ってしまうし、非ヨーロッパ社会を受動的なものとして描くことになってしまう。つまり、非ヨーロッパの「近代化」が外部からの(ヨーロッパからの)作用によってのみ可能だったかのように見えてしまうであろう。そうならないように、帝国型生活様式の歴史描写においては非ヨーロッパの地域もまた管轄権の単位、権力の要素、行為主体として扱われる。

「グローバルな社会史」という意味でのグローバル・ヒストリーは、構造が生まれ、作用し、解体していく過程を分析するにとどまらない。なぜならグローバル・ヒストリーの対象には、「世界の地域間のますます密になる相互作用と、経済的・政治的・社会的・文化的なネットワークの形成、ならびにそれによって可能になり、組織化され、促進される制度やメディア」も含まれるからである。[6] そうすることで、「全世界」をいきなり把握しようとすることなく、国境を越えた「移転やネットワーク化」を視野に入れることができるのだ。[7]

その際、世界のさまざまな地域間における相互作用は対称的な過程ではまったくないということを考慮に入れなければならない。グローバル・ノースの先進資本主義社会がグローバル・サウスの非資本主義社会や広大な非資本主義的環境と「交わる」際には、前者が必ずや主導権を握り、後者が非資本主義的に参与する余地は消失させられるか、そこまでいかずとも、前者の論理が押しつけられることが多々ある。この一見すると「単純な」規則を堅持することは、経済主義や決定論に陥ることを意味しない。ここで私たちはむしろ「重層決定」を想定している。社会的な関係と過程が重層決定されるのは、互いに還元できないが相互に作用しあう複数の原因によって、それらの関係や過程がもたらされる場合である。それらはつまり、経済法則の必然的結果としてではなく、資本主義経済が上部構造、地域の伝統、そして国際状況等における多様な諸形態からなる世界を進むことで生み出される、複雑な作用とみなされるべきなのだ[8]。

加えて、政治経済学の伝統にならえば、社会と自然は互いに分離された単位として理解されるのではなく、むしろ「社会的な対自然関係」の枠組みのなかで把握される[9]。この枠組みによれば、自然とは「媒介的な社会活動が可能になるための前提である。自然は、作用の潜在力と連関からなるひとつの領野をなしており、それらの潜在力や連関は社会的に形成されるが、社会によって完全かつ包括的に形成されるわけではないし、完全に管理されることもない。それゆえ、自然の独立性や独自性の経験が生じる[10]」。社会も自然もそれ自体の内部で分化していることを考慮するなら、社会「なるもの」が、同質的な実体という意味での自然「なるもの」によって媒介されるのではない。そうではなくて、この媒介はむしろ、実にさまざまな空間的次元——ローカルな次元からグローバルな次元まで——と、非常に異なった領域——食糧、住居、移動手段、衣服など——とにおいて、段階を踏みながら進行するのである。このことは歴史的経過にも該当する。

この第四章ではまず、帝国型生活様式の発展を先述の四つの時期に合わせて素描すべく、植民地時代から始める。さらに、一八世紀末からの産業資本主義の発展にとって帝国型生活様式の有する重要性を扱い、最後にフォーディズムにとっての帝国型生活様式の重要性を描いていく。フォーディズムによって帝国型生活様式の「普遍化」が初めて生じた。この普遍化はとりわけグローバル・ノースの工業国において生じたが、半周辺の国家においても(とくに中南米において)生じ、「中産階級」が形成された。[11] ところが、戦後資本主義は一九六〇年代末から危機に陥り、それまでヘゲモニーを握っていた自然領有の形態も危機に陥ったのである。[12]

ここから先は第五章のテーマとなる。第五章では、フォーディズムの危機が、帝国型生活様式を疑問視する歴史の窓を開いたことを示す。一方で、戦後の数十年間に多くの社会の劇的な脱植民地化を世界は経験し、それが一九七〇年代の「新国際経済秩序〔NIEO〕」をめぐる論争を引き起こした。他方、環境危機も議論の俎上に載せられた。オイル・ショックや車なしの日曜日、オルタナティブな生活実践への願望、一九七二年にストックホルムで開催された世界初の環境会議、ローマ・クラブの報告書『成長の限界』などがそうだ。さらに新しい社会運動が、支配的な帝国型生活様式を概念的にも実践的にも批判し変革しようとした。平和運動、女性運動、青年運動、そして環境運動もあった。この時期には、のちにまで影響をおよぼし、今日でも参照することのできるような経験が生まれたのである。

しかし、この窓はふたたび閉じられてしまう。一九八〇年代以降の資本主義の構造改革は中心部における帝国型生活様式の深化をもたらし、この生活様式をグローバル・サウスの国々へも拡げていった[13]。これは、現在の政治的・社会的状況にかなりの影響をおよぼしている。中心部における帝国型生活様式の否定的前提や結果の外部化が、ますますうまくいかなくなっていったのだ。というのも、新興工業国も外部化の政策を真似して帝国型生活様式を確保し、それによって国内の社会的妥協を可能にしようとしたからである。これは自然環境をめぐる帝国的な緊張関係をもたらし、持続可能性をめざすそれなりに効果的な国内・国際政策にとっての大きな障害になってしまった。そのような政策を欠く現在の状況は、一方では既存の制度内でオルタナティブを定式化することの「ポスト政治的な」不可能性によって、他方ではますます権威主義的になっていく政策によって特徴づけられるようになっているのである。

植民地主義と初期資本主義

帝国型生活様式は一六世紀からの植民地主義の一部であった。この時期にますます多くの新しい空間が資本主義的な領域獲得の対象となり、価値増殖のために投入されるようになっていった。このことは直接的な物理的暴力や暴力的な脅迫によって行なわれ、構造的な強制によって媒介されていた。当時すでに、中枢における生産性と豊かさの発展は、中枢に利益をもたらす世界の資源秩序に依拠していた。この秩序は、スペインとポルトガル、その後はオランダによって支配された商業資本主義によって守られていたのである。

中心部で生じつつあった帝国型生活様式はこうして、とりわけ中南米の植民地において社会関係と社会的な対自然関係に決定的な影響をおよぼした。今日まで続く資源採取主義のシステムはこのときに導入されたのだ。(14) このシステムは、開発問題の理論家であるアンドレ・グンダー・フランクが「低開発の発展」と呼んだものを保証した。(15) プランテーションや鉱山の経営者、植民地行政官、都市の商人階級、そして貴族が、中南米の諸社会を支配した。一六世紀半ばから金や銀、そしてコーヒー、砂糖、タバコなどの農業生産物は、強制労働によってヨーロッパにもたらされた。(16) 決定的だったのは中心部の需要であった。現在のボリビアのポトシは一六世紀の半ばには世界的な銀生産の中心地となり、当時一五万人の住民を擁していた(このときロンドンの住民は二〇万人、パリは四〇万人であった)。現地の労働力——鉱山においてはとくに先住民——とアフリカからの奴隷が、劣悪な、そしてときには破滅的な条件のもとで搾取されていた。採集、農業、狩猟に依拠していたその他の生活様式は抑圧され、たいていは破壊された。

略奪のための出征と領域獲得はエル・ドラードの神話によって促進された。「黄金の人」という意味のこの神話は、広大な金鉱地帯とその黄金都市の支配者であった先住民の族長についての物語である。さらに、植民地の搾取はイデオロギーの面では、文明化の「使命」という名のもとで人種差別によって正当化された。自然は「野蛮」とみなされ、「馴化」されなくてはならなかった。先住民の文化と経済の多様なあり方は否定され、大部分が破壊された。

消費の歴史家であるマニュエル・シュラムの指摘によれば、——アフリカと同様に——中南米の植民地の生活様式において、植民地を世界市場へと従属的《サバルタン》に統合するうえでの一九世紀まで続いた典型的なモデルが形成されるにいたった。「〔中南米の〕エリートたちはヨーロッパの消費をきわめて重視したため、潜在的な国内消費材産業はほとんど成立しなかった。購買者がいなかったのである。その結果、ヨーロッパ化された都市部のエリートと、大部分が依然として自給自足経済に依拠していた地方とのあいだに独特な分裂が生じたのだ。両者のあいだには、ヨーロッパ的な消費を真似しようとしたが高価な輸入製品を買うことのできない中間層がいた。ここにおいてこそ、国内の生産者がその力を発揮することができた[17]」。

一七七〇年代以降にはイギリスの競争力の台頭もあって、スペインとポルトガルの支配はますます過酷なものになっていったが、抵抗もくり返し起きた。伝説となったのは、一七八〇年にペルー副王領で始まったトゥパク・アマル二世の指揮による先住民蜂起である。彼は、強制的な課税と、先住民を労働力として徴用することに反対したのだった。このとき初めてスペインからの独立が呼びかけられた。この蜂起は二年後に敗北してしまうが、非人種差別的で非帝国的な社会に関する〔先住民の〕集団的記憶の一部として今日にいたるまでしっかりと維持されている。

フランス革命の結果、グローバル・ノースの植民地主義への反乱は拡がっていった。とくにフランスの植民地サントドミンゴではそうだった。現地では約九割の住民が奴隷として宗主国フランスのために砂糖を栽培しており、六〇万人の住民のうちの残りの一割は非常に制限された権利しかない自由なアフリカ系ヨーロッパ人であった。支配階級を形成していたのはフランス出身の白人入植者だった。フランス革命に感化され、アフリカ系ヨーロッパ人や、その少しあとには反乱奴隷も、市民的権利や政治的権利を求めはじめた。そして多くの血が流された反乱の末、一七九四年には奴隷にも事実上の自由が認められたのだった。数年後にフランス人権力者たちは、さらなる厳しい闘争の結果ついに追い払われ、ハイチは一八〇四年に、南北アメリカ大陸では米国に続いて二番目の政治的独立国になったのである。(18)

中南米での蜂起は反奴隷制革命であるとともに、たえまない領域獲得と帝国型生活様式の外部化とに対する異議申し立てでもあった。コロンビアとカリブ海におけるサトウキビやコーヒーの栽培であれ、ブラジルのゴム樹液生産であれ、チリでの鉱物資源の採取であれ、(19)どの場合も典型的なモデルは同じであった。すなわち、中心部における資本主義的発展のリズムに合わせて、人間と自然が価値増殖のために利用されたのである。その際の抵抗は、先住民とアフリカ系アメリカ人の共同体のモラル・エコノミーから生じただけではない。それは、中心部へと移転される豊かさの恩恵により多く与ろうとする白人〔入植者の〕エリートたちの企てからも生じたのだった。その結果、これまではただ社会的・環境的コストが集積するだけだった植民地においても、グローバル・ノースの帝国型生活様式が魅力的なモデルになるための前提が生み出されたのである。

植民地主義は、植民地とヨーロッパのさらなる発展にとっての重要な経済的・政治的前提を作り出した。植民地主義は領土拡張や領域獲得に依拠していただけでなく、ヨーロッパ社会自身の根本的な転換と——一八世紀からは——化石エネルギーの使用にも依拠していた。ロルフ・ペーター・ジーフアーレがイングランドとの関連で論じているように、地底から採掘された石炭をエネルギーとして利用することは、当初はとりわけ木材よりも輸送が容易だという利点によるものだったが、利用可能な平地面積の獲得をも意味していた。つまり、それまではエネルギー源としての木材を採取するために利用されていた土地が、織物生産に必要なウールを提供してくれる羊の放牧地として利用可能になったのだ。けれども、石炭の導入は農業資本主義の発展を促したにとどまらない。石炭のエネルギー特性のおかげで、石炭の産業的投入は製鉄の生産性も上昇させ、産業資本主義の勃興を可能にしたのである。

この発展の先駆者はイングランドであった。その資本主義の貫徹は政治的「妥協システム」によって裏づけられていた。この「システム」の核となったのは、貴族制が一六世紀以降、中央集権化された国家のなかにはめ込まれながらも、同時に、所有権の確保された広大な土地を貴族たちが自由に処分できたという点である。人格的支配（とくに農民に対する貴族の支配）は排除され、貴族は武器を奪われ、政治的な暴力独占が形成されていった。国家権力は公的で「主体なき」ものとなった[20]。貴族はさしあたり支配階級として残った。しかし、エレン・メイクシンズ・ウッドが示したように、イングランドの貴族は大陸ヨーロッパの貴族とは異なり、自らの支配をとりわけ経済的な意味で、つまりは土地所有によって行使したのである[21]。貴族は政治的には、ますます中央集権化されていく国家の一部となり、封建制に典型的だった主権の細分化が克服され、それにともなって貴族の経済外的権力の基礎も解体された。

経済外的・政治的権力の相対的喪失が意味したのは、支配階級が生産者の剰余労働をもはや一義的には直接的強制によって取得できず、主に経済的に、つまり市場を通じて取得しなくてはならないということであった。その際に彼らの所有関係が役立った。つまり、土地所有が貴族のもとにかなりの割合で集中していたため、土地の大部分は自作農によってではなく、地代を払う農場経営者によって耕作されていた。領主の経済的圧力に抗い、より多くの土地へのアクセスを維持するために、農場経営者たちは自らの農場経営の生産性をたえず上昇させ、増大していく無産大衆の剰余労働を取得することに頼るようになったのだった。

こうして、市場の命令はますます広い社会的領域を支配下におさめていった。市場の命令に適応することが、重要な社会的諸階級を再生産するうえでの必要条件になったのである。それは農場経営者にとっては、他の大土地所有者や農場経営者との競争に生き残るためであり、無産の農業労働者の場合には、自らの労働力の買い手を見つけるためであった。最終的にはこの過程が、資本主義社会の社会構造をもたらした。すなわち、「地主、資本家的農場経営者、賃金労働者の有名な三肢構造が、この過程の帰結であった。(中略)その同じ過程が高い農業生産性を生み出し、農業生産に従事しない多くの人びとを扶養することを可能にしたが、しかしまたこれが無産大衆の増大を呼び起こして、大規模な賃金労働者層と安価な消費財のための国内市場——歴史上類例のない市場のタイプ——とを成立させた。これがイングランドの産業資本主義の背景をなしている(22)」。

イングランドの資本主義は国内の階級関係と所有関係から発展したが、大陸ヨーロッパにおいてはイングランドからの外的強制が、(国家に先導された)資本主義発展の原動力となった。資本主義に内在する空間的拡張への傾向は、英国の企業がその生産物によって大陸ヨーロッパの企業や国家に圧力をかけ、後者は自らの生産力を発展させることでのみその圧力に対応することができたという経緯のうちに表現されている(23)。

本書の文脈においてよりいっそう重要なのは、ウッドが指摘した資本主義的ダイナミクスが示す、もうひとつの空間的側面である。それはつまり、資本主義にとって根本的である経済的命令と政治的強制との分離であり、この分離が経済的拡張の前提を作り出したのだった。経済的拡張はたしかに経済外的な補助を必要とするが、資本主義以前の経済とは異なり、領土はいまや経済的に開発するものであって、継続的な政治的管理には結びつかない。「封建領地に見られたような前資本主義社会における経済的権力と政治的権力の統一はとりわけ、封建領主の経済的権力がけっして彼の人格的紐帯または同盟関係を、経済外的権力を、軍事力を、そして政治的支配または司法権を越えないことを意味している[24]」。それに対して資本には、「特殊に経済的な（市場の）命令にもとづいて、（中略）直接的強制という制限を逃れ、政治的権威の境界を大きく越えていくことができるという独自性がある[25]」。ここに、帝国型生活様式が発展、展開するための重要な前提条件があった。とりわけこの独自性によって、エネルギーの確保を土地による制約から解放するというジーファーレが指摘した過程をグローバル化し、社会的・環境的コストを外部化することが可能になったのである。「産業革命は土地による制約からの絶対的解放というよりも、そのような制約を輸出してグローバルに配分する能力の局地的な蓄積を意味していた。それは（ヨーロッパでの）土地による制約を永久に消滅させたのではなく、別の大陸の土地資源を取得する可能性をヨーロッパのために作り出したのである[26]」。

米国も一八世紀の半ば以降ますます多くの農産物を輸出するようになり、ヨーロッパから消費財を輸入するようになっていった。そして、すでに自国の幅広い層の人びとに対して生産物を製造していた国内消費財産業も、徐々に発展していった。こうして、封建的社会構造のない資源に富んだ国において、のちのフォーディズム的発展様式がある程度まで生み出されたのである。

とはいえ、グローバル・ノースにおける帝国型生活様式は当初、上流階級の奢侈品の供給に限定されていた。たしかに、この生活様式が社会のなかに普及していく最初の諸契機は存在していたが――たとえば、輸入された砂糖はイングランドの下層階級にとって重要な栄養源であった(27)――、消費志向が拡大していたとはいえ、帝国型生活様式は人びとの大多数の再生産と彼らの日常実践を形づくるほどのヘゲモニーを握ってはいなかった。エドワード・P・トムソンはイングランドの産業革命の状況についてこう述べている(28)。「「平均的」男性労働者は、まわりには国富増大の証拠があった同じ時期に、生存すれすれにとどまったままだった。国富の大部分は明らかに労働者自身の成果だったが、同様に明らかな仕方で、自分の雇用主の手に渡っていった(29)」。帝国型生活様式は一九世紀にいたるまで支配階級と従属的《サバルタン》階級の妥協の重要な分野にはならなかったのだ。人間と自然の搾取という特権は依然として上流階級にとどめられていたのである。

一九世紀の自由主義的資本主義、新植民地主義、帝国主義

一九世紀に端緒をもつ自由主義的資本主義の時期に入っても、このことは基本的には何も変わらなかった。この時期の新規性は、グローバル・ノースの従属的《サバルタン》階級――つまり社会的に重要な勢力になってきた労働者階級――が上流階級の消費規範を身につけるようになったということにあるのではない。ただ唯一の例外をなしたのは、すでに言及した砂糖消費だった。ユルゲン・オスターハンメルによれば、蔗糖《しょとう》は紅茶とならんで、「奢侈品を消費する狭い集団を越えて幅広い人びとの食事を変えた、

エキゾチックな輸入品」の希少な例であった。「世界における砂糖生産は一八八〇年から一九〇〇年にかけて二倍になり、一九〇〇年から一九一四年にかけてさらに倍増した」。砂糖は「まさに貧困層の食べ物となったのであり、工業化によって消耗した労働力にとっての素早いエネルギー供給源になった(30)」。

このように、生産と消費をめぐる帝国型の規範がもつ社会安定化機能は、食事の領域において示唆されている。だが、自由主義的資本主義という時期の新規性は、ブルジョワが経済的支配階級になったことであり、産業資本主義と帝国主義の勃興にともなって労働力と自然をめぐる競争が世界的に強化されたことにある。イデオロギーの次元では「ブルジョワ家族」が模範となり、「進歩」が正当化の重要な論拠となった（もちろん、植民地政策にとっても）。これと関連しながら、当時はまだ大部分が生物学的に根拠づけられていた人種差別も強化された。人種差別は、劣った「他者」を構成するという点で帝国型生活様式の一部になったのであり、そうした「他者」の存在は「われわれ」の側に統合の作用をおよぼし、世界の搾取を正当化したのである。

グローバル・ノースにおける初期資本主義から産業資本主義への移行は農業の領域においても根本的な変容をもたらしたが、この移行は空間的にはきわめて不均等に展開した。すでに述べたようにイングランドはその中心地であり、そこでは一七世紀半ば以降に石炭利用やその後の蒸気機関利用による深甚な社会的変動とならんで、社会にとっての新しいエネルギー面・技術面での基礎が生み出された。一八〇〇年頃に英国では、世界で燃やされる石炭の約九〇％が採掘されており、その一部は輸出されていた(31)。エネルギー源としての石炭のブレイクスルーが起きるのは一九世紀半ばである。一八五〇年から一九一四年までのあいだに、世界の石炭の生産量は年間にして八〇〇〇万トンから一三億トンにまで増大した。この時期が始まった頃には世界最大の石炭生産国であった英国は第一次世界大戦前に、その地位を米国に譲ることになる[32]。ヨーロッパと米国が世界の工業生産に占める割合は、一七五〇年の二三%から一八八〇年の八五%にまで上昇した(一八〇〇年頃には中国が世界の工業品の三分の一を生産していた)。繊維製品、鉄、鋼鉄が主要産業であり、のちには電機、化学、食品といった産業が重要性を高めていった。

先述した歴史的な諸条件を背景にしながら、とくにカール・ポランニーは一九世紀を、それまでは社会的に組織されていた諸関係から、資本主義的に組織される市場の過程が暴力的に「離床させられる」時代とみなした。「経済史によれば、全国的市場の出現は、けっして経済領域が政府の統制からゆっくりとひとりでに解放されていった結果ではなかったことが明らかとなっている。それどころか市場は、政府による意識的でしばしば暴力をともなう介入の結果であった[33]」。

資本主義の劇的な拡張はヨーロッパの人口増大にも見られる。一八〇〇年には一億九〇〇〇万人ほどだった人口が、一九〇〇年には四億人に増えている。さらに寿命も延びた。セルジュ・モスコヴィッチは補完的資源について論じているが、補完的資源とは一方では人間と原材料であり、他方では知識と能力のことである[34]。それらは産業革命や農業革命の基礎となり、さらには急速な都市化を進行させる基礎にもなった。技術の発展、科学の産業的応用、経営の絶えざる合理化は、原材料が利用できることと同じくらい必要だったのだ。また、そのためにはとりわけ、急速に工業化していった国だけでなく植民地もまた、鉄道、船舶、電信のような強固なインフラストラクチャーを必要とした。

政治的には、「長い一九世紀」――歴史家であるエリック・ホブズボームがフランス革命と第一次世界大戦の開戦までをそのように呼んでいる(35)――の帝国型生活様式は「パクス・ブリタニカ」の枠組みによって守られていた。英国政府は国際的な往来・交通の規則を、ひいては金融、生産、交換をめぐる規範を広範囲にわたって規定することができた。ヨーロッパにおける枢要な海軍国および先進的な経済大国として、英国はグローバル資本主義の生産・分配の規範を決めたのである。英国は最大の植民地保有国であり、一八一三年から一九四七年までインドを支配し、一八三九～四二年と一八五六～六〇年の二度のアヘン戦争ののちには中国における貿易の主導権を握り、王朝を経済的に弱体化させた。とはいえ、イギリスの優位は一九世紀後半以降、脅威にさらされる。とくに植民地と資源をめぐる競争のせいで一八七〇年代以降になると、ますますの残虐さをもって植民地を制圧し資源を搾取しようとする歴史的帝国主義が発展した。なるほど、一八八四年一一月から一八八五年二月のベルリン会議においてはアフリカ分割に関して帝国主義諸国が互いに調整を行なった。ところが、とくにドイツ帝国を起因として緊張関係が激化し、第一次世界大戦へとつながったのだった。

工業部門における原材料への需要の増大、消費財の製造、農業生産品への需要が、周辺諸国における経済的、政治的、文化的発展に大きな影響をおよぼした。コーヒー、タバコ、砂糖、金、銀といった「古典的」な生産物に加え、綿花、鉄鉱石、のちには穀物、そして一八八〇年代以降には冷蔵技術の発展によって肉やバナナが中心部にとって重要となり、したがってそれらの産物は植民地において、あるいは――中南米では――独立したての国民国家において生産された。化学肥料が発展するまでは、硝石への需要が大きかった。また、一八八〇年代以降の自動車、ならびに二〇世紀に入ってからのトラクターの発展は、アマゾンのゴム樹液への需要を生み、さらには世界経済の新しい潤滑剤である石油への需要も増えていった。鉱業は投資額が膨大であったため、周辺国における密な政治的・経済的癒着を生むことになった。いわゆる「採掘王(mining tycoons)」は、「金融界の首脳との密なコネをもっていた。彼らはさらに政府に働きかけ、植民地の開拓、法律、インフラストラクチャー政策、制度(証券取引所、研究施設)が自らの意に沿うものになるようにしたのである」[36]。

中南米では、外国資本に完全に依存した「買弁ブルジョワジー」が形成された[37]。一方、大土地所有者は経済的・政治的影響力を保持した。一九世紀の半ばからは中南米の諸国自身が、消費財だけでなく、機械のような資本財の買い手となった。資本の輸入は、外国企業所有の鉄道網の拡張や鉱業の近代化をもたらした。過去数十年と比較すると、より安定した「新植民地主義的秩序」が強化されていった[38]。この秩序は一九二九年の世界恐慌まで続き、中南米ではとくにエリート層と中間層に若干の豊かさがもたらされた。

これに加えて、世界市場と帝国型生活様式の構造に合致する言説が展開された。この言説によれば、「膨大な原料のもつ潜在力を開発のために利用する」必要がある。そして、「文明化された」都市に「野蛮な地方」が対置され、後者は開拓され、管理され、価値増殖のために利用されなくてはならないというのである[39]。先住民は潜在的に「進歩への障害」だとみなされた。ヨーロッパ社会が発展と良き生活のモデルであった。グローバル・サウスの国々のエリートも、新興の中産階級も労働者階級も、このモデルをめざすべきだとされたのだ。

解き放たれた市場をともなう自由主義的資本主義は、植民地だけでなく中心部においてもほとんどの人びとに破壊的な生活・労働条件をもたらした。同時に、自由主義的資本主義は自らの敵対者も生み出した。資本主義の形成過程のダイナミクスは――ポランニーが述べるように――とりわけ「市場と、組織化された社会生活の基本的な要求との葛藤」のうちにあった[40]。こうした破壊的傾向のせいで、一八六〇年代からさまざまな「対抗運動」が、あるいは「集団主義的な対抗潮流」が――労働運動、工場法、社会法、貿易制限の法律、ならびに中央銀行設立による通貨管理などの形態で――生まれたのだった。

資本主義の中心部における賃金労働者たちのより良い生活への要求が凝集された一九世紀の対立の中心軸は、労働時間の短縮であった[41]。一八三〇年代の英国に端を発し、その後ニュージーランドやオーストラリアでも導入が成功したように、労働組合は児童労働の廃止とならんで、まず一〇時間労働日を、そしてその後には八時間労働日を要求した。労働組合運動は一九世紀にはとりわけ、より短い労働時間をめぐる闘争を通じて形成されていった[42]。とはいえ、八時間労働日はようやく二〇世紀になってから多くの場所での標準になった(この標準は近年ふたたびますます揺らぐようになっているが)。とくに職人のあいだで二〇世紀まで続いていたイングランドのより古い伝統は「聖月曜日」[43]であり、職人たちは週末明けの日にはまったく働かないか、あまり熱心に働かなかったのである。

フォーディズム――中心部における帝国型生活様式の普遍化

一九三〇年代以降の米国で、そして第二次世界大戦後には西ヨーロッパでも見られたのが、資本主義のフォーディズム期である。米国の自動車製造者であるヘンリー・フォードの名が付けられたこの時代は、ひとつの区切りを表わしている。[44] たしかに、労働時間は依然として資本・賃労働関係における対立の中心テーマだった。けれども、より前面に出てくるようになったのは、資本主義的に生産された商品という富に対する分け前を求める闘争であった。ジュリエット・ショアが描いているように、一九世紀や二〇世紀初期と異なり、第二次世界大戦後には生産性の上昇は、労働時間の短縮のためにはもはや使われなかった。「その代わりに、生産性の増大はより高い賃金のために用いられ、産出高を拡張するために使われたのだった。賃金と利潤が上昇した。生産性と実質賃金の上昇は、はっきりと互いに結びついてさえいた。貨幣が人びとの財布に流れ込むため、このことが消費需要を増大させたのだ」。[45] 消費の増大が優先され、自由時間の拡張は断念された。これが「フォーディズム型の階級妥協」の核心である。そしてこの妥協が、資本主義の中心部における相対的に安定した戦後の発展の基礎となったのである。

この妥協の枠内では、労働力の再生産は資本の循環に結びついていた。労働者階級の消費——これはフォーディズムがもたらした中心的な変化である——は、いまや商品の所有に集中するようになった。つまり、労働者が自分の労働では作り出すことができず、購入して獲得しないといけない日用の必需品の所有が、消費の軸となったのである。[46] 生産の領域における巨大なダイナミクスに結びついたのは、合理化され、規律訓練され、消費を志向するようになった労働者たちの生活様式であった。ますます多くの人びとの移動は自動車によって保証されるようになった。食事はますます、工業的農業が生産した肉(肉は豊かさの指標にもなった)によって、あるいはその他の工業的に処理された食品によって保証された。そして居住は、畑ではなく庭の付いた一世帯向け住宅、セントラル・ヒーティング、冷蔵庫、テレビを具備するようになった。(半)自給自足の経済形態(小規模農業、副業農業、野菜栽培)は解体されていった。「自由に処分できる」所得は増大した。ブルクハルト・ルッツは賃金生活者の再生産のこうした商品化を「内なる領域獲得」と呼んでいる(47)。これによって、賃労働関係は消費規範のなかにまで浸透し普遍化していった。

フォーディズム体制の構築の起点は米国にある。米国は第一次世界大戦後に世界最大の債権者となっただけでなく、世界の工業生産に占める同国の割合は一九一三年の三分の一から世界恐慌の直前には四二％にまで上昇していた。冷戦の開始と軍事の重要性にもかかわらず、第二次世界大戦の終結は軍需生産から工業的に製造される消費財への転換をもたらした。

米国は工業部門においてだけでなく、一九四〇年代以降は農業においても生産性が最も高い国だった。交配が収穫量を増大させ、植物の画一化は耕作の合理化、機械化の進展、生きた労働力の代替を可能にした。農業の工業化は種子・農芸化学企業の成長と、食品を加工し販売する企業の成長をともなっていた。とりわけ男性の農民たちは、中枢国でも周辺国でも財政上の支援を受けながら農業の近代化を進めていったのだった。

新たに形成された消費規範は、画一化を促進するのみならず動物肉の製品を強く志向したため、それに必要な放牧地と飼料栽培の増大によってグローバルな農業システムを改革した。厳格な経済的基準に服する大量の動物飼育(交配種、飼育時間の短縮、現代畜舎技術、生産過程の分業)、とりわけ豚と鳥の飼育は、――交配トウモロコシとならんで――ある意味でフォーディズム的農業生産の象徴であった(48)。

シカゴの屠畜場における工業的な食肉の生産と加工はフォーディズム型生産組織の形成に寄与した。というのも、そこからヘンリー・フォードはベルトコンベアー技術の着想を得たからだ。

しかも、「現代的」で「西洋的」な消費規範の形成にともなって製品寿命が短縮された。それは物質的にもそうであったし、寿命の短い「流行」のリズムに合わせた生産物の価値評価という点でもそうであった。流通の次元では、一九世紀以降チェーン店、セルフサービスを増やした大型店、そして通信販売が導入されていき、一九五〇年代には郊外のショッピング・モールが増えていった。広告とマーケティングがプロの仕事になり、学問的な研究対象になった。生産性の増大によって消費財の費用は減り、労働者の再生産費も減った。剰余価値量が増大したが、労働者も実質賃金の増大というかたちでその恩恵に与ったのである。

フォーディズム型の階級妥協は、たとえばコーポラティズムという形状で制度化された。それは階級対立の解決の仕方を、乱れの少ない資本蓄積を求める声と調和させたのだ。これに対応して西ヨーロッパでは社会民主主義のパラダイムが支配的となった。そこでの中心的な紛争は社会的な富の分配をめぐるものであり、生産の方法や生産手段の所有を問うものではなかった。分配の要求はますます国家に対して向けられるようになり、それによって国家の重要性は増していった。さらに、工業化とともにますます重要になってきた労働の安全性、食品衛生の確保、医療などの領域にも、国家は規制によって介入したのである。

資本主義の中心部におけるフレデリック・W・テイラーの教えに従った生産の合理化――「構想」と「実行」とを厳格に分離すること、そしてたえず反復される最小単位の作業へと労働過程を分割すること――と、それにともなう生産性の上昇は、フォーディズム型発展様式の基礎であった。国家はこの転換を、エネルギー源その他の原料、生産された財、そして人間を運送するためのインフラストラクチャーの建設によって後押しした。フォーディズムも「外部」への確実なアクセスに依拠していた。それはとりわけ不払いの再生産労働へのアクセスであり、グローバル・サウスの労働力と原料へのアクセスである。それらは活発な領域獲得と外部化の対象だったのだ。

自動車は――一戸建て住宅や電化製品とならんで――、フォーディズム型資本主義の生活様式とそれに照応する主体化の形態を表現する象徴的な手段として機能した。高度な分業を敷いた大企業における標準化された生産は労働者に対し、作業場ではもちろん、それ以外の場所でも高度の規律を求めた。グローバル・ノースのほとんどの国では、フォーディズムの生産・消費規範にともなって、男性白人扶養者モデルと家父長制的な家族内ジェンダー関係が浸透していった。アントニオ・グラムシは一九三四年に、アメリカを念頭に置きながらこう述べている。「新しい工業主義が一夫一妻制を望んでいること、勤労者としての人間が偶発的な性の満足を無軌道に興奮して追求することに神経エネルギーを浪費することがないように望んでいることは明らかなようである。「遊蕩」の一夜を過ごしたあとで勤務に出かける労働者は立派な働き手ではないし、興奮を最高度に高めることは、最も完全なオートメーション装置と結びついた生産作業の精密に時間測定された動きとうまく合致しえないというわけである」[49]。グラムシはこれを、「新しいタイプの人間」をもたらす「新しい産業構造への心身の適応」と呼んでいる[50]。ヘンリー・フォードが労働者たちの私生活も厳しく管理する「社会学的部門」の重要性を強調したのも驚きではない。「労働者たちは倹約的に生活すべきであり、タバコを吸いすぎず、酒も飲みすぎるべきではない。結婚した女性は主婦であるべきで、家事をきちんとこなすべきだ」[51]。合理化は仕事場で起きただけでなく、日常の行為や知的営為の一部分になり、国家による介入にまで浸透したのである。

ここで決定的に重要なのは、「内なる領域獲得」によって資本主義的生産様式が賃金労働者の日常の隅々にまで、ひいては社会と国家の諸制度にまで浸透しただけでなく、中流階級と上流階級の帝国型生活様式が社会全体に普及したということである。帝国型生活様式はヘゲモニーを掌握したのであり、つまりは広く受け容れられ、社会的(再)生産の日常的な生きがいや魅力の一部になったのだ。「消費社会」や(一九五〇年代の半ばに社会学者のヘルムート・シェルスキーが語った)「平準化された中間層社会」といった概念、ひいては「消費者」の新しいスタイルや、西ドイツの最初の経済相であるルートヴィヒ・エアハルトが掲げた「みなに豊かさを」という約束はみな、当時優勢だった社会的な自己理解を表わしている。帝国型生活様式は、資本主義の帝国的な中心部における資本と労働の妥協領域になったのだった。

フォーディズムの生産・消費規範は、資源消費量と排出量がことのほか大きかった。そのため、これまでないような規模でグローバルな供給源と吸収源を必要とした。このことは化石燃料資源――とくに石油であるが、以前と同様に石炭も――の投入が、エネルギー関連だけでなく非エネルギー関連の目的でもますます増大したことに起因している。「石油は数多くの生産物(プラスチック、洋服、薬品)の物質的基礎であったにとどまらない。石油が輸送燃料として中心的な役割を演じたせいで、石油を用いずに生産されている生産物も、石油に依拠した移動モデルのもとで分配され消費されたのである」[52]。科学、農業、テレコミュニケーション、機械製造、電気機械、輸送といった領域でのさらなる技術的イノベーションは、フォーディズムの活力を維持した。とりわけ自動車移動は資源採取の強化と風景の転換をもたらした。「アウトバーン一㎞あたりで四万トンのセメント、鉄鋼、砂、砂利を必要とするのであり、道路建設のために必要となる土地の面積は鉄道に比べて一〇倍から一五倍である。この時期に輸送部門は工業に代わって、直接的なエネルギー使用量の最も多い部門になった」[53]。

国内の資源利用は、西側の工業国(西欧、北米、ニュージーランド、オーストラリア、日本)では一九五〇年から一九七〇年のあいだに平均で倍増した。さらに、世界で使用された物質の約半分がこれらの国で消費された。一九六〇年から一九七〇年までのあいだだけでも、化石燃料の純輸入が西側の工業国で三倍となった[54]。オーストラリアとカナダは化石燃料の有力な輸出国であるため、この数字がやや控えめになっているが。

二〇世紀の半ば以降、フォーディズム型の生活様式は政治的にはパクス・アメリカーナの世界秩序によって守られていた。パクス・アメリカーナの直接的な影響を受ける世界の地域は米国の経済力に依存していた。それに対抗した世界の一大部分がパクス・ソビエティカであり、こちらもまた(ソ連という)はっきりとした経済的・政治的な中心部をもっていた。このブロックにおいても、(周辺部の)フォーディズム型生活様式の構造的な特徴が見いだされた[55]。ここではしかし、資本主義世界における帝国型生活様式のさらなる発展に話を限定しておこう。西側におけるアメリカの軍事的・政治的優勢と体制間競争は、――グローバル・ノースの視点からすれば――比較的安定した国際政治関係をもたらした。このことは、石油のような安い資源の安定的確保にも表われていた。

優勢な西側の世界観の根底にあったのは、「社会」は技術と科学の発展によって「自然」から、あるいは自然の強制からますます解放されるという考えであった。しかし、現実に起きたのは自然からの「解放」ではなく、きわめて破壊的な対自然関係の帰結を外部化することにほかならなかった。外部化は、フォーディズムの生産・消費規範が機能するための重要な前提となった。資源利用・排出の多い営為がグローバル・ノースの社会において広く普及すればするほど、資源をそこからもってきて、社会的・経済的なコストをそこへ押しつけることのできるような外部の必要性は、ますます大きくなっていった。外部化の本質的要素として、「わが家の裏には御免(not-in-my-backyard)」という態度が支配的になった。つまり、否定的な影響を自分たちの近くで感じるのは嫌だという態度である。これを帝国型生活様式の日常的態度とみなすこともできるだろう。生産の側では一九六〇年代以降、多くの汚い産業(dirty industries)を、すなわち労働強度がきわめて高く、かつ／あるいは有害である産業部門を、グローバル・サウスの国々へ移してきた。これに該当するのは、鉄鋼、繊維、化学製品、電子機器、ならびにそのような生産物のサプライ・チェーンにおける個々の諸工程である。

グローバル・サウスにおける西側志向の社会でも、周辺部フォーディズムの生活様式が形成されていった。一九二九年の恐慌によって、いくつかの地域では産業化と都市化の過程が強化され、労働者階級と中産階級の拡大につながった。このことはとりわけ、すでに脱植民地化されており、自立した経済政策をとる可能性を基本的には有していた中南米諸国に当てはまる。国家はその活動を拡張していった。(57) すなわち、国家は関税を導入し、輸出から得た収益を国内市場向けの部門に移転させ、都市部の中間層や上流層ならびに労働者階級の利害を(少なくとも当初は)取り入れ、ときには農業寡頭制の利害関心に抗したのであった（たとえば、農民運動によって行なわれた闘争を背景にして農地改革を実行した）。このことは「消費ナショナリズム」の形態をとった。(58) 輸入費用が高かったことや、メキシコのトルティーヤ[1]などのような自国の伝統を思い起こさせたという点で、消費ナショナリズムは非常に重要だったのであり、これは一九七〇年代まで続いた。一九三八年のメキシコのように、国によっては地下資源や原料部門の国有化が行なわれた。

一九六〇年代には農業部門で「緑の革命」が叫ばれ、グローバル・ノースで開発された生産手法の普及が試みられた。工業的農業の生産方式とそれにともなう近代化のイメージの国際化は、とくに米国のコンツェルンを通じて生じた。これらの企業はフォーディズム型生活様式の伝播に貢献した。農芸化学、食糧援助、マーケティング、信用プログラムと結びついた植物の品種改良は、米国の外交（経済）政策の重要な構成要素になった。(59)

中南米でも、その他のグローバル・サウスにおいても、中間層の消費習慣はグローバル・ノースのそれに似ていった。さらに、二〇世紀の半ば以降には労働者の生活様式も資本主義経済にますます依存するようになっていった。そのかぎりで、すでに資本主義のフォーディズム段階において、（半）周辺国における帝国型生活様式の拡張傾向は存在していた。この傾向は、一九六〇年代以降にグローバル・サウスの国々が（たとえば国連貿易開発会議――ＵＮＣＴＡＤ――の枠内で）より強く組織化されていき、とりわけグローバル・サウスの資源や労働力を使ってグローバル・ノースが手に入れてきた豊かさに

［１］　トルティーヤは、トウモロコシから作られる、中米での伝統的な薄焼きのパンである。

対する分け前をグローバル・サウスの国々が声高に要求するようになるにつれて、ますます強まった。一九七二年にチリのサンティアゴで開催された第三回UNCTADでは新国際経済秩序への要求が提起され、これが翌々年の国連総会で可決された。このことは変わり目を表わしている。すなわち、帝国型生活様式は発展と進歩の約束の物質的な中核になったのである。とはいえ、この約束の履行はグローバル・サウスにおいてはなお長い年月を要した——そして現在もまだ多くの人びとにとっては果たされていない——。本質的な国際的規範の方向性は、近代化と工業化の過程としての「開発」という理念のうちに凝縮された。この理念においては西側または東側の中枢がモデルとしての役割を果たした。(60) 非常に限定的であったにせよ、「内なる領域獲得」の兆しはグローバル・サウスの一部においても現われたのである。とはいえ、原料輸出をとおしたグローバル・サウスの世界市場への統合や原料採取の根本的な構造には、変化はなかった。

フォーディズム型生活様式のもとでの資源利用の強度は増大していったが、その維持は非民主的な南北関係を必要とした。このことはとくに石油においてはっきりとわかる。それは、石油の採掘(供給源)だけでなく、それの燃焼(吸収源)の生態学的帰結においてもそうである。採掘の面では、グローバル・ノースの資本主義国家と企業がグローバル・サウスの保守的な運動や政府と協調することにより、油田へのアクセスを確保し、グローバル・サウスの国々における民主化運動を抑圧しようとした。(61) 石油ならびにその他の化石燃料の燃焼が生み出す二酸化炭素を引き受ける吸収源に関して言えば、その大部分がグローバル・サウスにあるにもかかわらず、吸収源利用の要求は圧倒的にグローバル・ノースの側から出されるか、あるいは——気候変動のように——吸収源に過度の負荷がかけられている。(62)

フォーディズムの生産・消費規範の維持は、民主的な仕方で保証することがほとんど不可能と言ってよく、軍事力、不平等な経済関係、貿易協定のような制度化された強制に依拠しているのだ。

一九六〇年代末には、フォーディズム型発展様式の生産性の潜在力が枯渇し、資本の価値増殖に問題が生じて、これが危機の顕在化へ導いた。加えて、米国はその経済的優位を失った。このことはとりわけ、他の国々——とりわけ西欧——へと「輸出された」フォーディズムの膨張的な生産・消費モデルの成功と関連していた。つまり、危機はグローバル・ノースにおける帝国型生活様式の普遍化と関連していたのである。

グローバル資本主義の成長の局面では、とくにグローバル・ノースの国々において、より良い生活を求める労働者と彼らの利害代表者の要求は大部分の人びとにとって、少なくとも物質的な面では多かれ少なかれ充たされたと言える。グローバル・サウスの多くの国々でも、資本主義の世界規模の拡張と領域獲得によって中産階級の拡大と工業化の萌芽とが見られた。周辺部におけるフォーディズムの危機において、多くの政府は信用を安く手に入れた。それは、中産階級の消費水準を維持し、そうすることで政府自身の正当性を維持するとともに、「債務型工業化」を試みるためであった(63)。さらに、脱植民地化の経験にもとづいて、かつまた中南米においてはキューバ革命の結果として、ラディカルな運動や要求が出現し、グローバル・ノースの帝国型生活様式の前提を問いただした。それらの運動や要求の一部は、権威主義体制や軍事独裁によって残忍なやり方で抑圧された。それにもかかわらず、根本的により良い生活への希求は人びとのあいだで維持された。一九七〇年代には資本主義のフォーディズム段階が終わりを迎え、帝国型生活様式そのものが危機に陥った。それでもなお、帝国型生活様式は魅力的かつ膨張的であることが明らかになったのだった。

第五章　帝国型生活様式のグローバルな普遍化と深化

しかしながら、われわれの見るところでは資本主義は、完全に成熟してもあらゆる点において、非資本主義的な諸階層や諸社会が自らと同時代的に存在することに依存している。

ローザ・ルクセンブルク(1)

逸した機会——フォーディズムの危機

今日から見ると一九七〇年代は、さまざまな理由から帝国型生活様式が問いただされた歴史的な窓だったように思われる。不快感を最初に表明したのは、食物連鎖に対して殺虫剤がおよぼす否定的な諸影響に関するレイチェル・カーソンの『沈黙の春』のような著作であった(2)。一九七〇年の米国におけるトウモロコシの不作は、多収穫品種とモノカルチャーによるフォーディズム的農業モデルが大きなリスクをはらんでいるという意識を強めた。そして、ローマ・クラブの『成長の限界』といった刊行物が広範な社会的論争を引き起こした。一九七二年にはストックホルムで最初の世界環境会議が開催され、国連環境計画(UNEP)が創設された。

一九七三年一〇月には、第四次中東戦争の結果、OPEC〔石油輸出国機構〕諸国によって原油価格が引き上げられ、一バレル(一五九リットル)あたりの価格がそれまでの三ドルから五ドル以上になった——今日から見れば、それでも理解しがたいほど安いとはいえ——。このことは、石油を自給していなかった資本主義の大都市や周辺地域において帝国型生活様式の土台を疑問視させることになったのである。またそれ以上に、グローバル・サウスの政府や解放運動によって、不平等な自然領有がくり返し政治問題とされた。その際にとりわけ問題になったのは、当時安すぎるとみなされ、しかも不安定であった原料価格である。グローバル・サウスの諸国が新植民地主義的な従属から解放されることを、原料価格が困難にしていたのだった。超国籍企業の役割、テクノロジーの利用、ならびに独自の工業化プロセスのための余地もまた、社会と政治と学問における大きな主題となった[3]。これらすべては新国際経済秩序(NIEO)をめぐる論争の一部だったが、独立したての国々は一九七〇年代の初頭に、とりわけ国連貿易開発会議(UNCTAD)の枠組みのなかで、旧来の植民地主義的な従属の克服を求めていたのである。その核心には民主政治上の要求があった。すなわちそれは、資源の管理とその「公正な」利用を求めていたのである。

米国の石油採掘量が一九七〇年に三八億バレルでピークに達したことによって、帝国型生活様式の問題点がさらに強調されることになった。その後、源泉の枯渇によって石油の採掘量は二〇〇八年の年間二一億バレルにまで下落していく。そのため米国は、増大する石油消費を賄うために——その間に使用量は三割ほど増大した——輸入に強く依存するようになっていった。西ドイツのような多くの国々では、石油不足が強まるのを予測して、自動車に乗らない日曜日が設けられた。またオーストリアでは特定の日に、ナンバープレートが偶数であるか奇数であるかによって半分の自動車だけしか運転できないように交通規制が実施された。

そして環境保護運動やその他の社会運動が、広く行き渡っていた単線的で自然破壊的な進歩思想をさまざまな仕方で問題視した。環境保護運動は、さしあたり学生運動、連帯運動、女性運動のような他の抗議活動から独立して成立したが、一九七〇年代には新しい社会運動の重要な一部分となった。ドイツでは一九七二年に、一九世紀に成立した伝統ある自然保護の諸団体が連邦環境保護市民イニシアティブ連盟(BBU)と協力するようになり、より開かれたものとなって、グリーンピース、環境と自然保護のためのドイツ同盟(BUND)、あるいはドイツ交通クラブ(VCD)といった新しいグループがその流れに加わった。(4) 連帯運動が批判したのは、多くの国々であからさまな抑圧的体制をもたらしていた不平等な世界経済と政治の構造であった。一九七七年には多くの団体が、問題点を可視化するために〔ドイツの〕開発政策行動グループ連邦会議(BUKO)に結集したのである。

このように一九七〇年代には、フォーディズム的な志向性と行為形式と制度がさまざまな仕方で問いただされ、オルタナティブな生活形式が試され、協働と対話の重要性が強調された。(5) 規律訓練的なフォーディズム体制への拒否とオルタナティブの試みにおいて、新しい生活スタイルと柔軟性や移動の新しい形態とが生まれたのである。

しかし、この歴史的な窓は、新自由主義による危機処理が貫徹するとともにふたたび閉ざされてしまった。一方では、多くのオルタナティブが資本主義の現代化の趨勢へと取り込まれるにとどまらず、資本主義を再構築するための生産力にさえなった。フォーディズムの規律訓練的な労働・生活モデルに対する、たとえばサブカルチャー運動による批判は、日常をもっと自由に形づくりたいという要求と生活実践の多元化とをもたらした。これらもやはり、新自由主義的資本主義の形成へと取り込まれていった。この資本主義は労働への規制を緩和し、自己規律化と自己最適化を強めていった。「それらの運動は生産におけるパラダイムの転換の必要性を資本家よりも先に自覚し、その形態と性質を指示したのである[6]」。

一方、当時の危機のなかで帝国型生活様式の安定化作用が示された。不安と失業が増大する時期において、そしてのちには賃金生活者どうしの競争の激化と社会福祉の削減と社会的分断の深化に直面して、帝国型生活様式の安定化作用は、住民のなかの多かれ少なかれ幅広い諸階層をその開発モデルへと、したがってまた社会的妥協へと組み入れることを確実にしたのである。その結果、労働者階級の再生産費用を比較的低く維持することが可能になったのだった。

振り返って考えると、フォーディズムの危機に対する一九八〇年代以降の解答は、のちに「新自由主義的なグローバル化」と呼ばれるようになったものであり、これは法外な資本主義的拡張と領域獲得を、そして社会の内部や世界経済における競争と地政学的な競争の激化をもたらしたのだった[7]。それは、ベルリンの壁の崩壊とソビエト連邦の解体のあと、一九九〇年代に第二の推進力を獲得するが、その後にさらに第三のものが続いた。すなわち、一九九〇年代末から中国のような新興工業国が華々しく台頭したのであり、また、原料輸出によって自国の経済成長を支えてきたグローバル・サウスの国々は二〇〇三年頃から一〇年余りにわたって歴史的に比類のない価格と需要の高騰を体験したのだった。

資本主義的なグローバル化はその核心から見れば、資本の利潤獲得能力を回復させるという支配勢力の戦略の結果であり、それの一部である。そのための中心的な手段は国際分業の再構築と深化であり、また貿易障壁の削減、金融市場の自由化、民営化、国家の社会政策的機能を後退させること、多くの賃金生活者を無保護化し不安定化させることであり、これにともなう賃金生活者の分断と労働組合の弱体化であった。負債を抱え国際信用に依存していたグローバル・サウスの多くの国々では、いわゆる構造調整プログラム（ＳＡＰｓ）が断行された。ジョン・ウィリアムソンは、合衆国政府、国際通貨基金〔ＩＭＦ〕、世界銀行によって促進された新自由主義的政策を「ワシントン・コンセンサス」と呼んだ(8)。

国際分業が変化したのは、資本主義の中心部の企業体が労働集約的な生産の一部――たとえば繊維生産――をグローバル・サウスの国々に移したためである(9)。それによって、グローバルな労働力や原料へのアクセスが世界市場を介して再編成された。これに貢献したのが、自由主義的な投資・貿易政策と原料・生産物市場の規制緩和、ならびに一九九〇年代半ばの世界貿易機関（ＷＴＯ）の設立、そしてその後の欧州でのリスボン条約〔二〇〇九年発効〕であった。

資本主義的なグローバル化は、――批判的に論じられる際にもしばしば忘れられているのだが――中心部におけるエリートと従属的階級《サバルタン》――ここではとりわけ中産階級――とのあいだの新しい妥協にもとづいている。そしてその妥協は、帝国型生活様式の新たな深化を核心的な内容として含むものである。この妥協は多くの人びとによって黙認されるにとどまらず、この妥協によって支えられた物質的な消費の機会のおかげで多数派によって受け容れられさえした。帝国型生活様式は、少数派や社会運動によってくり返し疑問視されたにもかかわらず広く受容された。このことはグローバル・ノースにおいて今日にいたるまで当てはまるのである。

グローバル・ノースにおける帝国型生活様式の深化

早く工業化した国々では、化石燃料に依存する生産と消費の規範は、一九七〇年代の経済危機を無事に耐え抜いただけでなく、この危機の帰結として強まりさえした。グローバル化を通じて安い工業製品の生産、販売、消費が増大し、工業化した農業は拡大したのだった。

たとえばEUの総資源消費は一九八〇年代半ば以来、高い水準で停滞しているにもかかわらず、それに含まれる輸入部分が高まったというだけでなく、グローバル・サウスの輸出国が負う、輸入品の「エコロジカル・リュックサック」もまた重くなったのである。[10]「生態学的な不等価交換」が現われるのは、それがグローバル・ノースの経済に安い原材料を供給し、そうすることによって労働力の再生産費を比較的低く保つことに貢献するという点においてである。

しかし、自然資源への買いの殺到はグローバル・ノース自身においても起こっている。たとえば米国のアパラチアにおいては、ザールラント[1]のおよそ二倍の広さのある地域で、生態学的に見てすでに問題を含んでいた露天掘りが「山頂除去採掘」へと取って代わられている。「山頂除去採掘」は、石炭層に到達するために山の円頂を爆破し平らにする。廃物は渓谷へ流し込まれ、河川の生態系は一九〇〇㎞の長さにわたって破壊されている。カナダのアルバータでは、およそ一五万㎢の平野――オーストリアのおよそ二倍の平野――で一七〇〇億バレルの石油がタール・サンドから採掘されるべきだと、経済的理由から言われている。そうすれば、カナダは原油が世界で最も豊かな国のひとつになるだろう。(11)

グローバル・ノースにおける帝国型生活様式の深化は「情報化時代」の資源にも現われている。一九九〇年代にはしばしば経済の「脱物質化」あるいは「仮想化」が期待された。例となるのはレアースだが、それはたとえば中国においては健康と環境にとってきわめて危険な条件のもとで採掘されている。(12)電子機器は、それの生産とまったく同様にそれの廃棄物処理においても問題含みである。すなわち、ＥＵの使用済み電子機器の三分の二は適切に廃棄物処理されていない。電子廃棄物の輸出は禁止されているにもかかわらず、それはさまざまなルートでガーナや中国といった国々に到着している。たとえば香港を経由して、毎年何百万トンもの電子廃棄物がそこからさらに二五〇㎞離れた中国大陸の貴嶼鎮にたどり着いている。当地の人口の八〇％が――多くは出稼ぎ労働者であるが――リサイクル業に従事し、いかなる健康保護措置もなく働いている。つまり、機器が素手で分解されるのである。プラスチック類を判別するために、「労働者たちは破片をライターの炎の上にかざし、焦げたプラスチックが出す匂いごとにそれらを分別して、異なったバケツに入れていく。この仕事はしばし

［1］　ザールラントはドイツ南西部の州であり、その面積は二五六九㎢である。

ば未成年者たちによって行なわれ、彼らは明けても暮れても有毒な蒸気を吸い込んでいる[13]」。

帝国型生活様式は本質的に、工業化された農業の拡大にもとづいている。この農業は領域獲得と収奪をともなっており、農業・食品大企業の権力を拡大し、ますます多くのエネルギー投入を要するものである。工業化された農業の拡大は、食肉消費の増加を豊かさの上昇と同一視する規範の一部をなしており、たとえば大規模畜産業の増大として現われるが、これには大きな倫理的・生態学的問題が付随している。鶏肉から一カロリーの熱量を得るためにはその四倍のエネルギー投入が必要であり、豚肉と牛乳の場合は一四倍、卵の場合は三九倍、牛肉の場合は飼料にもよるが二〇倍から四〇倍である。「今日、農業生産に投入されるエネルギーは、最終的に食糧の形態で獲得されるエネルギーよりも多い。そのことに対して共同責任を負うのは、人が有用動物に餌として与える大量の栄養価の高い農業生産物である[14]」。農業・種子・薬品・化学・機械製造・食品大企業はこのダイナミクスを促進するが、文化的にそのダイナミクスを象徴しているのはとりわけファストフード・チェーンであり、拡張を続けるスーパーマーケット・チェーンである。国内政治と国際政治がこのモデルを保護している。今日、世界中で二世代前の二倍の肉が消費され、世界人口もまた二倍以上になった。すなわち、一九六一年には三〇億の人びとが一人あたり平均二三kgの肉を消費したのに対し、二〇一一年には約七〇億の人びとが一人あたり平均四三kgの肉を消費したのである(ヨーロッパは八〇kg、北アメリカは一一六kg)。それとともに世界の肉生産は、七一〇〇万トンから二億九七〇〇万トンへと四倍以上になっている[15]。

フィリップ・マクマイケルはこの関連で、「大企業主導の食品体制(corporate food regime)」について語っている。[16] 巨大な農業大企業と食品大企業ならびにスーパーマーケットがグローバルな生産・分配チェーンを支配しており、ＷＴＯの農業協定が農業市場の自由化と多国籍企業の権力拡充のための中心的な政治的手段になっているのである。それまでのフォーディズム的な食品体制と異なり、「大企業主導の食品体制」は農業研究の強力な民営化によって刻印されており、特許とバイオ・テクノロジーが重要性を増している。食糧安全保障という国際的理想像は食品供給を確保することをめざしているが、そこでは生産と販売の具体的な過程と条件は二の次であり、企業の権力は隠蔽される。

　大企業によって駆りたてられながらグローバル化していく食糧生産は、地域に適した半自給自足的でエコロジカルな農業の実践――これらの実践こそ世界の食物摂取の大きな部分を依然として保証しているものである――に圧力をかけている。それにもかかわらず「大企業主導の食品体制」は、自給自足農民のより安価な再生産費用をひたすら利用し、彼らを契約システムへと組み入れる。その際、決定的に重要なのは、グローバルな生産がローカルな生産を管理し、それを価値増殖のために利用するということである。ＦＡＯ〔国連食糧農業機関〕の保守的な見積もりでも、ＷＴＯの設立後に約三〇〇〇万人の農民たちが土地を失ったという。[17] 土地を奪われた農民たちは、権利を剝奪された移民労働力と同じく、工業的なモノカルチャー農業の産業予備軍になる。[18]「大企業主導の食品体制」の生産物を生み出す、これらの具体的な社会的・経済的・政治的・生態学的諸条件は、その生産物の外見からは見て取ることができない。実際マクマイケルは、出所のない食品について語っている。[19]

　出所がないというのは、産地の無規定性だけではなく、とりわけまた社会的・生態学的な破壊の不可視化をも意味しているのであり、ありとあらゆる食品をいつでもどこでも入手できるということがそうした破壊を内包している。このような状況が機能するのはもっぱら、破壊の帰結もまた空間と時間において外部化され、したがって食品消費の恩恵を享受する人たちはその帰結に直面しなくて済むからだ。つまり環境破壊の帰結は、「欧州においてはまったく追跡不可能であり、干ばつ、洪水、あるいは飼料需要の上昇による価格変動にも私たちは気づかない。それに対し、いくつかの南の国々はその帰結にすでに直面している」[20]。流血の対立にいたるまでの社会的な不安定化は、グローバル・ノースにおいて安い食糧がいつでも入手可能であることを保証する安定化作用や正当化作用の裏面でしかない。それの甘受は、南北関係のなかに刻み込まれている構造的な人種差別と新植民地主義の表現である。

グローバル・ノースにおける帝国型生活様式の深化は、自然および労働力へのアクセスを空間的にも時間的にもいっそう拡張していくが、それは輸送活動の強化をともなっている。そのため世界の商品輸出は、一九九五年のおよそ五兆米ドルから二〇一四年のおよそ一九兆米ドルへと約四倍になった。世界の商品輸出は世界の国民総生産の総計よりも著しく速く増加し、世界貿易は世界の生産よりも著しく急速に拡大したのだ。世界貿易の貨物量に関しては、例として国際コンテナ輸送の発展を引き合いに出すことができる。それは一九九五年の約四〇〇〇万トンから、二〇一一年の約一億二〇〇〇万トンへと増大した[21]。

〔ドイツの〕政治教育連邦中央局はさまざまな情報源を用いて、世界中の商品輸出が一九六〇年から二〇一三年までというかなり長い期間に一七・四倍に増加したと算出している[22]。それに対して、商品生産が増大したのは五・七倍「だけ」であった。ここでとりわけ重大なのは、総輸出に占める完成品の割合が三三倍に増え、二〇一三年には六四・七％を占めたということである。(23) したがってグローバル化において特徴的なのは、中間生産物の貿易のみならず、とりわけ最終消費向けの商品の輸出である。機械（それには事務用品と通信用品も入る）と乗物および乗物関連の生産物が、二〇一三年には世界全体の商品輸出の貨幣価値の三二・四％を占めたが、それに続いたのは燃料と動力燃料（一七・八％）、化学製品（一〇・九％）、そして食品（八％）であった。(24)

直近の経済危機（リーマン・ショック）は、この点ではせいぜい一時的な落ち込みを示したにすぎない。商品輸出は二〇〇九年に前年比で一二％低下したが、早くも二〇一〇年にはふたたび一四％上昇した。(25) 帝国型生活様式の深化と拡大が資本主義の危機を処理するという傾向は、維持されたのである。帝国型生活様式の発展がいつ終わりを迎えるかは予測できない。国際交通フォーラム（ＩＴＦ）、つまりＯＥＣＤの輸送部門担当のシンクタンクは、世界貿易が二〇一〇年から二〇五〇年までのあいだに価値換算で三・四倍になると見積もっている。この伸びは、トンキロ〔2〕で計られた貨物量では四・三倍の増大になる。(26) 国際貨物輸送によって生じる二酸化炭素排出量は、ＩＴＦによればほぼ四倍になる。(27) その際、輸送の担い手の比率は変化する。貨物輸送の二酸化炭素総排出量に占める海運の割合は三七％から三二％に低下するのに対し、空運は七％から九％へ、道路輸送は五三％から五六％へとそれぞれ割合が上昇する（鉄道の割合は、三％で変わらない）。道路輸送の割合が上昇することは、とくにアジアとアフリカにおける地域内貿易の力強い成長が見込まれることを反映している。ＩＴＦの予測によれば、アジ

〔2〕　トンキロは、貨物の重量（トン単位）とその貨物を輸送した距離（km単位）とをかけ合わせたもの。たとえば二トンの貨物を五km輸送した場合は、一〇トンキロとなる。

ア内貿易では四〇〇%の貨物量の増加が、アフリカ内貿易にいたっては七〇〇%の増加が期待される。帝国型生活様式の拡大と深化は、二酸化炭素集約的な旅行方法の、つまりは航空旅行の増加にも現われる。航空会社の国際的業界団体である国際航空運送協会(IATA)の計算によると、飛行機の乗客の数は、世界で一九七〇年から二〇一五年までのあいだに約三億八〇〇〇万人から約三五億人へとほぼ一〇倍になった。(28) もっとも、ここにはかなりの地域的な違いがある。すなわち、最大の「市場部分」をなすのは相変わらず米国の国内便であるのに対し、過去数年間で最大の増加を記録したのは中国、インド、インドネシアであった。それゆえ航空は、より近年の世界経済における地殻変動を反映しているように思われる。

自動車が半世紀から四分の三世紀をかけてたどった発展を、飛行機は後追いした。飛行機はつまり、特権的な輸送手段から大量輸送手段へと移行したのだ。ただし、それによって飛行機の階級的性格が過去のものになったわけではまったくない。国際分業の深化は、ますます多くの人びとが仕事で長い距離を越えて往来するということをともなう。彼らはしばしば多国籍企業の高給社員であり、いくつかのグローバル・シティで複数の自宅をもち、生活の大部分を飛行機や空港ラウンジで過ごす人びとである。航空会社はこの発展に適応している。航空会社は「最安値の航空チケットで大衆ビジネスをさらに活発にするために、飛行機客の多くに対しては快適さ——たとえば足元のスペース——を縮小する。一方で、ファーストクラスの快適さは洗練され、強化される」。(29) そのうえ、プライベート・ジェットが重要性を増しており、特別な自由を享受している(たとえば、「航空会社のしばしば渋滞する空路の上を飛ぶ」可能性、「それでもって彼らは一種の自分専用の追い越し路線を獲得するのである」)。また、ネットジェッツやフレックスジェットといった企業は「飛行機シェア」によって、移動の多い富裕層が世界中の多くの場所で柔軟にプライベート・ジェットに搭乗できるようにしている[30]。

最後に、帝国型生活様式の権力的性格は、航空によって引き起こされる二酸化炭素排出と、それに結びついた、吸収源についてのきわめて不平等な権利行使とにおいても現われる。帝国型生活様式には、世界経済の構造が有する生態学的な次元が反映されるのだ。それは、「飛行機による排出の圧倒的大部分に責任があり、それによって環境と気候に負担をかけている豊かな北と、物質的な生活条件がこれまで航空輸送と有害物質排出を抑制してきた貧しい南[31]」からなる。

帝国型生活様式の普遍化

世界貿易と輸送についての数字においてすでに暗示されている発展は、その社会的・生態学的な次元では、グローバル・ノースにおける帝国型生活様式の深化よりもさらに劇的である。つまり、新興工業国が台頭するなかで帝国型生活様式が普遍化していくのである。およそ二〇年来、或る力学が認められるが、それは世界人口の三分の二が目下、農業社会から工業社会への移行過程にあるという息をのむような洞察を強いる。西側の工業国(西欧、北米、ニュージーランド、オーストラリア、日本)においては、国内資源の使用が二〇〇〇年から二〇一〇年のあいだに平均的にはわずかに減少したのに対し、二八のアジア諸国(日本を除く)は同じ期間に、総計でも一人あたりでも国内資源採取を二倍以上に増やした。それに加えて、原料輸入、とりわけ化石燃料資源の輸入の大きな増加があった[32]。

この点に関連するもっと具体的な指標は、エネルギー利用、とりわけ化石燃料資源の消費である。エネルギー集約的な、広い範囲で原油依存的な生活様式は、グローバル・ノースにおいてはずっと以前から常態化し常識となっており、インフラストラクチャー、制度、社会的力関係のなかに根づいている。だが、この生活様式は資本の価値増殖や資本蓄積の多様な戦略の結果、かなり以前から新興工業国の中流階級や上流階級のあいだで強力に拡がっているのである――そこでは、この生活様式が豊かさの優勢なモデルとなり、帝国型生活様式に(まだ)組み込まれていない人たちにとってもモデルになっている。

石油需要の増大を駆りたてているのは輸送と石油化学である。後者は工業部門における最大の石油消費者であるが、それはとりわけ新興工業国で急速に上昇しているプラスチック需要に対応する。輸送部門の増大する石油需要は、新興工業国における自動車移動の拡大、とりわけ自家用車所有の拡大を反映している。BP社の推定によれば、世界で自動車の数は二倍になる。つまり、二〇一五年の一二億台から二〇三五年には二四億台になるだろう。予想される増大は、その大半が非OECD諸国の経済成長において生じ、自動車の台数は五億台から一五億台へと三倍になりうる。エネルギー効率の向上はそれに追いつかない。BP社によると、乗用車の燃料消費は二〇五〇年には二〇一五年よりも平均で四〇%少なくなる。[33] けれども、エネルギーの節約は乗用車台数の増大によって打ち消されるのだ。それに加わるのが、多目的スポーツ車(SUV)のような資源集約的な車の台数が近年とくに大きく増大しているという事実である。中国では、販売された車の平均的なエネルギー集約度は数年間下落していたが、車の大型化のせいで二〇一三年からふたたび上昇している。[34]

国際エネルギー機関（ＩＥＡ）の計算によると、非ＯＥＣＤ諸国での石油集約度はたしかに全体として低下している。すなわち、国内総生産（ＧＤＰ）比の石油使用量はより小さくなっている。しかし、石油集約度が低下するよりもいっそう大きく国内総生産が増大しており、その結果、石油需要は絶対的には上昇しているのである。[35] それはアジアで最も増大していると言われており、とりわけ「エネルギー需要の上昇に関して世界第一位」になったインドで増大している。[36] それに対して中国は、二〇〇五年から二〇一五年のあいだに増大した世界の石油消費量の六〇％に責任があったが、より少ないエネルギー集約の段階へと移行している。ただこのことは、需要の増大が弱まっていることを意味しているにすぎない。中国の石油需要もまた、二〇一四年から二〇五〇年までの期間に絶対的には増大すると言われている。したがって、両国は石油輸入にますます依存するであろう。[37]

　このことには重要な社会的・生態学的含意がある。すなわち、二〇五〇年までに八五億人へと増加しつづける世界人口が一人あたりで、今日の工業国で普通であるのと同じくらい多くのエネルギーを使用すると仮定するなら、その場合グローバルなエネルギー使用は今世紀の半ばまでに三倍になるだろう。[38] けれども、このことが意味する資源利用と吸収への負担は今日のレベルであっても、気候変動あるいは生物多様性の喪失を制御するにはすでに大きすぎるのである。

　一九八〇年代には、いわゆる新興工業国の一九九〇年代半ば以降の華々しい台頭はまだまったく予感されていなかった。一九八〇年に工業国（ＩＭＦの用語法によれば先進経済圏）の住人たちは、つまり当時の世界人口の四分の一は、グローバルな国内総生産の約七〇％を産出していたし、彼らはそれに照応する購買力を意のままにした。二〇一三年には、そこで暮らしているのは世界人口のわずか一七％

あまりであり、世界の国民総生産の約半分を産み出している。

中国、インド、ブラジルのような新興工業国が経済的に台頭するなか、それらの国で拡大している中流階級と上流階級は帝国型生活様式をますます実践するようになっている。すなわち、個人的な移動手段、肉の多い食事、資源浪費的な消費財をともなったアメリカ的生活様式である。このことは、分け前をめぐる社会的闘争の結果として解釈することもまったくもって可能だろう。その闘争は、たとえばブラジルでは労働者政党を政権に就かせたものであって、その政策は多くの人びとに社会的上昇を可能にさせたのである。誰が中間層に算入されるのかということの基準については、議論が分かれている[39]。ＯＥＣＤによれば、「二〇〇九年には世界で一八億五〇〇〇万人以上がグローバルな中間層に属していたが、それは世界人口の四分の一にあたり、そのうち六億四〇〇〇万人が欧州、五億二五〇〇〇万人がアジア・太平洋地域、三億三八〇〇万人が北米、一億八一〇〇万人が中南米、一億五〇〇〇万人が中近東および北アフリカ、そして三二〇〇万人がサハラ以南のアフリカであった[40]」。国連開発計画〔ＵＮＤＰ〕によれば、二〇〇九年には世界で一八億人あまりの中間層がいて、二〇二〇年には三二億人、二〇三〇年にはおよそ四九億人に増加するという。この四九億人の人びとの多く——三二億人以上——が、この予測によればアジアで暮らしていることになるという。ただし、この増加がとりわけ中国で起こるか、あるいはインドで起こるかについては、意見が分かれている[41]。

一般的な水準においては、そして帝国型生活様式とそのヘゲモニー的な性格という主題にとっては、物質的によりいっそう快適な生活の可能性が重視されると述べれば、それで十分である。「そうした生活に属するのは、より高度な教育・文化サービスの利用、安定した労働条件、まずまずの住宅事情、ならびに十分な医療と老後の保障である。（中略）グローバルな中間層は都会に住み、マスメディアにアクセスでき、頻繁に移動する。見過ごすことができないのは、世界の諸都市におけるこの新しいグローバルな中間層であり、彼らは国際的な生産物を消費し、国際的な生活スタイルを維持しようとする」[42]。

ただし、グローバルな中産階級あるいは中間層についてひとまとめに語るのはあまりにも大雑把である。というのも、新興工業国の新しい中間層は、むしろフォーディズム以前の、また社会国家が発達する以前の資本主義の中心部における中間層と比較されるべきだからである[43]。グローバル・サウスの諸国における中間層の構成員は、「病気や失業といったリスクに対して」脆弱である。「彼らは金融ショックに際しては、社会的保護のシステムが欠けているせいで貧困状態へと容易に転落しうる。新中間層に属している人びとの大部分は同時にまた、彼らの収入レベルをたしかに上昇させることができたものの、貧困線からさほど遠くに離れていない人びとなのである」[44]。社会国家の諸制度が脆弱で、経済的に不安定なために、彼らはいわゆる浮動する集団(floating group)に属している。そのため、彼らは貧困線よりもわずかに上のところで生活しており、貧困状態への転落にくり返し脅かされている。二〇一〇年に国際労働機関〔ＩＬＯ〕は――中産階級をＯＥＣＤやＵＮＤＰよりも明らかに広く理解しているが――、およそ一九億人をこのグループに数え入れた[45]。

新興工業国における中産階級の特徴づけでしばしば見落とされているのは、彼らがより多くを消費し、それによってより多くの資源を使用するだけではないということである。特定の事情のもとでは彼らは、自らの欲求やより下位の階級の欲求をより強く主張することのできる立場に置かれる。それはたとえば、教育、社会的な安全の確保、身体の保全、ならびに政治的参加と文化的参加への欲求の主張である。[46] 中期的にはこうした次元が、多くの人びとを生態学的な問題とならんで生存上の不確実さにも直面させる帝国型生活様式を政治問題化するうえでの重大な土台になったのである(このような政治化はもちろん、より下位の階級の主張によっても起こりうる)。

というのは、新しい中産階級にとっても次のような矛盾が遍在しているからである。すなわち、物質的な富にようやく遅れて到達した、あるいはこれまでまったく到達していなかった国々こそが、とくに深刻な生態学的危機の帰結に襲われているという矛盾である。つまり、キャッチアップ型開発の「副被害」としての大気汚染や水質汚染といった直接的な影響とならんで、グローバルな気候変動に順応するための財政手段の欠如といった要因もまた、この不平等な関係に貢献しているのである。[47] その際しかし、グローバル・サウスの国々の(上流階級はもちろんのこと)都市部に住む中流階級は事態を比較的うまく乗り切ることができる。彼らはつまり、資源採取とモノカルチャー農業から労働者や農民がこうむるような多くの有害な影響をあまり受けないのである。同時に彼らは世界市場での資源販売から、労働者や農民が得るものよりも多くの利得を引き出している。

中国における産業主義と中産階級の形成

資本蓄積の新しいグローバルな中心部である中国は、資本主義的な拡張と領域獲得の突出した事例をなしている。中国は強い印象を与える工業化を通じて、米国に次ぐ第二の経済大国にまで台頭した。

経済成長は最近三〇年間で一年あたり平均一〇%弱に達した(48)。中国資本主義は共産党一党体制と権威主義国家を通じて守られている(49)。

ほんのいくつかの数値を見るだけでも、中国の開発の社会経済的な意味と生態学的な意味が明らかになる。すなわち、二〇一四年には世界で四〇億トンのセメントが生産されたが、そのうちの五八%は中国産であった――そのかなりの部分は同国の国土の都市化のために用いられた。ちなみに世界のセメント生産に占めるインドの割合は七%で、中国よりもずっと少なかったが、それでもなお欧州を上回っている。同様に、中国は二〇一四年に八億二〇〇〇万トンの鋼鉄を生産した。これは世界の生産量の約半分にあたる。それと比較すると、EUでは一億七〇〇〇万トン、米国では八八〇〇万トンが生産された。中国の鋼鉄生産は一九九〇年(六六〇〇万トン)に比して一〇倍以上になっている(50)。中国は今日、世界で群を抜く最大の石炭消費国である。二〇一三年には中国で計二九億トンの石炭類の需要があった。これは、すべてのOECD諸国を合わせた石炭需要のおよそ二倍にあたる。中国の石炭需要は二〇〇〇年に比しておよそ三倍になった。ただし、中国における石炭需要の成長率は低下しており、また二〇三〇年代以降は中国の石炭消費が絶対量で減少するとIEAは見込んでいる(51)。

そのうえ中国はこの間に世界で最大の自動車生産国へと台頭した。その生産は主に中国国内市場向けになっているが、中国市場は他の国々の過剰生産をも受け入れている。二〇一五年には世界で六八五〇万台の乗用車が製造され、そのうちの二一〇〇万台以上が中国で製造された(52)。中国の国家は国際的な自動車メーカーに、中国の国有企業との合弁事業を義務づけている。これらのメーカーは下請け業者のピラミッドの頂点に立っている。とりわけバリュー・チェーンの末端にある小さな下請け業者は劣悪な労働条件のもとにあり、しばしば抑圧的に、また「市場専制的に」組織されているが、それは下請け業者が激しい競争にさらされ、また親会社の需要変動に従属させられているからである。[53]

中国の資本主義の拡大は労働力と自然を途方もない規模で商品化することにもとづいているが、それには政治的な制限が課されている。たとえば都市の建築用地は、目下のところ七〇年間だけしか賃貸契約を結べず、それからふたたび国家所有に戻される。労働力については、とりわけ約二億八〇〇〇万人もの地方からの移住労働者が問題となる。彼らは都市の工業中心部へと移住したが、わずかな社会的権利しか与えられず、不安定な労働関係のもとで(また職と勤務地をしばしば変えさえしながら)働いているのである。地方から都市への移住は多くの労働者たちが望んだものだったが、それは、経済的にもっと自立し昇進する機会に恵まれる生活の可能性が都市に(外見上は)あるからである。[54]とはいえ、移住労働者はしばしば彼らの出身地との緊密な結びつきを保っており、彼らは祝祭日や個人的な危機の時期に、あるいは経済的な危機の時期には出身地に戻ることができる。ただし、移住者の第一世代は部分的にはなおも自分たちの農業によって生活を維持したが、このことは第二世代と第三世代にはもはや当てはまらない。[55]

かなり工業化したにもかかわらず、中国はこれまで半周辺国の地位にとどまっている。たしかに中国は、独自のテクノロジーの基盤やハイテク企業をますます多く意のままにするようになっている。だが、その工業の一部はグローバルなバリュー・チェーンの末端に位置して、グローバル・ノースの消費財企業に納品している。そのうえで、グローバル・ノースの企業が自身の有名なブランド品として帝国型生活様式に供給するのである。[56]たしかに、世界市場へと最も深く統合された製造業においては——とりわけ自動車産業やＩＴ産業においては——再編成が起きており、中国でより大きな価値創造が行なわれるとともに、社会的・生態学的な諸問題への取り組みがなされるようになっている。だが、それはまだその第一歩が成功しているにすぎない[57]。中国の資本主義は依然として、低賃金と劣悪な労働条件、非常に大きな収入格差、大きなエネルギー消費、相対的に低いエネルギー効率、ならびに深刻な環境汚染(とりわけ大気汚染)に依拠しているのである[58]。

ＩＬＯは、今世紀の最初の一〇年間に中国で中産階級が一億人以上増えたと見積もっている(インドでは一五〇〇万人の増加)。中国はいまでは小売業の売り上げが世界で最も大きく、(米国に次いで)二番目に多い乗用車の保有台数を誇っている。乗用車の台数は、二〇〇三年の一五〇〇万台から、二〇〇九年の五〇〇〇万台弱を経て、二〇一四年には一億二三〇〇万台へと上昇した。そして、住居や家屋や自動車といったステータス・シンボルを成金趣味的に顕示する傾向をもった上流階級も大きく増加している。概算では、二〇一四年に世界で販売された奢侈品の四〇％が中国人によって購入されたという[59]。

ミンは、中国の発展について辛辣に次のように述べる。「一九九五年に中国の機械工学省は、或るファミリー・カーの開発に関する構想を発表した。その構想にもとづいて、収入のよい都市住民は、人気のあるオートバイを「環境保護上の理由により」街路から追放するよう行政をせき立てた。これと同じ環境への配慮は二〇〇三年以降、電動機付き自転車にも向けられた。こうして電動機付き自転車も禁止されたのである。(中略)二〇〇六年までに北京、上海、広州の環状道路や大通りでは一〇〇〇cc以下の排気量の車は運転することが許されなくなった。あちこちで小型車がまったく許可されなくなったのである」[60]。

キャッチアップ型の工業化にともない、グローバル・ノースと同様に生態学的なコストを外部化する必要性が増している。絶対量で見ると中国は二〇〇六年に、最大のエネルギー関連二酸化炭素排出国としての米国を追い抜いた。中国の一人あたり二酸化炭素排出量は、二〇一四年には六・二トンに達した（この場合、その一部はグローバル・ノースにおける消費のためである）。これは、WBGU〔グローバルな環境変動に関するドイツ連邦政府科学諮問委員会〕の排出予算アプローチが定める二〇一〇年から二〇五〇年までのあいだの個人許容排出量（二・七トン）よりも、明らかに多い。そのかぎりで中国の発展段階はグローバル・ノースの国々と同様に、地球の二酸化炭素吸収源を不釣り合いに大きく要求するものになっている。もっとも中国の一人あたり排出量はいまだになお、OECD諸国の平均的な一人あたり排出量よりも三分の一ほど少ない。それに対する比較として、インドは絶対数では中国、米国、EUに次いで四番目に大きなエネルギー関連二酸化炭素排出国であるとはいっても、一人あたりでは一・六トン、すなわち中国の量の四分の一、米国の量の一〇分の一しか排出していない[61]。外部化のさらなる次元は、中国の汚染産業が好況の東海岸から部分的に中部・西部へと移され、さらには東南アジアやインドにも移されたという事態のうちに、また中国がたとえばアフリカ大陸において資源をめぐる争いの主要なプレイヤーになったという事態のうちに見て取ることができる。

中国の工業化モデルの社会的・生態学的な前提と帰結はますます問題視されるようになっている。そのため近年では社会的な紛争が明らかに増加している。劣悪な労働・生活条件——電子機器産業や玩具産業、その他の主要部門において——に直面して、一九八〇年代および一九九〇年代からの移住労働者の第一世代は、たび重なる苦痛とトラウマに満ちた経験をしてきたが、いまやそれを引き継いでいるのは、都市で成長し、より良い教育を受けた労働者である。彼らの多くは同様の状況に直面して、むしろ怒りや闘争の姿勢を示すようになっており、ストライキや操業停止を引き起こした。[62] 生態学的な前提に関しては、とりわけ国の約五分の四がスモッグに苦しんでいるという事実が、諸問題を可視化し、感知可能なものにしている。[63] たとえば、発電のための三峡ダムの巨大建設プロジェクトと工業的汚染とによって、アジアで最も長い河川である長江の魚の生息数は九八％も失われてしまった。[64] 中国における生態学的な諸問題はすでに非常に明白になっているにもかかわらず、次の数字はそれらの諸問題がなおもどれほどまで先鋭化しうるかを暗示している。すなわち、中国では二〇一二年における居住者一〇〇〇人あたりの自家用車数は八五台であって、グローバル・ノースの水準を依然として大きく下回っていたのである。[65] たとえば、ドイツでは同じ年に一〇〇〇人あたり五三九台、オーストリアでは五四二台であった。[66]

この数年来、環境問題は国家と党の政治的アジェンダのかなり上の方にある。二〇〇七年の中国共産党第一七回党大会では「生態学的文明」の理想像が公表されたが、それは五つの目標をひとつに束ねた発展戦略を、すなわち経済的、社会的、生態学的、政治的、文化的発展の調和をめざすものであり、近代化と豊かさを結合するためのものであった。[67] 二〇一二年の第一八回党大会では或る国家戦略が定められた。[68]「青い空、緑の大地、きれいな水」という同戦略のスローガンは、中国の強引な工業化の主要な諸問題がどこにあるかを示している。それらの問題は、たとえば再生可能エネルギー部門における緑のテクノロジーに大規模に投資すること、エネルギー効率と資源効率を高めること、および他の環境保護措置によって、克服されることになっている。この目的を達成するために、中国は世界で最も先進的な環境法制を利用することができたが、これまでは地方レベルで企業と党幹部が緊密に癒着したことがとりわけ原因となって、その法制はしばしば弱められている。そのため、環境法制はもう一度改正されなくてはならなくなっている。

実際には、帝国型生活様式の強力な増大と拡張を通じて、資源消費、排出、環境破壊は増加しつづけている。国内市場と国内消費を志向する目下の経済政策上の方向転換もまた――サービス部門へ焦点を当てているにもかかわらず――、むしろ帝国型生活様式の深化を指し示している。(69) これに加わるのが、消費・ステータス志向の中流・上流階級が共産党の本質的な権力基盤になっているという点である。最後に、中国政府と中国企業は原料供給の確実性に依存しており、そのことが環境問題の外部化を促進している。帝国型生活様式は――より正確には、中国の場合はおそらく「半帝国型」生活様式と言うべきだろう――近頃は、社会的な紛争を少なくとも緩和するための妥協であるように思えてくる。この生活様式の魅力が、それ自身の生み出す社会的・生態学的に見て破壊的な付随現象によって損なわれるのかどうか、どこまで損なわれるのか、そしてこの生活様式の魅力が社会運動による挑戦を受けるのかどうか、どこまで挑戦を受けるのかということは、今後数年間で明らかになるだろう。

中南米における新採取主義

権威主義的な開発国家によって促進された古典的な工業化の中国モデルとならんで、中南米における開発もまた、帝国型生活様式の拡大――そしてより最近では、この生活様式が危機をはらんでもいること――に備わる中心的な特性を示している。二〇〇三年から二〇〇四年頃にかけてそれまでまったく予期されていなかった原料需要の増大が始まったが、それには資本主義の中心部における安定的需要と、とりわけ中国やインドのような新興工業国のダイナミクスとが関係していた。それとともに新採取主義という開発モデルが確立されることになった。このモデルは未加工原料の採掘・生産・輸出の強化に依存している。[70]経済的には、国内または国外の経済主体による巨額の投資がそれに付随することになる。それは、たとえば鉱物資源の探査や搾取への投資であり、道路や水路、エネルギー供給、ひいては港湾や保管施設といった形態のインフラストラクチャー建設への投資である。農業においては、大土地所有と大豆や綿花やサトウキビの工業的モノカルチャー生産とが拡大しており、遺伝子組み換えの種子がますます使用されるようになっている。粗放的な牧畜のための豊かな牧草地として知られていたアルゼンチンのパンパは、最近の一〇年間でほぼ完全にモンサント社の遺伝子組み換え大豆でもって覆われてしまったが、それは中国における豚肉生産用の飼料を栽培するためであった。[71]工業もまた、ブラジルのような国々では強固な新採取主義のモデルで営まれている。種子や肥料や殺虫剤の生産、農業・鉱業関連の機械製造、および食品加工が、重要な産業部門である。政治的力関係、階級構造、および「進歩」と「開発」に関するヘゲモニー的なイメージが、このモデルに密接に結びついている。

新採取主義は中南米諸国に対して、およそ二〇〇三年ならびに二〇一二～二〇一四年までのあいだに、――一九八〇年代と一九九〇年代の経済危機後にはまったく期待できなかったような――かなりの資金流入をもたらした。そのおかげで国家は、一次産品の輸出からの高い収入を帳簿に記入することができた。それなしには脆弱であった租税システムにとって、多額の輸出収入は大きな恵みとなり、その収入を貧困対策や社会的な生活条件の改善といった分野にも投入することができたのだった。

決定的であるのは、グローバル・ノースを志向した生活様式が、新採取主義の段階においてはますます多くの人びとにとってめざすべき価値のあるものになったというだけでなく、実際に到達可能になったということである。輸出による収益が大きかったことと既存の経済・社会構造が基本的に維持されたことによって妥協が可能になったのであり、この妥協のおかげで寡頭政治と中間層と貧困層が満足することができたのである。とりわけ中間層の生活様式は目を引くような仕方で変わった。すなわち、自動車とオートバイ、家電製品、ハイテク通信機器、高価な食品と民間の保健サービスを(利用対象としても、シンボルとしても)購入するようになり、外食や休暇が増えた。この発展におけるひとつの指標はクレジットカード利用の増加である。マウリツィオ・ブッソーロ、マリーヤ・アリスツェブスカおよびエリー・ムラルドが論証しているのは、平均収入が上昇するとともにサービス業への需要が増えるということであり、そのことは教育・労働市場にも影響をもたらしている。[72] 大量消費は経済の活力にとって重要だが、それは公的部門の雇用増加、マクロ経済の安定化、それに国家的な再分配政策によって可能になる。ホセ・ナタンソンはさらにアルゼンチンにおける「シンボル的包摂」について語っているが、それは国際的なポップ・ミュージックとロック・ミュージックのスターによる巨大なコンサート、テレビによるサッカー中継、そして余暇のための無料または安価なエンターテイメントによるものである。[73] こうした見立ては他の中南米諸国にも当てはまる。

しかし、その際に問題となるのは中間層の現象だけではない。ヴェロニカ・ガーゴはアルゼンチンについて論じるなかで、新採取主義の中心的条件となる「下からの新自由主義」を指摘しているが、それは中間層以下の階層における日常生活の金融化によって成り立っている。(74) つまり、たとえば国家の社会福祉給付も銀行を経由して支払われるのである。商品消費、負債、インフォーマル経済(移住者から本国への送金およびマイクロ・クレジットを含む)の増大は相互に結びついている。こうして最も不確実な条件のもとにあっては、ともかく生存を確保するという理由からだけでも、多様な種類の「大衆的な企業家層」が生じるのであり、それがまた貨幣経済を拡張するのである。

帝国型生活様式は国家と住民との或る特殊な関係を促進する。すなわち「消費を通じたシティズンシップ(citizenship through consumption)」、あるいは既存の政治的・経済的条件を受容することでより大きな消費機会を意のままにできるという約束である。多くの人びとへのこの約束は、たとえ彼らが(適切な報酬のある)生計労働に就いていないときでも、国家による社会的な移転を通じて現実的になる。民主政治の正当性もまた消費機会へと強力に結びつけられるのである。(75)

数年にわたる原料価格の低下によって、ほとんどの中南米諸国は経済危機に陥った。しかし、それらの国は新採取主義的な開発モデルに固執している。加えて、それらの国がこのモデルを部分的には強化してさえいるのは、収入の減少を相殺するためである。(76) 象徴的なのは、エクアドルのヤスニ地域における石油採掘の断念を二〇一三年八月に大統領が撤回したことと、(77) 産油国ベネズエラで東ドイツの総面積に匹敵する一五〇の潜在的な採掘地域の土地利用法指定が多国籍投資家のためになされたことである。(78) 両方とも、先住民族が暮らす生態学的にきわめてデリケートな地域で起こっている。

このような状況にもかかわらず、帝国型生活様式のラディカルな批判とその変革に対する最も重要な刺激のひとつも、同様に中南米から生じたのであり、それは今日まで影響をおよぼしつづけている。一九九四年一月一日にサパティスタ民族解放軍（EZLN）は、メキシコ南東部のチアパス州の都市であるサン・クリストバル・デ・ラス・カサスを占拠した。彼らはメキシコ政府に対して宣戦布告し、それまではまったく考えられなかったような言説と行動をくり広げたのだった。

カルロス・フエンテスはサパティスタの蜂起を「最初のポスト・コミュニスト的反乱」と呼んだが(79)、それは一九八九年の時代断絶〔社会主義体制の崩壊〕のあと、資本主義に対するラディカルな批判と根本的なオルタナティブが否認されていたからである。さらに、人種差別的に周縁化された社会の「辺境」から、すなわち先住民によって反乱が始められ、そこから社会一般に拡がることとなったからである。サパティスタの最初の公式声明は、歴史の当事者——受動的な犠牲者ではなく——としての自己理解を明確に述べたものであった。それは五〇〇年間の抑圧から始める代わりに、「私たちは五〇〇年にわたる闘争の成果である」という一文から始まっているのである(80)。

サパティスタの武装闘争はわずか数日しか続かなかったが、その後も闘争は別の手段によって続けられたのであり、その手段は或る世代全体にとっては政治的転換についての理解を革命的に一新した。それによれば、今日まで重要であったこと、また重要であることは、国家権力の奪取ではなく、経済的・政治的・文化的諸関係の下からの根本的な転換なのである。蜂起は或る地域から始まったが、そこは世界市場向けのコーヒー栽培と、人種差別的に正当化された労働者からの搾取とによって刻印され、社会的インフラストラクチャー（教育、医療、その他の基本サービス）に関しては国家からほとんど完全に無視された地域であり、またそこではあからさまな縁故主義、とりわけ女性に対する基本的人権の拒絶、そして選挙不正が日常茶飯事になっていた。ところが、サパティスタは最初からメキシコ人として、メキシコ全体のために語ったのである。彼らは先住民の権利と文化をメキシコ憲法によって承認すること、そしてこの権利を実現することを要求した。彼らはまた、正義および自由という概念とならんで民主主義という概念を自らの政治的思考と行為の中心に据えたのである(81)。

蜂起はメキシコにとって、またメキシコを超えて、一種の触媒として作用することとなった。蜂起は、支配と紛争の多様な系列に沿って国際関係とメキシコ国内とに存立している階級とジェンダーと人種差別の構造に対して向けられたのである(82)。蜂起はチアパスに新しい革命的主体を生み出したが、その主体は「包摂的」や「持続可能な」などといった進歩的な装いの形容詞を付された新手の開発をめざすことにのみ甘んじはしなかった。そのため、今日までサパティスタによって統制されたチアパス州の三分の一においては――メキシコの他の地域における開発の力学とは逆に――資源採取主義的な経済活動が認められていないのである。

チアパスにおける蜂起は、五〇〇年にわたる搾取と抑圧の全経験をふまえて、西洋の知とテクノロジーと資本に即したヨーロッパ中心主義的な進歩および近代化を約束する表現としての「開発」に対抗したのだった。変革は、政党やラディカルな運動や国家が主要な当事者であるようなプロセスという古典的な意味で理解されたのではない。変革についての理解はむしろ文化革命的なものであった。すなわち、この変革は日常のなかで始まり、西洋的・資本主義的・家父長的・帝国的な思考の脱植民地化を内容として含んでいる。差異と少数派が承認された。サパティスタは彼らのしばしば詩的な言葉で、最もゆっくりした人の速度に合わせること(caminar al paso del más lento)、そして政治を共同のプロセスとして形づくることの必要性を強調したのであり、この共同のプロセスにおいては責任と代表が命令的委任の仕方で、「服従する統治(mandar obedeciendo)」として行なわれるのである。

サパティスタのイニシアティブは最初からメキシコ中で、さらには国際的にも、メディアにおける大きな反響と大きな支持とを得た。二〇〇一年三月一二日には一〇〇万人を超える人びとが、メキシコ・シティでの彼らの「先住民の尊厳のための行進」の最後に、EZLNの司令部を歓迎した。しかし、メキシコの政治体制における現実の変革は実行可能ではないことが判明した——この大衆動員の年に国会で可決された新しい先住民法は、単に象徴的な譲歩を含んでいただけであった。その結果サパティスタは、いかなる国家介入も許容しない自律的な地方政府の構築に注力したのであり、その試みの大部分は、蜂起の過程で大土地所有者によって放置された土地においてなされた(83)。すなわち、独自の教育システム、物理的インフラストラクチャーの集団的な維持、罰則ではなく調停にもとづく司法・紛争処理システム、集団的生産による新しい収入源の共同的な開発、独自の地方メディアなどが試みられた。その医療システムは連帯型生活様式の輪郭を示している。すなわちそれは、健康についての包括的な理解——それは身体的な問題がないというだけでなく、暮らしの包括的な良好さを意味する——をもって始まり、医師を独自に養成して伝統的な治療法を優先的に用いるという域にまで達している(84)。独自の経済構造を構築することは、たとえば土地の個人的な所有権原の拒否や畑の部分的に共同的な耕作を含意している。それは資本蓄積の利益よりも公共の福祉を優先する。統治は、代表責任者がいつでもリコールされうるような、草の根民主主義的に組織されたローテーションの原理によってなされる。メキシコ南東部におけるオルタナティブな生活様式の維持と創出は多くの問題と反動を含んだ実験的な過程であるが、これこそまさしく中南米を中心に拡がっている事例なのである。[85]

根本的にはサパティスタの反乱は、一方では(新)植民地主義的生活様式の耐えがたさに抗する多くの蜂起の歴史に連なるもののひとつである。他方でそれは、新自由主義とグローバル化によって媒介された帝国型生活様式の深化と拡大に、そして資本主義的な領域獲得とそのコストの外部化に対抗したのだった。この蜂起が北米自由貿易協定(NAFTA)の発効の日に始まったのは偶然ではない。この協定は多くの労働者、農民、彼らの利害代表者たちにとって、また環境にとって、否定的な帰結をともなっていたからである。

自然環境をめぐる帝国的な緊張関係

私たちが指摘したのは、資本主義的生産様式の社会的・生態学的な矛盾は、そのコストを非資本主義的な空間、あるいはより未発展の資本主義的な空間に外部化できるかぎりで、また労働力を劣悪な条件で価値増殖に投入することができるかぎりで処理されるということだった。まさにそこからグローバル・ノースは長いあいだ恩恵を受けてきた。グローバル・ノースはグローバル・サウスの資源を領有し、工業生産と消費に際して付随的に生じる廃棄物と排出物を少なくとも部分的にはふたたび南へと送りかえした。そうすることで、グローバル・ノースは自らの生産様式の多くの社会的・生態学的帰結を遠ざけたのである。したがってグローバル・ノースの帝国型生活様式は、社会的・生態学的に見れば排他性にもとづいている。帝国型生活様式は、すべての人びとが同じように地球の資源と吸収源を略取するのではないということを前提にしているのだ。その場合にのみ、帝国型生活様式のコストは空間的かつ時間的に外部化される。古典的な帝国主義理論に依拠して述べたように、発展した資本主義は、その生態学的な矛盾のせいで瓦解したりしないようにするためには非資本主義的な外部を、あるいは少なくともより未発展の外部を必要とするのである。

帝国型生活様式が普遍化していくにともない、工業化の始めからグローバル・ノースに付与されていた——また資本主義にとって構成的な——この外部化の可能性は消失していく。グローバル・サウスがますます工業化されるにつれて、あるいは新採取主義的な開発モデルが強化されるにつれて、社会的・生態学的なコストの外部化に自らも依存する国の数が、それゆえに経済的にだけでなく生態学的にもグローバル・ノースと競合する国の数がいっそう増大する。

化石燃料依存の生産・消費規範が普及していく傾向が資源消費だけでなく吸収源への負荷についても「成長の限界」をいまにも超えようとする時代に、プラネタリー・バウンダリーをめぐる議論が起こったのは偶然ではない[86]。帝国型生活様式——資本主義の社会的・生態学的な矛盾を処理するための前提と方法——は、その普及にともなって危機を先鋭化することが明らかになる。それとともに、グローバル・ノースの国々のあいだで、ならびにそれらとグローバル・サウスの上昇しようとする諸勢力とのあいだで、自然環境をめぐる帝国的な緊張関係が強まっていく。したがって帝国型生活様式は、紛争をはらみ暴力的な形状を帯びた国際関係の可能性を高めていくが、そうした国際関係は、グローバル・ノースによる人間的資源や自然的資源と吸収源の排他的利用が、〔グローバル・サウスの新興工業国の台頭という」地政学的・地理経済的な地殻変動によって疑問視されるときに現実のものとなる。自然環境をめぐる帝国的な緊張関係は潜在的な状態にとどまることも多いが、明白な政治的・経済的・軍事的紛争のなかでときおり爆発するのである。

今日の難民と移民の移動も同様の文脈で見ることができる。彼らの存在は、帝国型生活様式とその普及によって引き起こされた紛争に対する一種の応答である。当事者たちは自らの生存を死守しようとしているだけでなく、彼らがこれまで事後のコストだけを背負わされてきた、まさにその豊かさの分け前に与ることを試みているのである。

自然環境をめぐる帝国的な緊張関係の激化をさらに見て取ることができるのは、どの国が自らの二酸化炭素排出量をどれだけ削減しなければならないかという問題をめぐる気候政治上の闘いにおいてである。二〇〇九年のコペンハーゲン気候会議〔COP15〕はまさにそのせいで頓挫した。[87]とりわけ米国と中国は、早期に工業化したグローバル・ノースと経済成長をめざすグローバル・サウスとのあいだの競争を代理する立場にある。しかも、両国は世界最大の二酸化炭素排出国であるのだが、どちらも言及に値する譲歩へいたる心構えができていなかった。両国は、自らのエネルギー集約的な開発モデルを以下のような前提のもとでのみ保持することができる。すなわち、両国が二酸化炭素吸収源と大気とを将来的にも不均衡に多く要求することが許され、それゆえ自らの社会的・生態学的なコストを外部化することが許されるという前提である。中国が米国の地政学的・地理経済的な競争者として台頭すればするほど、また中国がいっそう盛んに石油と石炭を燃焼することによって二酸化炭素吸収源の負担過剰を促進していけばいくほど、右記の前提で開発モデルを維持することはますます難しくなり、よりいっそう対立含みになる。二〇一五年のパリ気候会議〔COP21〕の前哨戦では、中国と米国はたしかに意思疎通を行ない、それによって新しい協定への途を拓くことに成功した。ただし、その規定の拘束力は比較的弱い。その拘束力の弱さは新しい紛争を招くのであり、その経過と解決可能性は帝国型生活様式がグローバル・ノースとサウスにおいてさらに強化され普及していくのか、それとも抑え込まれるのかによって決まるだろう。二〇一七年に気候変動懐疑派の米国大統領ドナルド・トランプがパリ協定を去ると表明したのは偶然ではない。そして、ブラジルの右派新政権〔ボルソナロ政権〕がそれに続いたのである。

第六章

帝国型の自動車移動

社会主義には自転車でのみ到達できる。

ホセ・アントニオ・ヴィエラ＝ガリョ(1)

危機戦略としてのSUV走行

二〇一四年、ドイツでは三〇〇万台の自動車が新たに走行を許可された。そのうち一七・四%が、スポーツ・ユーティリティ・ビークル〔多目的スポーツ車〕、通称SUVを含むオフロード車である。SUVはオフロード車とセダンの中間的な存在であるが、オフロードで使用されることはほとんどなく、たいていは一般道でしか走行しない。割合で言うとコンパクトカーがトップで二六・四%を占めるが、それに次いでオフロード車が二〇一四年の走行許可車のなかで高い割合を占めている。そしてスーパーミニカーが一五・一%で三番目である。この順番は二〇〇八年の時点では異なっていた。すでに当時からコンパクトカーが二八・五%で走行許可車のうちで最も大きな割合を占めていたが、二番目はスーパーミニカーの二四・二％であった。そしてオフロード車はわずか六・四％だったのだ。二〇〇八年と二〇一五年のあいだに、ドイツ国内の乗用車に占めるSUVの割合は三・二％から七・二％へと二倍以上増大したのである。この間に、SUVの絶対数は一三〇万台から三二〇万台へと増えている。(2)立場が違えば、この事実に感銘を受けるか、それを憂慮するかは異なるだろうが、電気自動車とSUVの需要を比較することは興味深い。「計算では、昨年〔二〇一四年〕にドイツ人一人が電気自動車一台を購入する間に、三六人がSUVを買ったのである」。(3)

オフロード車ブームはドイツだけの現象ではない。二〇一二年に米国で走行許可された車の四九％をピックアップトラックとSUVが占めている。中国では二〇一四年に、自動車の販売は九・九％しか伸びていないのに、SUVの走行許可数は三六・四％も増大している。中国の発展が興味深いのは、最も売れているSUV上位一〇車のうち八車が国産であるということだ。その結果、外国の競争相手が占める割合が減少しているのである。中国の自動車製造会社においては、その純売上金の三分の一をSUVの販売が占めるようになっている。(4)

オフロード車とSUVのブームのうちに、帝国型生活様式とその一般化傾向がとりわけ顕著な仕方で現われている。SUVはきわめて多くの資源を使い、排出ガスも多い。SUVは「重量があり、空気抵抗を受けやすく、より大きなエンジンを積んでいる。それゆえ一般的なセダンより少なくとも二五％多くのガソリンを使う。たとえば一一〇PSのディーゼルエンジンを搭載したフォルクスワーゲンのティグアンは、一㎞あたり一三九グラムの二酸化炭素を排出する。これは、一〇五PSのディーゼルエンジン搭載の同社のゴルフが一㎞あたり九九グラムの二酸化炭素を排出することに比べれば、四〇％の違いである」[5]。さらに、SUVはその大きさゆえに、ほかの乗用車より公共空間を取る。最後に、SUVの事故の際には死亡や重傷のリスクは、SUVの運転手よりも、より小型の車に乗っていて事故にあった相手の運転手のほうが明らかに高い。歩行者にとっても、SUVと衝突する場合、重傷や致死事故のリスクが小型車との衝突よりも高くなる[6]。

目を引くのは、グローバル・ノースにおけるSUVの需要増大は、交通総量に占める自動車での個人移動が減少しているなかで生じていることである。ドイツではこうした傾向を二〇〇八年から見て取ることができる。そして、「欧州のドイツ以外の国々でも自家用車の稼働は減っており、米国では二〇〇〇年代半ば以降はっきりと減少している」[7]。さらに目を引くのは、オフロード車やSUVのブームが、気候変動問題がより大きな世間の注目を集めるようになった時期と重なっているという事実である。SUVは販売価格が高い――たとえばボルボのXC90は五万ユーロからであり、アウディのSQ7は八万九〇〇〇ユーロである。そして、レンジローバーは最も安価なものでも九万七〇〇〇ユーロである――ため、これに主に乗っているのは高収入の人たちである。SUVに乗っているのは環境意識が比較的高い社会的階層の人たちなのだ[8]。どうしたら、そのような相容れないようなことが生じるのだろうか？　グローバル・ノースにおけるSUVブームと自動車移動の相対的な意味喪失は、どのようにして説明すべきだろうか？　なぜ人びとは、自然環境や他の人びとにとっても危険であると知っているにもかかわらずSUVに乗るのだろうか？

一見すると、これらの事実に整合性を見いだすことはできない。ドゥイスブルク－エッセン大学にある「自動車研究CARセンター」によるSUV利用についての研究報告書もこの点を強調しており、そこでは次のように言われている。「近年、週末の買い物では有機栽培品や地場の野菜がますます購入されるようになっている。一方で、それらを入れた買い物袋はSUVの荷台に置かれる。しかし、SUVに乗るのはまったくもってエコな行為ではない。むしろガソリンをがぶ飲みする車だ」[9]。ところが、SUVに乗っている当人にとっては、――社会的な観点からは矛盾含みだとしても――この振る舞いはまったく矛盾しないものでありうるのだ。すでに述べたようにSUVに乗ることは、全員がそうしないかぎり、小型車に乗るよりも安全である。SUVとは、自動車に乗ることを諦めることなしに、自動車の危険性から自分と同乗者を守るための最善の方法なのだ。一方、有機栽培品を買うことでSUVの運転手は、自分と愛する人の健康に寄与することになる。もちろん、このような振る舞いは一般化できない。この振る舞いは他人の安全と生活条件を損なうからである。それゆえ、他人もまったく同じように振る舞うようになれば自らの前提が失われてしまう(そのかぎりでSUVは、第三章で見たようにステータスを示す財である)。もちろんこのことは自動車移動一般に言えることではあるが、SUV走行は自動車の帝国的な性格を先鋭化するのである。

最終的に、持続可能な発展の有名な公式をもってしても見かけ上でしか解決できない葛藤は、SUVと自動車移動の一般化不可能性のうちで顕在化する。ブルントラント報告によれば発展が持続可能で耐久性あるものとなるのは、「将来世代が自らの欲求を満たすことができなくなるかもしれないというリスクを冒すことなく、現在の欲求が満たされる」場合である[10]。ヴォルフガング・ザックスがすでに指摘しているように、この定義によって、「一義性ではなく同意獲得能力が最大化された」のだ。「持続可能な発展が応えるべきは、水、土地、収入の安定への欲求か、それとも飛行機旅行や株への要求か？　つまり、生存欲求か、それとも豊かな生活への欲求を満たすべきか？　さらに言えば、一文無しの大量の人びとの欲求か、それともグローバルな、大都市のミドルクラスの欲求を満たすべきなのか？」[11]。要するに、持続可能なものとは出来合いのものではなく、社会的闘争や交渉過程の対象なのである。そして、この闘争には一定の規則が存在する。この規則は、いくつかの課題認識と利害関心をほかのものよりも優先したり、場合によっては特定の課題認識と利害関心をあらかじめ強調して標準化したりすることさえある。こうした規則は社会関係によって大きな影響を受けており、今日の状況下では資本主義社会のジェンダー関係と階級構造から影響を受けている。その影響は日常においては新自由主義的な競争に表われているし、また、自動車、社会的地位、自由、信頼性、男らしさの強い結びつきのうちにも表われている。

見通しが悪く、さまざまな脅威にさらされていると感じる世界に対する武装手段が、ＳＵＶなのである。ドゥイスブルク－エッセン大学の研究は、ＳＵＶ運転手の認識を次のように特徴づけている。「ＳＵＶに乗っていれば、誰も私を傷つけることはできない。私は安全だ」[12]。付け加えるとすれば、このことは最近の豪雨、暴風、河川氾濫の増加についても当てはまる。そのかぎりで、ＳＵＶに乗ることはその運転手にとっての事故リスクを低減させるだけでなく、気候変動への適応という個人レベルでの戦略になる。だが、このような戦略は、適応しようとする気候変動の現象そのものを悪化させてしまう。最後に、この現象をサブステージ上での階級闘争とみなすこともできるだろう。ＳＵＶはその所有者を侵しがたい場所に連れて行ってくれる。こうして、ＳＵＶは中産階級が自らの「転落への潜在的不安」をやり過ごすための手段になるのである[13]。

自動車移動の主体性

自動車による移動と、階級・ジェンダー関係によって形成される主体は、互いに密接に結びついている。自動車が特定の主体性をもたらすこと――そしてその逆も――を示す事例は多くある。[14] その際、どのような主体が正確に問題となるかはあらかじめ決まってはいない。というのも、それは時空的に特殊な、社会を特徴づける構造の形成によって変化するものだからである。

SUVの運転手は新自由主義的資本主義における自動車移動の主体性である。安全と危険の両極化、ならびに優越性と従属《サバルタン》属性の両極化は、SUVによって路上においても先鋭化する。この両極化は、社会的両極化の増大に、そして市場と競争のメカニズムが社会のあらゆる領域へ浸透していることに対応している。さらに、自動車と運転手の主体性は単に対応しているだけでなく、互いを構成し合う。すなわち、SUVはその物質的特性のために、SUVを生み出した競争と無慈悲さとによって特徴づけられた社会関係に今度は反作用するのだ。SUVに対応するような主体性をSUVが自らもたらすことで、この反作用が生じるのである。

『南ドイツ新聞』のヤン・シュトレンメルが自分でSUVに乗って試みた実験が、この相互作用を印象深いかたちで示している。彼は実験結果を次のように描いている。「二日後、車が勝った。アウディのA9から下の方を見下ろす。私の前方左の追い越し車線にシルバーのコンビが入ってくる。もはやバックミラーを見ることはない。時速二二五キロで走っていると、後ろからの不意の出来事などというものは考えなくていいからだ。でも、私の前に一五〇キロで走っているコンビは？　私は普段けっして不満を言わないが、不満を言いたくもなる。普段はけっして使わないけれど、ハイビームのライトで「そこをどけ」という合図をコンビに送る。私はクソ野郎になった。自動車が勝ったのだ(15)」。

自動車が初めて登場した頃も、支配階級が、他者にコストを押しつけて自らの自由の欲求を十分に満たすために、進歩がもたらした新しい可能性を利用した。都市の金持ち連中は、他者に規定されることからの自由として自動車を受け取ったのだ。それは、鉄道のような交通システムに見られる時刻表、鉄道網、他者との強制的社交などからの自由である(16)。自動車は自己貫徹した産業資本主義の政治経済学に対応している。そこでは競争が、人間の付き合いにおける自然形態として現われる(17)。当時の運転手たちは無慈悲に振る舞ったのであり、そのような振る舞いが運転していない人びとのあいだに引き起こした恐怖心を見て楽しんだのである(18)。ヴォルフガング・ザックスが述べているように、「こうした独りよがりの尊大さに人びとの怒りが沸き立ったのも不思議ではない。とくに村の住民たちは、道路の修繕費や耕地の損失を当然のことながら自分たちで負担しなくてはならなかったので怒ったのである。また、この怒りが階級的憎悪と混ざり合っていたのも不思議ではない。というのも、田園や村の道を占拠し、高速で走りぬけ、農民たちを置き去りにしたのは、都市部の新興の成り上がりだったからである(19)」。

もちろん、今日の運転手たちは一定の交通規則に従っている。けれども、根本問題――「社交的な生活が脇へと追いやられ、自動車に乗っていない人びとが道の端へと追いやられることで、車の欲求を充足するためにますます多くの道路や地面の独占」が生じている(20)――は変わらずに残っている。ただし、自動車導入初期との違いは、この問題がもはや問題とみなされなくなっているということである。民衆の怒りと階級的な憎悪は鎮まり、都市と農村の環境が自動車によって規定されることはもはや疑問視されない日常となった。自動車移動の主体性は、走っている車が危険で、停車している車が場所を取っているため、子どもたちが道で遊べないことを自然なものとして受け容れている。自転車に乗っている人は、歩道上の走りにくい自転車路へと追いやられ、歩行者とぶつかりそうになるし、広告塔、木、パーキング・メーターをよけながら進まないといけない。そして、大勢の歩行者たちは自動車の波を通すために、車の騒音やガスに黙って耐えながら信号機の前でひしめきあう。だが、それらはすべて自然なこととみなされる。

日常における自動車の帝国的な性格を不問に付すという問題は、グローバルな規模でもたらされる「外部効果」を沈黙して甘受することのうちに継続している。たしかに車の排出強度は、――排出ガスのスキャンダルがあったが、それ以外にも――たびたび問題視されている。しかし、内燃機関における化石エネルギーの消費の社会的・生態学的な前提が疑われることはない。

しかも、そのような前提はけっして些細な問題ではない。石油をめぐって戦争が行なわれ、石油へのアクセスや石油のグローバルな分配は、グローバル・ノースの国家によって経済的・軍事的に支援された独裁政権によって制御されている。さらに、石油の採掘と精製は甚大な人的コストを生み出している。「労働者や住民は、化石燃料の採掘と精製によって汚染され、傷つけられ、殺されている。実際、他のあらゆる産業を合わせたよりも多くの労働者が、石油、ガス、石炭の採掘によって死んでいる。低所得者、有色人種、先住民といった人びとは、ほかの人びとよりも化石燃料の使用からより大きな影響を受けている」[21]。

石油はガソリン車の燃料だが、けっしてそれだけがガソリン車の前提ではない。内燃機関が利用可能になるためには、そもそも内燃機関が製造されなくてはならない。同じことは車体、車台、ギア、電気系統、内装についても言える。これらの車の部品はすべて原料を消費する。そして、複雑で破壊的な方法によって最終製品となり、使用可能になる。最も大切な原料は鉄鉱石、アルミニウム、銅のような金属である。その採掘がどのような危険性と結びついているかは、二〇一五年一一月五日に起きた環境災害に見て取ることができる。この日、ブラジルのミナス＝ジェライス州にあるマリアナという鉱山都市で、サマルコ社の鉱山の廃水を貯めていた二つの鉱滓ダムが決壊した。重金属を含んだ数千万㎥の泥(その量は三〇〇〇万㎥とも六〇〇〇万㎥とも見積もられていて不確定であるが、これはオリンピックのプールで一万二〇〇〇杯から二万四〇〇〇杯に匹敵する)が、その下にある谷へと流れ込み、ベント・ロドリゲス村は沈んだ。泥はドッセ川(「甘い川」という意味)へと流入し、川とその川が流れ込む大西洋岸を汚染した。この環境災害で一六人がただちに死亡し、ブラジル史上最悪の事故となった。数百人が家を失い、数千人への給水が遮断された。スイスに匹敵する広さの地域が影響を受けた。これが健康と生態系におよぼした帰結は破滅的なものである。魚がたくさんいた八〇〇㎞のドッセ川は死んだも同然になり、泥に含まれていた重金属は食物連鎖に入り込み、生態系の多様性はその大部分が破壊された。自然の河川の流れは中断され、泥は乾いてセメントのようになり、川の流れが急になってしまい、制御不能になっている。

ブラジルは中国とオーストラリアに次いで、世界第三位の鉄鉱石の産出国である。ドイツでは最後の鉱山が一九八七年に閉じられてから、鉄鉱石は採掘されていない。つまり、鉄鉱石の需要は輸入で賄われている。二〇一四年、ドイツは四三〇〇万トンの鉄鉱石を輸入している。そのうちの約五六％はブラジルから輸入されているので、ブラジルはスウェーデン（約一六％）およびカナダ（約一五％）とならんで、ドイツにとっての最も重要な鉄鉱石の産出国である。(22) そしてドイツの自動車産業は、金属原料を最終的に用いる最大規模の産業のひとつである。量で言えば、鉄鉱石は自動車産業にとって最も重要な原料である。というのも、自動車は六五％が鉄と鋼からできているからだ。二〇一四年、鉄鉱石の世界的な価格は二八％下落した。(23) 鉄鉱石輸出国は生産を拡大することで価格の損失を補塡しようとした。マリアナの鉱山業者も同じだった。事故の直前、ダムの負荷は急上昇していた。サマルコ鉱山の採掘量は「前年と比較して四〇％（中略）上昇した。市場を供給過多にするこのような戦略は、マリアナにおける鉱山廃物を大きく増やし、結果的に周辺地域の氾濫を引き起こした(24)」。

ＳＵＶの光り輝く車体は驚くべき自明性をもって公共空間を支配しているが、マリアナの大惨事はその汚れた裏側を明らかにする。それはつまり、他の場所の人びとの生活条件を破壊し、言葉を絶する苦しみを生んでいるのだ。(25) しかし、大惨事そのものとならんで注目に値するのが、この大惨事がグローバル・ノースの集団的記憶から消えていったそのスピードである。自動車移動の主体性の知覚範囲にこの大惨事が入りこんだのは一瞬だけであった。継続的に主体性を不安にすることはできなかったのである。グローバル・ノースの生活様式とグローバル・サウスの苦しみの関係が反省されることはなかった。シュテファン・レーセニッヒはこれを、「無知への普遍化された欲求」と呼んでいる。(26)

このことは、二〇世紀のあいだにグローバル・ノースで生じ、その結果、自動車移動を特定の階級における現象から大衆的な現象へと押し上げた事態の展開を背景にして理解する必要がある。これについて一九六五年のドイツ自動車連盟(ADAC)[1]の綱領はすでにこう述べていた。「自動車運転手それ自体は階級ではない。自動車運転手はますます進展する自動車の普及によって、すでに国民の大部分を代表するようになっている(27)」。

米国ではヘンリー・フォードがT型車で、諸階級を横断する現象としての自動車移動への道を切り拓いた。生産力を大きく上昇させる新方法によって(とりわけ個別部品の標準化、生産物の多様性の制限、そしてのちにはベルトコンベアーでの生産)、大量生産が可能となった。米国の自動車産業と鉄鋼産業は二〇世紀の前半に主要産業となり、労働者階級は高い組織力を誇っていた。大恐慌のあとに、この組織力は、そのときまで不当にも与えられてこなかった政治的・社会的権利を獲得するために用いられた。大恐慌の結果、米国の政治的力関係が改良主義派に有利になっていたことも好都合だった。経済・社会改革であるニュー・ディールが一九三三年に、フランクリン・ルーズベルト大統領によって実施されたのだ。さらに、第二次世界大戦での米国政府の拡張的財政政策は経済好況の基礎を生み出し、その結果、労働者階級もそれまで得ることのできなかったような分け前を得ることができた。自動車は成長のシンボルとなり、自動車産業において初めて大規模に使用された新しい生産方法が社会全体に拡がっていった。これこそ、一九三〇年代に米国で、そして第二次世界大戦後には西欧で始まり一九七〇年代まで続いた資本主義の段階が、「フォーディズム」と呼ばれるようになった理由である(28)。

［1］　ADACは、日本自動車連盟(JAF)に相当するドイツの組織であり、欧州最大の自動車連盟である。主としてロードサービスを展開してきたが、近年は長距離バス運行にも参入している。

ドイツ、より正確にはヴォルフスブルクでは、フェルディナント・ポルシェが一九三〇年にフォードの生産方法を導入した。ヒトラーからの委託もあったが、労働組合の力は奪われていたし、強制労働も用いることができた。ポルシェはフォルクスワーゲンの工場を建設し、「KdFワーゲン」(ドイツ人の余暇活動を統制しようとした「歓喜力行団(Kraft durch Freude)」の名から取られている)を製造した。ナチスの時代には一九四〇年代から、この自動車の「軍用の兄弟」[29]——キューベルワーゲン——もたしかに生産された。だが、それは第二次世界大戦後にはフォルクスワーゲンとして大量生産品となり、西ドイツの経済発展の象徴になった。「国民の車」という名称は、諸階級を横断する自動車という理念をすでに明確にしている。統計がこの点を裏づけている。一九六〇年から二〇一六年のあいだに、ドイツの自動車数は四五〇万台から四五〇〇万台へと一〇倍になったのである。[30]

事態のこうした発展のはらむ矛盾は、遠いところに速く移動する可能性が、より多くの時間とより高い質の生活の獲得を意味しないという点にある。イヴァン・イリイチがすでに一九七五年に述べているように、事情はむしろ反対である。「米国の典型的な男性は(中略)起きている時間が一六時間として、そのうちの四時間を、車を運転したり、そのために必要な財源をかき集めたりすることに費やしている。しかもこの数字は、車による移動が強制するところの他の活動に費やす時間を勘定に入れていないのである。つまり、病院や交通裁判所や自動車修理場で過ごす時間、テレビで自動車のコマーシャルを見たり、この次はもっと質の良い車を購入するために消費者教育集会に参加したりして費やす時間は勘定外なのである。自動車事故の費用と大学運営の費用はどこでもほとんど同じであり、社会的生産物とともに増大する。しかし、より示唆的なのは交通による時間の損失である。典型的な米国人は、七五〇〇マイル走るのに一六〇〇時間かけていることになる。つまり時速五マイル足らずというわけだ。運輸産業のない国々では、人びとはこれと同じ速度で自分の生きたいところへどこにでも歩いていく。しかも彼らが、その社会の時間予算のうちで交通に割り当てているのは、二八％などではなくてわずか三〜八％にすぎないのである(31)」。

より速く、より性能の高い自動車の発展は、時間の損失を技術的かつ競争的な仕方で最小化しようとする試みである。最も大きな馬力を発揮できる人は他者に依存している。他人が同様にアップグレードするので、競争がくり返しより高い段階へと発展していくのだ。ところが、時間の浪費を防ぐために速度を上げていくと、今度は一定の点を超えたところで事故の起きる危険性も同じくらいまで上がってしまう。そうすると、競争は別の形をとるようになる。より車高のある戦車のような自動車が、その運転手の安全を守るようになるのだ。だがそれは、遊んでいる子ども、歩行者、自転車に乗っている人、小型車の運転手を脅かすことになる。高速化に加えて、自動車の運転席の技術的設備が、社会的地位の問題となる。この社会的地位に応じて、(事故による)渋滞に巻き込まれたときに費やされる時間を誰が最も快適に過ごせるかが決まるのである。

ここで示されるのは大衆的な自動車移動の重大な特徴である。この自動車移動からにじみ出るのは、競争と効用最大化の資本主義的原則が日常の小さな穴にまで浸透するということである。自動車による個人の「解放」は資本主義的主体化の媒体となる。「大衆的な自動車移動主義はブルジョワ・イデオロギーの日常レベルでの完全な勝利である。それは、各人が他の全員の犠牲においてより多くの影響力を獲得し豊かになれるというまやかしの表象を基礎づけ、維持するのだ(32)」。

同時に、グローバル・ノースにおけるフォーディズム的移動には平等主義的な側面があったが、それは、社会的進歩に対するこれまで知られてこなかったような取り分を労働者階級にも与えてくれるかぎりにおいてのことだった。多くの発展した資本主義経済のフォーディズムにおいて自動車産業は主要部門となり[33]、それは多くの雇用を生んだ。自動車産業やその他の部門で達成され、生産力の発展によって獲得された収入の上昇は、より大きな豊かさを賃金労働者に保障し、その空間的移動能力を自家用車の購入によって高めることを可能にしたのである。

フォーディズムによる自動車の普及と繁栄の拡大、ならびにそれが可能にし象徴してもいた社会的参与の向上は、自動車移動の主体性形成に本質的に寄与した。新自由主義においてふたたび増大している社会的両極化はSUVの優位性を見せびらかす行為において現われるが、だからといって、それがこの主体性を変えるわけではない。むしろ反対である。〔フォーディズム的な〕平等化する次元とならんでつねにすでに現存していた、大衆的な自動車移動における競争によって、社会的両極化は正常なものとして現象する。このことは環境危機にも転用可能だろう。人びとは、自動車移動の帝国的な性格が隠蔽されることに何十年にもわたって慣らされてきた。その成果もあって、自動車によって生み出され、近年よりはっきりと可視化されるようになってきている社会的・生態学的な歪みは、問題にされなくなっていく。むしろ、自動車移動は解決策の一部として現われている。しかも、自動車の頑丈さが危機に対する個人の適応能力を高めていくにつれて、自動車移動はますますいっそう解決策とみなされるようになる。

移動、階級、ジェンダー

自動車に頼る個人的な交通(MIV)はなるほど、資本主義的生産様式に非常に適している。どちらも、社会のあらゆる領域を競争原理に沿って編成することで個人化を促すからである。とはいえ、前者の個人的な交通が後者の生産様式の不可避的な帰結であるというのではけっしてない。前者のような交通のあり方はむしろ、石油と内燃機関の利用を支持して結集した資本の諸分派が社会的な争いで勝利を収めたことの結果であり、これが結局は、石油と内燃機関に代わる——電気で動く公的な——運輸システムを多くの場所で周辺へと追いやったのだった。

ジョン・アーリは、自動車以外の運輸システムのそうした周辺化がことのほか明瞭に現われている米国でのこの社会的な争いを描き出している——「一九二七年から一九五五年にかけて、ゼネラル・モーターズ、マック工業(トラック製造)、スタンダード石油(今日のエクソンモービル)、フィリップス石油、ファイアストーン・タイヤ&ラバー、グレイハウンド・ラインズといった企業は、情報と投資と「活動」を共にするために結集していった。彼らの目標は路面電車(中略)を駆逐することにあった。これらの企業は、ナショナル・シティ・ラインズ(NCL)を含むさまざまな偽装会社を設立した。NCLはとりわけ一九三〇年代に多様な子会社と共同して、路面電車の多くの路線を買い占めた。それに続いて彼らはこれらの路線を廃止した。少なくとも四五の都市が路面電車を失った。石油と自動車に頼る運輸へと移行する戦略がとられたのである。地方の住民たちには、石油に依存する乗用車とバスを利用する以外に選択肢は残されなかった。炭素をめぐるこの共謀は米国の反トラスト立法への深刻な違反を意味した。この違反は一九五五年にようやく明らかになり、企業はシャーマン反トラスト法に違反していると判定された。とはいえ、これらの企業は軽微な罰を受けるにとどまった」。この社会的な争いの結果についてアーリは、他の交通手段に対する自動車の優越は「最終的には自然で不可避なものとみなされるにいたった」と述べている(34)。

このことはしかし、闘争の終わりを意味しなかった。一九六〇年代末の米国における環境保護運動の台頭と、ローマ・クラブによる報告書『成長の限界』〔一九七二年〕に見られるような環境・資源問題のセンセーショナルにして科学的な描写とによって、自動車移動が引き起こす生態学的な帰結と健康・衛生上の帰結もまた政治的な争点となった。そして、一九七〇年代には第四次中東戦争からその後のイラン革命へと情勢が推移するなかで石油価格が急騰したことに加え、米国における石油採掘がそのピークに達したとき、経済と社会の発展における炭素集約度を縮減するための機会が切り拓かれたかのように見えた。これに照応する、当時の米国大統領であったジミー・カーターによる計画[2]はしかし、一九八〇年代の初めにカーターからロナルド・レーガンへと大統領が交代したことに加え、石油価格がふたたび下落したことで破綻した(35)。

国家は自動車輸送の普及と標準化の過程において重要な役割を演じた。その際、ドイツのナチス国家は、自動車のみが利用することのできるインフラストラクチャーとしてのアウトバーンをつくり出したという点で、この過程の先導者であった。第二次世界大戦後には米国、日本ならびに欧州で、道路網が大幅に拡充された。一九七〇年から二〇〇六年までの期間だけをとってみても、欧州における高速道路網の長さは四倍に伸びた。これに対し、〔鉄道のような〕軌道を走る交通手段は一貫してないがしろにされるか、あるいは解体された(36)。その間に、自動車産業の利益は国民国家の諸装置とインフラストラクチャー体系のなかに深く浸透した。その結果、たとえばドイツの連邦政府は、自動車産業に対してもっと厳しい排気ガス規制を課そうとする欧州委員会のあらゆる試みに激しく抵抗しているのである(37)。排気ガスをめぐるフォルクスワーゲン社のスキャンダル［3］も、こうした現実を何ひとつ変えなかった。この会社こそまさに、フォルクスワーゲン法によって保証された特別の共同決定制度とニーダーザクセン州のもつ少数派差し止め権(あらゆる重要な意志決定における同州の拒否権)のおかげで［4］、社会の重要な諸領域における社会的・生態学的な転換へと進んでいくうえで打ってつけの会社であるにもかかわらず(38)。

自動車輸送がインフラストラクチャーと制度と個々人の主体のなかにしっかりと根を下ろしている

［2］　カーター大統領は、一九七七年に公表した「国家エネルギー計画」において国家主導による省エネルギーの促進と新エネルギーの開発を政策の柱に据えるとともに、一九八五年までに米国による石油の輸入を半減することを打ち出した。

［3］　フォルクスワーゲン社は、排気ガスに含まれる窒素酸化物の量の数値を検査の際に削減することのできる不正なソフトウェアを自社の自動車に装着していたことが二〇一五年に米国で発覚したため、同社の自動車を購入した人びととの訴訟を多くの国でかかえ込んでいる。

［4］　ドイツの共同決定法によれば、大企業は「監査役会」を設置し、その構成員の半数以上を労働者代表としなければならない。これに加えて、一九六〇年に発効したフォルクスワーゲン法は、生産場所の新設または移転に関する意志決定について、監査役会の構成員による三分の二以上の賛成を要件にしている。したがって、フォルクスワーゲンの監査役会における労働者代表は、生産場所の新設と移転に関する意志決定を阻止する権限を有する。フォルクスワーゲン法はしかも、同社の重要な意志決定に際しては株主の八〇％以上の賛成が必要であると規定するとともに、株式の八〇％以上をニーダーザクセン州が保有することを定めているため、同社の経営の基本方針はニーダーザクセン州政府の意向によって左右される。

という状態は、自動車産業のもつ権力にのみ起因しているのではない。それはまた、根本的な改造は自分たちの組織的権力にとっての脅威だと受けとめる労働者、従業員、労働組合の利害関心にも起因している。(39)これは、根深い「自動車移動の合意」と呼ぶことができよう。すなわち、自動車産業で雇用されている人びとは依然として、彼らの企業と生産物に自己を強く一体化しているように見える。このことは、フォルクスワーゲンの例が示しているように企業が危機に陥ったときにも、あるいはまさに危機に陥ったときにこそ当てはまる。なぜなら危機的な状況においては、企業共同体と従業員の献身性への訴えかけがなされ、これが広く受け容れられるからである。(40)フォルクスワーゲンの場合は明らかに、被雇用者と地域全体の安寧を数十年にわたって保証してきたコーポラティズムにもとづく労使関係が、他社との競争によって呼び覚まされ排気ガスのスキャンダルをとおして強められた自発的順応に結びついている。その結果、雇用の維持をめぐる短期的な憂慮が優勢になって、自動車産業の根本的な社会的・生態学的転換に関する本来は必要な論争が、そもそもまったく起きなくなってしまうのである。(41)

グローバル・ノースにおける戦後の大規模な自動車の普及にともない後景に退いていったかに見えた自動車移動の階級的性格は、生産の場面以外のところでもふたたび明瞭に現われてきている。このことは一方では、すでに見てきたように——こちらではSUV、あちらでは小型自動車という具合に——車両のタイプに関連している。他方で階級関係は、そもそも誰が乗用車を所有し利用しているかという問いによって明らかになる。たとえば二〇〇八年には、月収が九〇〇ユーロ未満のドイツの世帯の六四%は自動車を一台も所有していないのに対し、五〇〇〇ユーロから一万八〇〇〇ユーロの月収を得ている世帯の九三％は二台かそれ以上の乗用車を所有していたのである。(42) これに加え、走行距離も所得の上昇にともなって増加することを、オーストリア交通クラブ[5]（ＶＣÖ）が明らかにしている。その際、興味深いことに、所得の上昇にともなう自動車移動の増加の度合いは、所得上昇の度合いそのものよりも不釣り合いに大きい。こうした背景に照らして見るなら、自動車移動のためのインフラストラクチャーを国家の財政によって優先的に拡大することをはじめとする自動車移動の促進策はみな、ただでさえすでに特権を有している人びとのための政策でもありつづけているし、この政策は社会的な不平等を拡大しているのである。(43)

自動車移動の帝国型生活様式は、――すでに見たように具体的な形状においては変化しやすく複雑な――階級関係にのみ根ざしているのではない。この生活様式はまた、それ自身が同時に生み出しもしているジェンダー関係に依拠している。すなわち、自動車は男尊女卑の動機ゆえに買い求められるのである。たとえば、自動車のデザインはジェンダーのステレオタイプの再生産に寄与している。自動車はまた、押しつけがましさ、暴力、テクノロジーなどの属性に沿った男性的なヘゲモニーの形成を促す。(44) そして自動車は、労働環境の変化のせいで肉体の強さがその意義を失っていく時代において、「技術上の専門知識の有無という問題に沿って男らしさなるものを修復する」のに役立っている。(45)

これに加え、グローバル・ノースにおける自動車移動の生活様式は、機能分離の原理に則った都市開発にともなって普及していったのであり、この都市開発はジェンダー関係における不平等をいわば

［5］　オーストリア交通クラブは、生態系に見合った効率的で公正な交通体系の整備をめざして一九八八年に設立された公益団体である。

空間的に固定したのである。中産階級の住宅の大部分は、劣悪な社会的インフラストラクチャーと公共交通しか備えていない都市郊外の空間に集中する一方、雇用の機会はインナー・シティか商業地区に限られていた。そのため、長いあいだ都市の特徴をなしてきた諸機能の融合は廃棄され、賃労働とケア労働とを結びつけるのはとても困難になっている。(46) 都市開発のこうした形態は自動車移動の一般化を前提にしており、自動車移動を日常的実践として定着させ、ケア労働を犠牲にしながらジェンダー区分に特有の分業形態を促進している。「交通システムはフルタイムの生計労働に従事している男性たちのために組み立てられており、何よりも職場への移動の便宜をこそ図っている」。それに対し、非生計労働――子どもやお年寄りへの付き添い、買い物、あるいは社会的・文化的活動への参加――のための移動の必要性、生計労働と非生計労働とを両立させるうえでの前提となるインフラストラクチャー、そして生計労働に従事していない子どもやお年寄りなどの交通利用者のニーズは無視されている。(47)

資本主義的生産様式は二重の外部化に依拠していることを、アーデルハイト・ビーゼッカーとザビーネ・ホフマイスターとウタ・フォン・ヴィンターフェルトは強調した(第三章参照)。この生産様式は、商品流通を規定している等価交換の原理には依拠しないか、あるいはきわめて限られた程度でしか依拠しないような仕方で、自然およびケア労働を取得するのである。しかもこの生産様式は、それが生み出す社会的・生態学的なコストを自然およびケア労働の領域へと押しつける傾向を有している。(48) 自動車移動、それによる資源需要、それが人間と自然に対し世界規模でもたらしている甚大な損害、そして自動車移動のためのインフラストラクチャーのなかに刻み込まれているジェンダー関係の不平等性において、つまり自動車移動のもつ帝国的な性格において、外部化の二つの形態が合流している。

自動車移動のエコロジカルな近代化

最近、自動車移動のエコロジカルな近代化の傾向が目立ってきているように思える。すなわち自動車メーカーは、ますます効率的になっていく内燃機関を生産し、電動モーターやハイブリッド・モーターにいっそう頼るようになり、生態学的に見て効率的な自動運転車を開発しつつある。自動車メーカーはしかも、自社独自の自動車シェア事業所を保有し、タクシー呼び出しアプリ業界に自ら加入することによって、移動サービス事業者としての地位を確立すべく努めている[49]。自動車メーカーはこのようにして、とりわけより若い世代の交通利用者による移動行動の変化に対応しようとしている。そうした若い世代は、自家用車の所有をますます放棄することによって移動方法の「多様化」を促している[50]。自動車メーカーは同時に、移動行動の将来の発展を積極的に規定しようと試みているのである。

事態のこうした発展傾向を評価するうえでは、エコ効率を高める技術革新とエコ効果を高める技術革新とを区別することが有益である[51]。エコ効率の上昇が生じるのは、同一の生産物または同一のサービスが、技術革新によって以前よりも少ない資源と排出でもって製造または提供されうる場合である。これは交通という領域では、たとえば駆動装置の改良によって、以前と同じ距離の道のりをより少ない燃料でもって移動できるようになる場合に起きる。エコ効率の上昇は多くのケースにおいて有意義である。エコ効率の上昇はしかし、生産物とサービスの価格を引き下げることでそれらへの追加的な需要を生み出し、その結果、より高い効率がより多くの消費によって帳消しにされてしまうなら、問題を引き起こす。効率の上昇が利用コストの減少を招いたせいで自動車がより頻繁に運転されるようになるなら、あるいはまた、自動車移動で節約されたお金が飛行機による旅行に用いられるなら、そこからは全体として、より少ない環境負荷に代わってより多くの環境負荷が生じる――リバウンド効果[52]――。しかも、エコ効率の上昇においては「見当はずれの対象における進歩」も問題になりうるのであって、この進歩は「エコロジー面で革新的なオルタナティブを開発しようとする努力がそれに必要な手段を提供してくれない」ことを促してしまうのである。[53]このことは内燃機関にとくによく当てはまる。自動車に頼る個人的な交通(MIV)は、化石資源のさらなる消尽と二酸化炭素吸収源への過剰負荷にもかかわらずグローバルに勢いよく拡張しているのであって、そこから生じてくる帰結はエコ効率的な駆動装置をもってしてはほとんど補償されえないのである。

このことを背景にして、エコ効果が意義をもつようになっている。エコ効果を高めることは、単に「環境への負荷の量を減らす」[54]ことではなく、「資源とエネルギーと二酸化炭素吸収源の利用を質的に再編成する」努力を意味する。たとえば、多くの場所で国家の支援を得ながら推し進められている、自動車移動において内燃機関を電気駆動装置へと置き換えることはその一例である。ドイツの「電気による移動のための全国プラットホーム」――産業界、科学界、省庁、各種の連合会、労働組合の代表者たちからなる連邦政府のかつての諮問委員会のひとつであり、二〇一九年に「移動の未来のための全国プラットホーム」へと改編された――によれば、この置き換えにおいて重要なのは、「移動における持続可能な転換をもたらすうえで鍵を握っている事柄であり、つまりは気候と環境への優しさ、資源保護と効率」である。(55) 連邦政府は、二〇二〇年までにドイツの道路で一〇〇万台の電気自動車を走らせることをめざしている。

この目論見が実現からはほど遠いこと——二〇二〇年の初めにドイツに存在している電気自動車の数はせいぜい一三万七〇〇〇台であった(56)——を度外視するとしても、乗り物の動力を電気駆動装置へと置き換えることは社会的・生態学的に何を意味するのかという問いが立てられる。さしあたって目を引くのは、電気による移動をめぐる議論が二つの重大な矮小化を一様に示しているという点である。第一に、この議論では電気による移動が電気による自動車移動へと矮小化されている。その一方で、たとえば自動車に頼る個人的な交通（MIV）を抑制し、それを路面電車や電動バスといった電気による移動の集合的なあり方へと置き換えることは、仮に議題にあげられるとしても従属的な役割しか演じていない(57)。第二に、電気自動車の運転が内燃機関による乗り物に比して示している生態学的な利点がなるほど強調されてはいる。しかし、電気自動車の製造が生み出す生態学的なコストはあまり語られていない。こうした奇妙な状況は、ドイツの連邦政府が最近の経済危機においてドイツの自動車産業を救済しようとして用いた手法である廃車助成金[6]に顕著に表われている。この手法によって推奨されたのは、古い自動車を、燃料の消費が少ないがゆえに運転に際してエコ効率的な新しい自動車に交換することであった。環境と経済はそこから同等の利益を引き出すであろうと語られた。この交換によって、——置き換えられた〔古い〕自動車はおそらく大部分がまだ使用できたのであるから——そも

［6］　ドイツとオーストリアの「廃車助成金」については、本書の第二章を参照されたい。

そも誰も必要としていなかった〔新しい〕自動車の製造のためにどれほどの原料消費とエネルギー消費が促進されたかという問いは、提起されなかったのだ(第二章参照)。

　電気による自動車移動においては、運転にのみ焦点を絞り、生産の問題を曖昧にする傾向が、今度はエコ効果の旗印のもとでくり返されているように見える。ここで出発点に置かれているのは、電気駆動装置を備えた自動車それ自体は内燃機関をもつ自動車よりも環境に優しい、なぜなら前者は運転に際して二酸化炭素を一切排出しないからだ、という認識である。その際、すべての電気自動車は再生可能エネルギーからつくられた電力によって動くと想定されているが、このこと自体が確定的ではない。そして、たとえそうした想定が首尾よく実現されたとしても、電気自動車の製造のために必要とされる原料およびエネルギーという、この自動車の生態学的な収支決算にとって重要な問題は、なお未解決のままにとどまるであろう。

　これに加えて、電動モーター〔の製造〕において必要となるいくつかの金属の利用可能性も問題になりうる。エルンスト・シュリーフルとマルティン・ブルックナーは、たとえばプラチナの供給はそれへの需要の増大に追いつかないであろうと予測している。銅もまた不足の兆候を示している。それに対し、現時点で知られているリチウムの埋蔵量は「爆発的に増大する需要」を満たすのに十分であるとされている。しかしながらここでの問題は、需要の増加に対応するリチウムの採掘の拡大が、採掘現場となる地域での「深刻化する否定的な生態学上の帰結」とどうやら結びついているという点にある。[58] 〔金属の〕利用可能性と採取の問題はリサイクルをもってしても解決することができない。なぜなら国連環境計画(UNEP)の『金属のリサイクル率・研究レポート』によれば、「グローバルな金属利用が増大し、より長い耐用年数をもつ生産物のなかでもろもろの金属が用いられているかぎり、完全なリサイクルといえども需要のほんの小さな部分しか満たすことができない」からである(59)。「エネルギー転換」におけるこうした「素材面での前提条件」とならんで、「素材転換におけるエネルギー面での前提条件」も考慮に入れなければならないであろう。すなわち、電動モーターや風力発電設備に用いられる金属を採取するために、「再生不可能な化石エネルギーが大規模に投入されて」いるのである。しかも、鉱石に含まれる金属の成分が減少し、鉱山が不足していくにつれて、「金属採取に要する」エネルギー消費は膨らんでいく(60)。

最後に、資源をめぐる正義という判断基準が重要な意義を帯びる。資源供給と資源需要との不一致に関する計算は、資源が投入された生産物、あるいは化石エネルギーの使用によって製造された生産物がすべての人に同等に利益をもたらすわけではないという事実を隠してしまいがちである。利益を得るのはおそらく、電気自動車による移動が普及する(グローバル・ノースの)都市や地域の住民たちであろう。これと反対の立場に置かれるのが、資源の採掘が行なわれる地域の敗者たちであろう。これらの敗者たちは電気自動車による移動の恩恵を享受することはなく、むしろそれに代えて、電気駆動装置にとって必要な金属の採取が引き起こす生態系と健康の面での被害をますますこうむることになるだろう。したがって、二酸化炭素の排出削減を重要な目標としながらも、電気による自動車移動の有する素材的な次元を同時に問題視しようとはせず、そうした次元を大前提に置いたまま物資輸送と人の移動の規模のみを問いただすような交通の改革は、素材とエネルギーの節約を恵まれない人びとに対して不釣り合いに多く要求する。帝国型生活様式は克服されるのではなく、むしろエネルギーと素材の面での改革をとおして永続化されるのである。

それゆえ、キングスレイ・デニスとジョン・アーリによる次のような断定には同意せざるをえない——「自動車が生態系に与える負荷は、製造から廃棄までの自動車の利用サイクル全体と、それを支えるインフラストラクチャーの体系とによって生み出されている。これには、原料の採取、乗り物の生産、道路インフラストラクチャーの経営・維持・補修、多くの死者と負傷者の発生にともなう病院のコストや情緒面でのコストなどが含まれる。ドライバーたちはこれらのコストのすべてを負担するわけではない。なぜなら、そうした生態学的なコストと医療面でのコストは、乗り物の価格のなかに含まれていないからである(61)」。

したがって、自動車移動の「エコロジー化」という、市場の形態を帯びつつテクノロジーによって固定された右記のような戦略の核心をなしているのは、帝国型生活様式におけるひとつの中心的な領域を選別し、その領域をエコロジカルに近代化することをとおして、この生活様式を存続させようとする試みにほかならない。道路のこれ以上の建設をいかにして避けるか、あるいは道路をいかにして縮減するか、ひいては本当に必要な道路を可能なかぎり社会および環境と両立可能な仕方で残しておくにはどうすればよいかという決定的に重要な問いは、「交通改革」をめぐる有力な議論の内部では提起されることがほとんどないのである。このことは、右の問いへの答えがエコ効率によってもエコ効果によっても与えられないというかぎりでは不思議ではない。むしろ、それらの重要な問いに答えようと思えば、移動をめぐる問題をより広い社会的な文脈のなかで、かつまた足るを知る(Suffizienz)という観点のもとで、主題化しなければならない(第八章参照)。しかしそのためには、帝国型生活様式とそれの基礎にある社会的関係および主体化の形態そのものを問題にせざるをえないだろう。

第七章 偽りのオルタナティブ——緑の経済から緑の資本主義へ？

緑の経済は偽りの解決策である。なぜなら、どう見ても緑の経済は環境破壊的で、収奪的であり、エネルギー集約的な現在の経済に対抗するものでないからである。緑の経済の仕組みは、それによって生み出された交換価値が現在の経済を補完するものとなり、この経済と緊密に結びつくような仕方で構想されているのだ。

カミーラ・モレノ(1)

第二章の冒頭で考察したように、生態系を破壊する経済のあり方と政策は近年では危機の多様な現象を前にますます問題視されるようになり、社会的・生態学的な転換の、いやそれどころか「大転換」の必要性に直面させられている。しかし以下で私たちが主張したいのは、いわゆる「新しい批判的な正統派」においては、すなわち転換に関する現在の論争の主流派においては、支配関係を生む資本主義のダイナミクスや力関係についての分析が曖昧になっているということである。私たちに言わせれば、まさにこのダイナミクスと力関係こそがもろもろの危機の第一の原因をなしているにもかかわらず、無視されているのだ。

これまでの章で行なってきた帝国型生活様式についての考察をふまえて、以下ではまず、転換をめぐる近年の論争や「緑の経済」を批判していく。次に一歩進んで、緑の経済とその文脈で展開されている政治的・経済的な戦略とをヘゲモニー理論の観点から吟味したい。「新しい批判的な正統派」がここでの関心の対象になるのは、彼らが用いる概念が現に問題になっている事柄に適したものであるかという観点からだけではない。むしろ私たちが問いたいのは、「新しい批判的な正統派」において重要な問題が抜け落ち矮小化されてしまうことで、どれほどまでにこの「正統派」が、きわめて排他的な仕方で進行するエコロジカルな近代化の一契機になってしまっており、――あるいはグラムシに従って言えば――「緑の資本主義」の有機的知識人のフォーラムに成り下がってしまっているかということなのである(2)。

私たちの印象では主流派の転換論においては、支配的な言説に接続可能でありつづけることが、そして経済的・政治的エリートをうろたえさせずに、社会的・生態学的な改造をこうしたエリートにとって可能なかぎり有用なものにすることが主な関心事となっている。しかしまさにこのことによって、そうした社会的・生態学的な改造は自由主義的近代化のプロジェクトの枠内にとどまることになるだろう。このような事情に抗して、対立を恐れることなく、いったい誰が現行の諸関係において得をしているのかを明確化しよう。得をするのは、政治的・経済的エリートに加えて、帝国型生活様式に埋め込まれた欧州の人びとの大部分であり、世界中の中産階級にほかならないのである。

そこで、以下において私たちはまず「緑の経済」の構想と、それに対してなされた批判とに取り組む。次いで私たちは、新しい資本主義的な構成体への移行――この構成体の枠内では、激化する社会的・生態学的な矛盾への対処が支配を温存するような仕方でのみ行なわれる——が現時点でどれほど見いだされるかを検討したい。最後に、解放的なオルタナティブはいかなる点から着手されうるか、そして浮かび上がってきている資本主義の限界を社会的・生態学的な転換はいかなる点で突破することができるのかを明らかにしよう。

「緑の経済」への批判

現在の多様な危機をさらなる近代化への機会とみなす戦略が、過去数年間にたくさん公表された。これらの戦略を提唱する人びとに共通しているのは、経済を緑化することで、社会的・生態学的に見ても経済的にも好ましいウィン・ウィンの関係がもたらされるだろうという想定である。国連の環境対策プログラムの重要な報告書によれば、「経済を緑化するというのは根本的には、経済成長へのブレーキではなく、むしろ新しい経済成長製造機なのである。(中略)経済の緑化は新たな雇用の場を創出する(中略)だけでなく、持続する貧困を克服するための重要な戦略でもある」(3)。OECDの見立てでは、経済の緑化とは「イノベーションと危機回避という二重の戦略」である(4)。さらに、ドイツ連邦環境省のためになされた或る研究は、経済の緑化によって喚起される投資(たとえば建設業)を通じて、野心的な気候政策は従来の小規模な歩みに比べてより大きな経済成長をもたらすことを強調している(5)。

緑の経済についての模範や戦略が拠って立つ前提によれば、真のイノベーションは「市場」を前提にしたものであり、市場には適切な秩序の枠組みを与えておきさえすればいいという。国家は効率的な市場のために規則を設けて、市場の最悪の歪みや危機に対する、つまり「市場の機能不全」に対する処置を行ないさえすればよい。こうした場合、陰に陽に前提とされているのは、実施しなくてはならない資源消費の絶対量の削減と排出物吸収源の負担の軽減が、帝国型生活様式と資本主義の政治経済とそれらを支える社会的力関係を疑問に付すことなしに可能であるという想定である。トマス・フアトイアー、リリー・フーア、バーバラ・ウンミュースィヒが緑の経済戦略の基本的な前提を批判して述べているように、「経済合理性は環境政策や気候政策に反対するものではもはやなく、むしろ経済合理性は環境政策や気候政策を促進するのだ」[6]。緑の経済という——その推進者によれば進歩的な——概念によって、自然を価値増殖のために投入するうえでの新段階が導入される。緑の経済の想定では、自然の多様性に価格が付与されれば、現存の経済はいままで通りでありつづけることができる。資本主義的生産様式の「外部コスト」はその内部で取り返されるべきであり、専門用語で言えば「内部化」されるべきだということになる。そうすれば、こうしたコストをそもそもなくすための強力なインセンティブが生まれるだろう。「炭素に値札を」が新しいスローガンとなる。二酸化炭素は「二一世紀の通貨」[7]になる。これは、二酸化炭素がどんな条件下で排出され、その排出がどのようにして回避されたり抑え込まれたりするかを度外視することに等しい[8]。

この考えによれば、誰もが得をすることになるという。たとえば、利潤を生む新しいビジネスの領域を開拓する企業はその恩恵を受ける。新しいビジネス領域とは環境にほかならず、環境はいまや単に利益を生むだけでなく、価値増殖過程へと持続的に投入されうるものである。あるいは、こうした企業の従業員も恩恵を受けるだろう。彼らは、環境に負荷をかけない有意義で未来志向的な仕方でもって自分の収入を得ることができるとされる。それがグローバル・ノースにおけるイノベーティブな部門の緑の仕事(green jobs)を通じてであれ、グローバル・サウスにおける二酸化炭素吸収源の持続可能な管理においてであれ、ともかく恩恵がもたらされるというのである。

こうした考えに対しては、経験的に基礎づけられた疑念と理論的に基礎づけられた疑念の両方を突きつけることができる。(フェミニストの)社会学者たちは、緑の経済や緑の転換の戦略が用いる「労働」の概念があまりにも狭いものであることに注意を向けている。そうした社会学者たちによれば、この労働概念の中心にあるのはあくまでも生計労働だけであり、それがエコロジカルな仕方で近代化されさえすればよいのだと想定されている。こうした疑念によれば、緑の仕事はしばしば労働協約上のグレー・ゾーンで生み出されており、そこでは労働者にわずかな安定性しかもたらされないという事実を、緑の経済は無視している。しかしそれだけでなく、ケア労働の領域は、「人間的な生活と共生の中心的な基礎」(9)をなしているにもかかわらず考慮に入れられていない。さらに、グローバル・サウスにおける雇用についてファトイアーが述べるように、緑の仕事の政策や構想は、グローバル・サウスの先住民社会を「生態系への奉仕者」に還元することで、こうした社会を極端に道具視するのである(10)。

緑の経済が見落としているのは、生態系が破壊されるのは生態系の喪失を数量化する値札が付いていないからではないという点である。生態系が破壊される原因はむしろ、そうした生態系の領域に生きている人びと(多くが小農民や先住民社会の人びと)の人権が構造的に蹂躙されていることにある。彼らの取りもつ独特な対自然関係は、「外来の利害関心によって土地使用への決定がなされたとたんに無視され、抑圧される。このことをよく示しているのが、地域社会と大企業――こうした大企業はしばしば国家の機関によって支援されている――とのあいだの土地使用に関する無数の紛争である」[11]。グリーンな領域獲得と、生態系による作用および労働力を価値増殖のために投入する緑の経済戦略とによって、――まさにこうした戦略は自然を守ると自称しているにもかかわらず――自然保護のための先に述べた前提が脅かされることになる。

緑の経済戦略がないがしろにしていることをもう一点挙げよう。それは、社会的・生態学的なコストの外部化が単に「市場の機能不全」を意味するわけではないということである。資本主義的生産様式とこれに照応する帝国型生活様式は、「否定的外部性」を構造的に生み出しがちである[12]。こうした外部性を内部化するということは、自然の複雑なあり方を「単純で物神化されたカテゴリーへと、すなわち自然資本へと」還元してしまうだけでなく、「社会や自然において相互依存する多くのものは価格という形式においては表現されえない」という事実をないがしろにする[13]。なぜなら緑の経済の戦略においては、環境にやさしい経済活動へと人びとを促そうとするあまり、自然によって担われているものを貨幣量で表現することになってしまうからである。

「ビオ経済[14](Bioökonomie)」という形で具体化された緑の経済戦略や模範についても、まったく同じことが言える[1]。公式の見解では、ビオ経済は「経済とエコロジーを知性的なやり方で」結びつけ、「ビオで持続可能な経済成長を可能にする。ビオ経済は再生可能な資源を科学を用いて生み出し利用することであり、それによってあらゆる経済部門において生産物、生産工程およびサービスが、イノベーティブな経済システムのなかで供給されることになる」[15]。ここで言われているのは具体的には、再生可能なビオ資源を生産・利用し、ゴミを有効活用するということである。ビオの素材こそ、よく売れる生産物へと加工されるべきであり、価値創造の連鎖ではなく価値創造の循環がもたらされるべきだとされる。農業や林業、漁業、工業やサービス業は、持続可能な原料を用いた適正な技術にもとづいて営まれるべきだというわけだ。その際に重視されるのは、たとえば食糧品生産、住宅建築、都市開発や養殖などである(16)。また、ビオ経済への投入物は、バイオマスや、現存する再生可能なエネルギー源、たとえば太陽光、風力、地熱エネルギーであり、さらにはサトウキビ、パーム油などである。欧州委員会やドイツの連邦政府はこうした再生可能エネルギーをめぐる論争を先導し、それによって新たな経済成長を推し進めることを望んでいる(17)。

ヨーロッパ大陸は希少資源に依存しており、その利用可能性や価格が今後変動するという事実がヨーロッパでの議論を駆りたてている。しばしば耳にする見解によれば、この場合に焦点となるのは、資源希少性と人口増大をともなう世界において豊かさをどうやって維持するかという問題である。侵食され破壊された「自然資本」が回復されなければならない。さらに、気候変動に対する闘い、世界的な飢饉や世界的な人口増加への闘い、そして経済成長、競争力、豊かさの維持などが根拠として挙げられる(18)。

ドイツのビオ経済論争の代表的人物が、ラルフ・フュックスである。彼の有名な著書——その副題

［1］　ドイツでは「ビオ・マルクト」等、ビオ商品(一定の条件を満たしたものにのみ「ビオ」という表記が許可される)を扱うチェーン店が多くあるほか、「ビオ」は日常用語にも浸透しており、ビオ・ビール、ビオ卵、ビオ大麻などの形で用いられる。以下の訳文では、日本語で「バイオ」という表記が定着しているもの(「バイオマス」、「バイオ・テクノロジー」等)を除いて、基本的に「ビオ」と表記する。

によれば、同書の対象は現在進行している「緑の革命」である——においてフュックスは、「生物学的なプロセスや資源の技術的利用」として理解されたバイオ・テクノロジーが新しい主導的な科学となるべきだと宣言している。[19] 資源の生産性(環境効率性)の向上に加え、堅実性(Konsistenz)という循環原理への適合を通じて、経済成長は自然の消費からデカップリングされるべきだとされる。しかもそれは、自然の消費が単に相対的に減るという仕方によって——つまり国内総生産の成長よりも緩やかに上昇するという仕方によって——ではなく、絶対的に減少すること(絶対的デカップリング)によってである。これが、フュックスの言葉で言う「スマートな成長」だというわけである。フュックスの見立てでは、こうしたスマートな成長は望ましい目標というだけではなく、少なくともドイツではすでに現実に存在している傾向だという。ここでフュックスがどの程度、成長神話——これは一九六〇年代の緑の革命の資本主義的な近代化戦略において、グローバル・サウスの国々で数えきれないほどの小農民の生活を破壊した——の罠にかかっているかは、ひとまず措くとしよう。

事実として言えるのは、資本主義的関係のもとで自然の消費を成長から絶対的に切り離すことができるという想定は、単なる無謀な願望にすぎないということである。マテリアル・フットプリント——「成熟した経済が資源負荷の高いプロセスを外部化すること」を可視化する消費指標——を使って、資源消費量と排出物吸収源の利用とを計算するなら、少なくともこのことははっきりとわかる。[20] マテリアル・フットプリントの指標は、具体的には一国で消費される財の資源量を測定するが、その際には、財に投入される資源(金属など)およびこうした財の生産に必要な資源(水など)、さらには生産過程で生じはするものの最終的に出来上がった財においてはもはや見いだされない資源(廃棄物など)

を考慮する。一国のマテリアル・フットプリントとは、輸入した資源相当物資の量と自国内で採取される資源の量の合計から、輸出した資源の量を差し引いたものである。マテリアル・フットプリントを用いた計算によれば、多くのOECD諸国においては、経済成長からの自然消費の絶対的デカップリングは言うまでもなく、資源の生産性〔相対的デカップリング〕にもほとんど改善が見られなかった。むしろ、マテリアル・フットプリントは国内総生産と歩調を合わせて成長しているのだ。[21] 緑の革命は、社会的・生態学的なコストの外部化の問題をこれまで放置してきたのである。

ここまで見てきた論争のもつ根本的な問題点は、それが国家と資本主義社会についての概念を欠いているということである。こうした論争の担い手たちは、市場や国家は中立的な制度ではないということに考えがおよんでいない。市場は単に資源を効率的に分配するための審級ではない。国家も、義務となる規則を立てたり共通の問題を解決したりする、社会的な利害対立を超越した装置とみなすことはできない。国家の核心は社会的な支配関係にある。そうした支配関係は、労働組合の保護のない流動的な労働市場にいる賃金生活者や、社会国家の監督にさらされている長期失業者だけが経験するものではない。市場は格差構造にもとづくものであり、しかもこの構造を再生産する。それによって市場は人びとの生きるチャンスを決定づけてしまう。そして国家は、社会的な対立・論争がきわめて非対称な仕方でくり広げられる領域なのであって、この領域においてうまく表出され普遍化されうるような社会的利害関心は、制度の硬直性や資本主義の構造的強制に少なくとも根本において合致しているものだけなのである。

自動車会社を接収し、それを持続可能な交通の提供者へと民主的な制御のもとで転換することを提案する社会集団や政党が、たとえば既存の政治的な諸制度の内部で自らの意見を通そうとしたとしよう。すると彼らは、先に述べた国家と市場のあり方を苦々しく目の当たりにすることになるだろう。こうした集団や政党の希望がいかに重要で正しいものであるとしても、資本主義国家という装置のもとでは右記のような提案内容を実行することはもちろんのこと、こうした希望をもとに交渉をすることすらできないのである。これに対して、内燃機関から電動モーターへの転換を通じて自動車移動をエコロジカルな仕方で刷新するという要求については事情が異なる（第六章参照）。ドイツのそうした自動車メーカーやその顧客ですら、化石燃料を使った車に乗って猛スピードで走る快感などというものが環境政策と資源政策の面から見て早晩過去のものになることをぼんやりと予感できるだろう。国家は電気自動車の販売助成金制度を設けることによって、こうした予感にもとづく認識の進展をそれなりに有意義な仕方で促す。国家がこうした対策をとるのは、国家が課税政策・労働市場政策・産業政策の面で自動車産業という基幹産業に依存しており、こうした基幹産業の長期的な競争力を、この産業の代表者たちが固執する短期的な視野から救い出すためである。こうして国家は、国家固有の方法と国家のうちで制度化された強制力とを用いて、社会的な利害関心の構築に影響をおよぼすべく働きかける。こうした働きかけがめざすのは、強力な特殊的利害の抵抗を一貫して排除し、転換を断固貫徹することで、支配の形状を帯びた現在の体制を維持することにほかならない。

近年では、こうした緊張をはらんだ力学から「緑の資本主義」という新しい構成体が生じてくる兆しがしばしば見られるようになってきている。「緑の資本主義」には、緑の経済や大転換を政治的に、また学問的に構想してきた人びとの想像していたウィン・ウィンの関係と共通するところはあまりない。というのも、資本主義のもとでは環境政策や社会構造政策が経済や社会を根本から社会的・生態学的に作り直すのは不可能だからである。もちろん、転換をめざす環境政策と社会構造政策が不可欠であることははっきりと認識されているし、こうした政策が官庁や議会や政党内でこの問題にコミットしている多くの人の関心のうちにあることも確かである。にもかかわらず、こうした政策は構造的な限界に必ずや行き当たる。こうした政策や政策の根底にある転換の構想なしには、つまり緑の経済やビオ経済のもとでは、多角的な危機のなかで顕在化しつつある資本主義の社会的・生態学的矛盾に、どの程度効果的であるかはともかく、いかなる場合にも社会的・空間的にきわめて排他的な仕方で取り組むことしかできないのだ。以下では、緑の資本主義の蓄積レジーム——これは生物物理的な生活の基礎の破壊をきわめて限定的なやり方で阻止しようとする——へと向かうそうしたダイナミクスを分析してみることにしよう。

価値増殖のための利用、外部化、受動的革命——緑の資本主義？

第二章で私たちが強調したように、資本主義的な対自然関係のもつ破壊的な性格だけでなく、その変容能力にも着目することが重要である。マルクスとの関連で論じたように、資本主義はそれ以前の生産様式とは違って、永続的な変容を通じて初めて維持されうる。このことは現代の状況においても観察できるものである。

資本主義的な価値増殖のための自然利用が意味するのは、破壊だけではない。資本主義的な価値増殖のための自然利用は、むしろ自然の維持さえも資本主義的な価値増殖の前提とするのである。たとえばこれは、（レギュラシオン理論から影響を受けた）「ビオ資本主義」[22]や「ポスト・フォーディズムの対自然関係」[23]といった概念の核心をなす考えである。これらの概念は、資本主義的な対自然関係のもつ破壊的性格だけでなく、転換や適応の可能性をも視野に入れている。それらは、たとえばジェーソン・W・ムーアが提示したような危機の診断から出発する。ムーアの想定では、生態系の剰余には減少傾向が見られるが、資本主義社会にとってこうした傾向を抑制するという選択肢はもはや残されていない[24]。ムーアによれば、現代資本主義は「廉価な自然の終わり」に直面している。つまり現代資本主義にとっては、労働、食糧、エネルギーあるいは原料といったものを無料ないしほぼ無料に近い値段で獲得する見通しは消えかかっているのである。これらの四つのビッグ・インプットの価格上昇によって表現される「獲得のピーク」は、生産コストを上昇させると同時に利潤率を低下させる。こうした事態は、たしかに短期的には新自由主義的資本主義や金融資本主義の「チープ・マネー」によって軽減されるかもしれないが、長期的に見るなら、負債によって駆りたてられる戦略でもって価格上昇――とりわけエネルギー価格の上昇――に対処しようとしても、そうした戦略が成功する見込みはほとんどない。

レギュラシオン理論の観点から見てみると、資本主義におけるエコロジー危機は別の様相を呈する。レギュラシオン理論は、資本主義がはらむ生態学的な根本矛盾の激化を無視しないし、資本主義的な社会化のメカニズムを用いても長期的にはこの矛盾を除去できないという現実を無視しはしない。むしろレギュラシオン理論が問うのは、資本主義を空間的排他性と時間的限定性のもとでどの程度まで、いかにして生態学的に安定させられるかということである。こうした問いを立てることは学問上の仕事であるにとどまらない。それはむしろ、資本主義の生態学的矛盾のとる特定の現象形態を理解し、進歩的なオルタナティブのための出発点を突きとめるための前提条件なのである。

レギュラシオン理論の見方によれば、資本主義の社会的な対自然関係は、それが根本的に連続性をもっているにもかかわらず、時間と空間における断絶によって特徴づけられ、この断絶のなかから自然領有の新たな形態が姿を現わしてくる。こうして、バイオ・テクノロジーの発展にともない新しい遺伝学的な資源が創出されることになる。遺伝学的な資源は、資本の特定の領域、たとえば種苗産業や医薬品産業にとっては非常に重要である。この資源は、それらの使用が物質的な変容や破壊をともなうものではなく、むしろ相当程度の保護さえも必要とするという意味で、化石燃料のような資源とは違う。価値増殖への利害関心は、こうした遺伝学的な資源の物質的な特質やエネルギーとしての特質にではなく、それがもっている情報に焦点を合わせている(もちろん、ひとたびこの情報が獲得され価値増殖過程に投入されるなら、資源保護への関心はたちどころになくなってしまう)。この事実から資源保護の要求が生じることになる。クリシュトフ・ゲールクが述べるように遺伝学的な資源に関しては、「自然保護は(中略)もはや自然の資本主義的利用に対立するものではなく、むしろ価値増殖のための自然利用における内在的要素となる」[25]。

目下の多重の危機においては、価値増殖への利用のこうした形態は有意義なものとなっているように見える。このことについては、たとえば最新の分析や論争が示唆的である。ここでの分析や論争においては、「グリーン・グラビング(green grabbing)」〔自然保護という名の領域獲得〕という概念を用いながら、環境政策やエネルギー政策の枠内において非資本主義的な領域を資本主義的な価値増殖へ投入する過程が描写される[26]。これには、二酸化炭素の吸収源および生物多様性の貯蔵庫としての森林を保護する試みのように、生態系による貢献に対して支払いをすることが含まれる。そのお金は自然利用の機会費用にあてられるのであり、経済的に見れば利益を出しはするが生態学的観点から見れば破壊的であるような仕方で生態系を利用するのをやめることに対して、弁済をするものである[27]。しかし、緑の資本主義における蓄積レジームの機能作用に対する支出の効果は、慎重に評価すべきである。なぜなら、こうした支出は価値創造の新たな形態に対して、せいぜいのところ間接的にしか貢献しないからだ。得られた収入がもし仮に農林業や鉱業の生産物をエコロジカルな仕方で近代化するために費やされるのであれば、価値創造の新たな形態に貢献するかもしれない。しかしそうならない場合には、排出権取引の場合と同様に、このインセンティブはたかだか、過剰蓄積された資本を投下するための短期的な可能性を生むにすぎない。ところが、そうした相殺取引が機能するか否かは生態学的に見て破壊的な帝国型生活様式の克服ではなくその存続に依存する以上、最悪の場合には、経済的なリスクだけでなく生態学的なリスクをも内包するような投機的(金融)市場の新しい部門が発達することになる。帝国型生活様式がもし仮に存在しなくなれば、取引するものはもはやなくなってしまうであろう。それゆえ、環境負荷を減らすためのインセンティブとして構想されたはずの相殺取引市場は、自らの経済的な成功を(エコロジカルな仕方で近代化された)帝国型生活様式の恒常化に依存している諸勢力が放つ影響力を制度化してしまうのである[28]。

しかしながら、生態系による貢献への支出が経済的・生態学的な面で与える影響がかなり疑わしいとしても、それはこうした支出の一側面でしかない。ヘゲモニー理論の観点から見て同じくらい興味深いのは、こうした支出のもつ象徴的な次元である。私人と企業の消費様式や生産様式が責めを負うべき環境破壊が、さまざまな相殺取引という形状でもって免罪されうるなら、このことは、自然が原理的には代替可能だという確信を確固としたものにしてしまう可能性がある。すなわち、ある場所での排出は、別の場所で植林をすることで弁済されうるというふうに。あるいは、高速道路のジャンクション建設のために何らかの生態系が破壊されたとしても、それはどこか別の場所で回復されるというように。あるいは、誰かが休暇のために飛行機に乗ったとしても、あとで植林に金を出して、そこで植えられた木が生育するにつれて飛行機からの排出分を帳消しにすれば、飛行機に乗ったことについて生態学的な観点からとやかく言われる筋合いはないというわけである。「自然資本」は資本ストックが全体として発展するかぎり弁済可能であると考える新古典派的な環境経済学は、こうして常識のなかに忍び込んでくる。

それればかりではない。生態系による貢献への支出は、支出を受け取る国々において主体の立場を狂わせ、社会的な力関係を変容させる。トマス・ファトイアーは、アマゾンにおける森林保護機構[29]（REDD＋）をめぐって、新しい広範囲の社会的連合がどのようにして形成され、しかもREDD＋がヘゲモニーを握りながらエコロジー問題が市場に適った仕方でどのように処理されようとしているかを描写している。これらの連合によって、先住民共同体はまったく異なる商業の論理へと統合されてしまうのである。この場合、先住民共同体の経済的実践が維持されうるかどうかは、「それがREDD＋の構想に結びつけられるか否か」にますます依存するようになる。[30]キャサリーン・マカフィーはこの事態を「包摂的新自由主義(inclusionary neoliberalism)」や「新自由主義的な環境保護(neoliberal environmentalism)」と名づけている[31]。ここに見いだされるのはその本質から言えば、「囲い込み」の新たな形態にほかならない。こうした囲い込みは合意と強制にもとづいて、言い換えれば対立する行為主体を周縁化することにもとづいて、経済的な目標と生態学的な目標の両方を同時に追求している。この囲い込みにおいて〈あれか・これか〉の関係にあるのは、もはや経済とエコロジーではなく、むしろ市場によって駆りたてられたエコロジカルな近代化とそこから排除される人びとの社会権なのである[32]。

生態系による貢献への支出に際して問題になるのは、いわゆる自然資本の維持あるいは代替であり、これに結びついているのが、社会的・生態学的に見て破壊的な生産規範や消費規範をヘゲモニーによって固定化することである。この固定化に、経済的な価値創造に対してそれが果たす貢献よりも高い評価が与えられるとすれば、以下で考察される価値増殖過程への投入の第二の形態は価値創造に直接的に貢献することになる。この第二の形態において価値増殖過程に投入されるのは、自然というよりもむしろ建造環境である。デヴィッド・ハーヴェイによれば建造環境とは、不動の人為的構築物の総体であり、それらの構築物は一体となって普遍的な生産条件や消費条件を形成する。言い換えれば、こうした構築物は固定資本として生産過程に投入される。「工場、ダム、オフィスビル、作業場、百貨店、街路、鉄道、港湾、発電所、上下水道施設、学校、病院、駐車場、映画館、レストラン――こうした建造環境には枚挙にいとまがない[33]」。

エネルギー供給のためのインフラストラクチャーという形態の建造環境は、今日の社会的論争の中心的な主題となっている。ドイツの「エネルギー転換」のなかには、このことを直観的に示す事例が数多くある。再生可能エネルギー法の帰結として、分散的な設備が設置された。こうした設備は化石燃料発電や原子力発電の集権的構造を弱め、それらの経営主体を存続の危機へと陥れるものである。再生可能エネルギーはこれらの経営主体にとっては、それが――程度の差はあれ――無料であり、しかもいたるところで手に入るという点で問題なのである。[34]再生可能エネルギーが無料で手に入るという事実を、エネルギー経済にかかわる大企業も何ら変えることはできないが、エネルギーの供給形態については事情が異なる。なぜなら、エネルギー供給は集権的な形態も、分散的な形態もとりうるからである。そして、まさに今日このことをめぐってドイツのエネルギー政策上の対立が起きている。分散的施設への助成が打ち切られ、大規模なオフショア風力発電地帯や新しい送電線についての計画が推進されている。この状況のもとで、伝統を有する有力なエネルギー経済業界は存続の危機を攻勢へと転換し、新しい場へと進出することに努めている。その新しい場というのは、社会的・政治的な闘争の結果として、あるいは再生可能エネルギーのもつ物質的な特殊性のゆえに、これまではそうした経済業界に対して門戸が閉ざされていたような場所である。こうして、エネルギー部門における資本主義的な領域獲得の試みが問題になるのである。

うまくいけば、インフラストラクチャーへの必要な投資によって、主要な社会的領域における環境危機やエネルギー危機への対処がなされるかもしれないし、それは相当程度の価値創造の可能性を秘めており、経済危機への対策に資することにもなる。[35]帝国型生活様式はそれによって、根本的に問い直されることなしに近代化されるかもしれない。エネルギーの消費量がそれほど減らないのであれば、帝国型生活様式の社会的・生態学的なコストの外部化が単に別の領域へと転移するだけに終わるであろう。それはたとえば、化石燃料の資源(こうした資源を用いつづけるための激しい闘いも依然として続くわけだが)や二酸化炭素の吸収源といった領域から、銅やレアメタルのような金属の領域——これらの金属はグローバル・サウスの採鉱場で産出され、グローバル・ノースにおいて再生可能エネルギーのためのインフラストラクチャーで消費される——へと外部化が転移するという形態で生じる。[36]

緑の資本主義の契機となる価値増殖過程への投入の第三の形態は、土地収奪(land grabbing)である。これは、広範囲の土地——こうした土地は往々にして、これまで「価値のないもの」とみなされてきた——を国内のあるいは外国の投資家が購入したり賃借したりすることを指す。こうした企業はしばしば、当該の土地の占有関係が未確定であることにつけこむ。土地収奪はエネルギー政策上の目的にも役立ちうる。たとえば、土地収奪によって獲得された土地でバイオ燃料が栽培されるときなどがそうである。昨今ではバイオ燃料について激しく議論されているにもかかわらず、グローバル・サウスに属する多くの国でのバイオ燃料の生産は爆発的に増加している。小農民は、どんな植物が生産されるかにより、契約農業を介して「バイオ燃料プロジェクト」に組み込まれるか、[37]あるいは(暴力的に)追い払われるかのどちらかである。[38]もちろん、ここで経済的目的だけでなく生態学的目的が達成されることになるのかどうかはきわめて疑わしい。しかし、ここには事態の或る展開が示唆されている。この事態はバイオ燃料の生産にとって重要であるにとどまらない。むしろそれは、帝国型生活様式の内包する矛盾が、帝国型生活様式のエコロジカルな近代化を通じて現行の支配形態に適う仕方で加工される可能性を示唆している。すなわち、エネルギー供給がエコロジー危機とエネルギー危機の影響で、化石燃料ではなく、継続的に再生されるバイオマスにますます依存するようになる場合、土地への投資は将来志向の戦略であることが判明するのである[39]。新興工業国における肉消費の増加や、食糧安全保障についての言説が描く人口増加の予測などが、こうした推測を補強してくれる。

私たちの観点から見るなら、緑の資本主義という隠れ蓑の背後で行なわれる価値増殖のための自然利用の新しい諸形態が興味深いのは、(多様な仕方でではあれ)これらの形態が、多角的な危機の、とりわけ経済危機やエネルギー危機の震源地で始まっているからである。価値増殖のための自然利用における新形態の謳う約束は、「受動的革命」を意味している(第二章参照)。すなわち、「この革命」では社会的力関係や優勢な生産・消費規範が転換されるとはいえ、根本的な権力・支配関係自体は問い直されないのである。たとえば価値増殖への土地の投入に関しては、産業資本と金融資本の関係における新展開が、すなわち「蓄積の枢軸[40]」が見いだされる。これは、より拡大された再生産に資するかもしれない。こうした観点から、二〇〇七年以降の農地の金融化についての研究において、マドリン・フェアバーンは「実体経済への回帰」という診断を下している[41]。それによれば、たしかに投資家たちは農地の交換価値に関心をもち、気候変動、エネルギー危機、発展途上国における肉消費量の増加、そして人口増加を背景に、土地価格の上昇をあてこんでいる。とはいえ、都市の不動産とは違って、農地においては交換価値と使用価値を相互に区別するのは困難である。「なぜなら、土地そのものは価値を創造する経済活動のための本質的な基礎なのであって、こうした活動が行なわれるための場所であるにとどまりはしないからである[42]」。したがって、現在のような農地への投資の波は、実体的蓄積を媒介する金融化としても解釈できる。「多くの投資家は農地を生産的な農業経営活動の一部として購入しているが、こうしたトレンドは、農地の使用価値を強調する、より一般的な言説によっても支持されている」[43]。

したがって、金融に支配された価値増殖のための自然利用は、新自由主義的な「いつも通りのビジネス(business as usual)」の継続と必ずしも同じではない。それはまた、「実体資本の利潤率が長期的な貨幣需要を充足させるほどにまで達してはいない」[44]といったおなじみの問題をはらむ、新領域への金融化の拡張とも同じではない。むしろ、これまでに概観した事態の発展が貫徹され、それがたとえば鉱業や、エコロジカルな近代化に必要な原料(銅、レアアース、リチウム等々)の採掘へと拡大される場合には、産業資本と金融資本の関係は、実体的な蓄積と生態学的な危機への選別的対処との双方に有益な仕方で変容させられるかもしれない。

このことをさらに裏づけるのが、緑の資本主義のプロジェクトは帝国型生活様式を根底から問いに付すものではないということである。このプロジェクトは、産業資本と金融資本の危機的な関係を問題として取り上げ、この関係を新たな基礎の上に据え直そうとするのとまさに同じように、支配的な生産規範や消費規範のエコロジカルな近代化を謳いつつも、こうした規範を根底から変革することはない。バイオ燃料の混合、電気自動車の推進、欧州の排出物取引システムへの航空交通の参入、オフショア風力発電所での発電、電力分配のための巨大送電線の建設——こういった対策はいずれも、現存する生産規範や消費規範がどれほどまで生活に定着しているかを示唆している。これらの対策は、近代深く刻み込まれた日常の知覚や日々の実践に結びついている。危機に陥った帝国型生活様式は、近代化を通じて持続的なかたちで立て直せるというのが、こうした対策のメッセージにほかならない。

外部化と抵抗

緑の資本主義は強制とは対極のものである。経済の緑化は多くの場所で、化石燃料に依存する資本の諸分派や日常の実践からの抵抗に出会っている。こうした抵抗は、とりわけ米国におけるドナルド・トランプの選挙での勝利を通じてよりいっそう活性化したと考えられる。フラッキング〔水圧破砕法〕による石油や天然ガスの採掘、油砂《ゆさ》からの原油採掘、そして深海化石エネルギー源の探索・利用がブームになっている(45)。再生可能エネルギー体制への移行はEUにおいては、ヴィシェグラード諸国（ポーランド、チェコ、スロヴァキア、ハンガリー）によって阻まれている。しかも、資本内部の緑の分派と実践は、それらが社会的に重要度を増しているような国々においても揺り戻しの力との永続的な紛争に巻き込まれている。このことは、ほかならぬ再生可能エネルギーに関しての「先導者」であるドイツにも言える。ドイツでは、産業界やエネルギー経済業界や労働組合といった強大な社会的勢力によって、エネルギー転換への抵抗がますます攻勢的な仕方で表明されており、こうした抵抗への政治的な賛同は経済省のような国家装置の内部にも見いだされるのである(46)。

結局のところ、緑の資本主義はエコロジー危機に効果的に取り組みはしないだろうし、格差を減らしたり、万人に良い生活条件をもたらしたりすることもないだろう。緑の資本主義はむしろ、社会的・生態学的な新しいコストを生じさせ、それを外部化するだろう。すなわち、緑の資本主義がこうした新しいコストを外部化し転嫁する相手は、多くの「グリーンな」技術には不可欠のレアアース等の原料を中国やアフリカやその他の国において劣悪な条件下で採掘する労働者であり、「バイオの精神」をもって米国やEUの市場への供給を保証するために自分の健康と生活を危険にさらすブラジルのプランテーションで働くサトウキビ伐採労働者であり、土地収奪によって自身の所有地から追いやられた小農民であり、不確定な価値をもつ投資証券をともなった植林のために「報酬を与えられ」[47]はしても、気候保護のために自分自身の栄養確保を犠牲にするケニアの女性たちであり、最後に、「不払いのケア活動」――これは人間だけでなく自然をも対象としたものである――や、緑の経済の構想においては顧慮されない「低賃金の対人サービス」にほかならない[48]。

資本のさまざまな分派のあいだの力関係、ならびに先進資本主義世界とグローバル・サウスの新興国との力関係は再調整されつつある。すでに工業化された国々や現在進行中で工業化が進んでいる国々の内部では格差が増大するとともに、世界の残りの大部分への関係は軍事的強制や「積極的な原料外交」[49]によって再編成されるのである。したがって、緑の資本主義というプロジェクトは必然的に、きわめて不確定な時間的観点をともなう空間的に「断片化されたヘゲモニー」[50]を示すことになるだろう[51]。緑の資本主義のプロジェクトは排除と搾取によって特徴づけられており、帝国型生活様式を保護するものなのである。

しかし、まさにこうした状況こそが、解放的な変革がどのような場で行なわれ、その担い手が誰であるのかを示すことになる。資本主義的生産様式がそれに内在する危機に取り組むために用いることができるのは、「可能性の構造的な枯渇」[52]ではない。むしろ、帝国型の自然領有によって媒介される社会的格差においてこそ枢要な社会的・生態学的紛争が起こり、民主主義的なオルタナティブが展開されうる。民主主義的なオルタナティブは、人びとが自分自身の生活条件をもう一度自覚的に管理しようとするところなら、どこにでも見いだされる。それはたとえば、水やエネルギーの供給といったインフラストラクチャー体系を再び公営化しようとする闘争、土地を失った人びとによる土地占有権をめぐる闘争、あるいは遺伝学的な資源への私的な知的所有権の設定に対して小農民や先住民社会が突きつける拒否などなど、枚挙にいとまがない。こうした闘争の焦点は通常、エコロジー上の目的にではなく、社会的な目標や民主主義的・政治的な目標に置かれる。エコロジーは、しばしばこうした闘いが無自覚のうちに内包するもの、あるいはもろもろの闘争の成功にともなう「副次的な結果」なのである。(53)

まさにこのことゆえに、これまでに見られた試みから、ラディカルな社会的・生態学的転換の前提とその場についていくつかのことを学び取ることができる。破壊的な対自然関係を克服するための重要な鍵は、社会的支配の解体にある。環境危機の深刻さを鑑みれば、右に挙げられたような試みは僻地での実験のようにしか見えないかもしれない。しかし第一に、根本的な変革は社会の周縁から出発することを経験は教えてくれる。第二に、処分権をめぐる闘争は、概念的に見るなら周縁的なものとは対極にあり、むしろ資本主義の政治的エコロジーがもつ破壊的性格の核心部を問題視するものである。なぜなら資本主義の政治的エコロジーは、価値増殖のために自然資源を利用するための条件としての、自然資源への排他的管理にこそもとづいているからである。したがって社会的な対自然関係の民主化や社会的格差との闘争は、帝国型生活様式と緑の資本主義を通じたこの生活様式の近代化とに制限を課すうえで不可欠である。最終章では、このことをより詳しく見ていくことにしよう。

第八章　連帯型生活様式の輪郭

多くの人びとが自分たち自身の力で権能を獲得しうるようにすることをめざして、しかもいまとは異なるより良い社会について彼ら自身がいだいているイメージを尊重することをめざして、政治的活動のスタイル全体と意思疎通のあり方とを見直してみる。そしてそれでもやはり、連帯にもとづく公正な社会をめぐる社会的な議論と共通の戦略の探求とにおいて統一を促す独自の貢献を試みる――これこそが、現代の左翼の取り組むべき中心的な課題となったのだ。

ディーター・クライン(1)

真のオルタナティブの必要性

危機は転換点でもありうることを私たちは本書の最初のほうで論じておいた。とはいえ、多角的な危機はせいぜいのところ緑の資本主義の方向に沿って処理されながら、むしろ権威主義、新自由主義、極右の台頭をも促しており、そうすることで帝国型生活様式が擁護されている。切迫している社会問題はこれまでと同様に、イスラム教徒への嫌悪、人種差別、ナショナルな保守主義、反フェミニズム、および排斥の態度でもって論じられている。誤解にもとづいて単純化された危機への答えはとりわけ、他所から来た人びとの滞在の権利を拒み、往々にして彼らの生存権を否定することに求められている。「不公正な関係に対する正当な批判が(中略)非人間的な議論へと移し替えられる。打ちひしがれ委縮させられた者たちよ、弱者と他者とよそ者に抗して団結せよ！(2)」。

これは選挙での投票率を当面は高めるかもしれないが、危機の原因を何ひとつ変えはしない。帝国型生活様式を安定させようとする試みは、多くの人びとに死をもたらすようなさらなる排斥を引き起こし、世界の他の地域における生態系の荒廃と不安定な労働条件を自覚的に温存し甘受するか、または無視するのである。

保守主義と自由主義と社会民主主義の陣営における既成の政治勢力は、下層から上層への富のさらなる再分配と、それにともなって生じる不和、不安、没落への危惧とに対し、右に記したような解答しかもち合わせていない。彼らは、資本の構造的な権力を前にして立地点確保と競争力向上の政策を推し進めている。社会民主主義者たちですら、現存する社会的な力関係を根本的に入れ替える能力も意志ももたないのである。これまで勝利をおさめてきたのは「上層の利得の最大化」というプロジェクトであり、「グローバルなエリートたちによるリベラル左派のプロジェクト(3)」――イマヌエル・カントの伝統におけるコスモポリタンなプロジェクト[1]と呼ぶこともできよう――は周辺へと追いやられてしまった。金融市場を規制するか、場合によっては金融業を社会化し、資産所有者たちの利益を抑え込もうとする真剣な試みは、ほとんど存在していない。パナマ文書[2]や、カナダと米国に対する欧州連合の自由貿易政策〔CETAとTTIP〕は、エリートたちが彼らの戦略を引き続き実行に移そうとしていることの証左である(TTIPが破綻しそうになっていることは、意見の著しい相違が存在することを示唆してはいるが)(4)。社会的再生産とケアの危機——これも多角的な危機の構成要素である——は、家父長制的な形態の分業によって処理されている(5)。女性たちはふたたび「家庭のなかで」男性たちに従属するべきだというのだ。こうした「提案」は反フェミニズムへの転換の一部をなしている。

社会問題は多くの国で、極右の得意とする領域となっている。イギリスにおける英国独立党(UKIP)、米国の共和党内における強力な右派、ドイツにおける「ドイツのための選択肢(AfD)」、オーストリアの自由党(FPÖ)、あるいはスイスの国民党(SVP)のような諸政党は、もろもろの特権を居丈高に防衛しようとしており、「同胞である」人びとに「保護」と称するものを提供するべく、権威主義的で、市場原理主義的で、人種差別的・民族主義的な傾向を帯びた政策綱領を策定している。とはいえ、この種の約束が果たされたことはいまだかつてないのだが。英国におけるEU離脱をめぐる国民投票と、米国の大統領選挙でのドナルド・トランプの勝利は、排除の政治が目下のところ支持を得ていることの具体的な証拠となっている。それにもかかわらずこの政治は、それを支持している多くの人びとに不利な結果をもたらすであろう(6)。

連帯と平和の精神に依拠した紛争解決のあり方は、国際的な次元においても脇へ追いやられている。

〔1〕著者たちは、カントが『永遠平和のために』(一七九五年)の第二章で提起した「世界市民法」の構想を念頭に置きながら「コスモポリタンなプロジェクト」という呼称を用いている。

〔2〕パナマ文書とは、パナマの法律事務所が世界中の数多くの企業、富裕層、政治家らによる租税回避行動を記録した一連の機密文書の通称である。国際調査報道ジャーナリスト連合(ICIJ)らによって二〇一六年に公表された。

そのことを示しているのが、欧州の半周辺部に位置する経済的に脆弱な諸国家へのEUの政策であり、EUの外ではシリアにおけるような内戦の激化がその見本となる。帝国型生活様式を無理やりにでも維持しようとする試みは、欧州における住民の相当な部分が貧困化し、自分の生存そのものを心配しなければならない多くの人びとが避難しているという事態に対し、連帯責任を負っている。なぜならこの生活様式は、領域獲得と外部化によって他所における生活の諸関係を不安定にするからである(7)。軍事化と安全保障化の政策がますます優勢になっている。そのため、域内で人種差別的な気運が高まりを見せ、帝国型生活様式を変更するつもりもないEUは、難を逃れてくる多くの人びとを前にして対外境界線を軍事化すること以外に策をもたないのである(8)。

エコロジカルな近代化という、多かれ少なかれ野心をともないつつ進められている試み——優勢な利害関心と権力関係がこの試みによって疑問に付されることはありえない——もまた、多角的な危機への解決策を提示してはいない。電動モーターで動く自動車をめぐる目下の論争はどちらかといえば、競争力を失うかもしれないという不安に起因している。電気自動車の普及にともなう化石エネルギーの節約は主として、乗り物の利用における石油の輸入が減少し、二酸化炭素の排出量が低下するという観点から捉えられている。電気自動車用のバッテリーを作るために必要となる原料が場合によっては不十分にしか存在しないという現実について、ここであらためて述べるのは控えるとしても、電気自動車の製造にともなう大量の資源消費はどういうわけかほとんど話題に上らない(第六章参照)。帝国型生活様式による危機の外部化のメカニズムは、それを成り立たせている前提が問われないまま受け容れられているのだ。持続可能性をめぐる論争と、社会的・生態学的転換に関する主流の論争はいずれも、現代における切迫した社会問題について、すなわち不平等の拡大、排除、弱者の切り捨て、および人種差別について、奇妙にも口を閉ざしている。(9)

ここで確実だと思えるのは、多角的な危機が――とりわけその社会的・生態学的な次元において――社会的再生産のまったく異なる形態をもたらすであろうという点である。たとえばティム・ディ・ミュジオの指摘によれば、エネルギーと資源の価格の上昇が、食糧品生産（工業によって生産される一カロリーの食糧品は平均して一〇カロリーのエネルギーの投入を必要とする）、医療、雇用、交通などの領域で、さまざまな住民集団によるエネルギーの利用に影響をおよぼすという。(10) ことに石油は、資本主義的世界経済の潤滑剤であるにとどまらず、工業的な食糧品生産における主要な投入資源であり、プラスチック製品の重要な構成要素であり、したがって或る生活様式全体の不可欠にしてしばしば不可視の要素となっている。

私たちは、帝国型生活様式がヘゲモニーとしての性格を、つまりは広く受け容れられた性格を有することを知っている。普遍化しえないはずの物事が、この生活様式の浸透とともにグローバル・ノースにおいては維持され、グローバル・サウスの多くの国でも拡がっていくのである。したがって、歪みの増大とますます野蛮になっていく外部化とを見据えるなら、連帯にもとづく公正で社会的・生態学的な、そして平和的で民主主義的な生活様式が切実に必要とされているという立場を、私たちは政治においても分析においても堅持する。

批判的な分析と戦略的な方向設定

第三章で論じておいたように帝国型生活様式という概念は、人びとの日々の行為とともに、そうした行為をそもそも初めて可能にする構造をも視野に入れている。だからこそこの概念は、支配的な諸関係に批判を加えるための思考と行為の領野を切り拓いてくれるのである。「今日、批判的・唯物論的社会理論はこれまで以上に、人びとの具体的な生活世界と有機的に結びつきながら、そのつどの歴史的な好機に関する公共の意識を鋭敏にし、社会のオルタナティブな形態の生成に役立つ現存の潜在力を明示するという課題を負っている(11)」。

帝国型生活様式の変革はさまざまな地点から着手しなければならない。たとえば、資本主義的な拡張と領域獲得を抑え込み連帯型生活様式を可能にするような、いまとは異なる別の政治的規則が、別の社会的自明性が、そして別の模範が必要になる。これに加えて重要なのが主体性を変革することであり、人びとが実感できるほどにまで不正義を縮小することであり、力関係をずらすことである。大切なのは、資本主義的な膨張と領域獲得を支え社会をますます階層化しつつある規律的な実践を乗り超えるような生活の――食事、住居、衣服、医療といった――具体的な諸次元である。

連帯型生活様式が社会的に普遍化されていく過程は、社会の諸条件の変革であると同時に、人びとによる思考と行為の自己変革でもある(12)。もろもろのオルタナティブが発展していくうえでは批判が重要である。なぜなら一方においては、将来のものは現に存在するものから出発せざるをえず、そのためにはそもそも何よりもまず、現に存在するものを把握しなければならないからである。他方においいて、帝国型生活様式は多くの人びとの欲望と身体のなかに刻みつけられているため、それへのオルタナティブは自分自身の生活様式との政治的な対決から、そして帝国型生活様式を超えるオルタナティブな経験を受け容れることから生じるという点をふまえなければならない。哲学者のミシェル・フーコーは、現存する諸関係とそれへの自己編入とに対する批判を、そしてもうひとつの主体性の形成を、「このような仕方で統治されないでいるための技法」、ならびに「自らの意志によって不服従を求める技法」と呼んだ。(13)

フーコーがそのような技法を考案したのはとりわけ個人のためであったとしても、私たちの見立てではこの技法は労働組合や社会全体といった集合的な行為主体にも当てはまる。それは、枠組みと条件の変化、現在とは異なる力関係と社会的な方向設定、そして確かな実例とならんで、自分自身の生活様式の前提を問い直す覚悟を要求する。なぜなら次のことは明らかだからである——「物事を根本から変えることなどけっしてできないのであって、できることと言えばせいぜい、若干の小さな事柄を改善するために調整ねじを少しだけひねることくらいであり、それはちっぽけな改善ではあるが、何もしないよりはましなのだ、などという致命的な観念は、社会の停滞をもたらす。人がもはや何も変えることができないのなら、彼は周囲から隔てられ、多元主義は観客の民主主義へと変質し、そこでは市民は最後尾の客席へと引きこもり、彼に提供される芝居にせいぜいのところ首を縦に振って賛同するか、あるいはむしろ、自分の意見にはどのみち値打ちなどないのだと想定して、しばしば諦めの表情で首を横に振るしかない(14)」。

批判的・解放的な転換という意味での変革（第二章参照）はさしあたって、問題含みの出来事を阻止することを意味する。阻止されなければならないのはつまり、領域獲得と人間および自然の商品化とを通じた資本主義の膨張のさらなる進展であり、国際的な次元ではたとえばCETA(EUとカナダとの)包括的経済・貿易協定」によって制度化されることになっている新自由主義的な占拠(lock-in)という権威主義の政治であり、帝国型生活様式のもたらす否定的な帰結の外部化であり、紛争処理における暴力の使用と軍事化の拡大である。

戦略的に見るなら、必要な数多くの防御のための闘争を超えて、帝国型の実践の周囲に柵を張りめぐらし、それを抑え込むことが課題となる。これが意味しているのは、緑の経済に関する論争において広く流布している想定とは異なり、社会の根本的な転換には勝者のみが存在するのではけっしてないということである。多くの者が、程度は異なるとはいえ敗北するであろうし、敗北せざるをえない。なぜなら、現在彼らが行なっていることは普遍化しえないからであり、むしろ他者の犠牲の上に成り立っているからである。ベルント・ゾマーとハラルト・ヴェルツァーはこの敗北の必然性を適切にも、「今日を生きる人びとと将来を生きる人びとの生活の機会を侵害するような経済戦略から現在の利益を引き出している集団と個人の特権を剝奪すること」と名づけている。(15) しかしそうすることによって初めて、たとえば物質的・社会的生活の安全性や、疎外の度合いが低い労働といった、良き生活の別の諸要素を実現するための余地が開かれるのである。

そして最後に問題になるのは、連帯型生活様式をめざす解放的な行為を初めて可能にする空間と同盟を拡大することである。したがって、防御の闘争と支配的な破壊のダイナミクスの抑止とを超えて、連帯型生活様式を実現するためのもろもろのアプローチを促進し、それらを強固にしなければばならない。

違和感の拡がりと目下の多彩な経験

優勢な思考形態と現在の諸関係とに対するオルタナティブを発展させるための多彩な経験と手がかりは存在する。[16]そうした経験と手がかりは、連帯型生活様式の酵素とみなすことのできる無数の連帯的な実践のなかに、知的な発信のなかに、そして現在の経験と歴史上の経験のなかに見いだされる。将来の生き方がもともとの基本計画に沿って生じることはけっしてありえない。それはむしろ、いまとは異なるより良い世界が垣間見えるような地平線の上で少しずつ形成されるほかはない。そのためには思考と行為における勇気が、或る程度の楽観主義と生産的な自己批判が、弱者と排除された人びとへの感情移入が、そして――学者としての私たちの経験によれば――進歩的な社会的行為主体との交流および協力への気構えが必要である。本書のこの箇所で私たちにとって何よりも重要なのは、しばしば顧みられないままになっているもろもろの経験を可視化して体系化することであり、先行する諸章での分析から思考への刺激を引き出すことである。そうした試みの背後にあるのは、権威主義的でつねに破壊的な資本主義へのオルタナティブをこれまでよりも強固な仕方で練り上げ、それを安定させ、支配的なダイナミクスの進行のなかでそれが周辺的なものにとどまったり、いわんや破壊されたりすることがないようにするという、分析的かつ政治的な願望である。

この試みの出発点をなすのが、現在の諸関係、資本主義の危機の負担、自然破壊、そしてエリートたちが自らの地位を保とうとする際に示す残忍さに対しては大いなる社会的な違和感が存在するという、私たちの眼から見て納得のいく観察である。政治的代表制への不満と、現存する制度のなかではもはやオルタナティブを人びとの眼前に提示することができないという判断は、社会のなかで広く共有されている。これと同様に、順応して仕事に励めという日々の圧力は長期的には堪えがたいものになっていくという感情も、広く浸透している。「いまのままの」生活をこれ以上続けることはできないのであり、帝国型生活様式は連帯に背く破壊的なものであるという、散見されていた予感が優勢になりつつある。このことは、米国のバーニー・サンダースとアレクサンドリア・オカシオ＝コルテス、[3] あるいは英国のジェレミー・コービンのような政治家への支持の驚くべき拡がりが、ひいてはスペインにおける「怒れる人びと(Indignados)」[4]の社会運動[5]が、如実に物語っている。これらの動きは、もろもろの問題が審議にかけられ、オルタナティブな戦略が定式化されうるような政治的空間への扉を開け放ったのである。(17)

ジャレド・ダイアモンドは、もろもろの社会はなぜ存続したり没落したりするのかという問いに関する彼の歴史的な探究のなかで或る重要な矛盾を指摘している。彼の見解によれば、社会が没落する理由のひとつは、人びとが個人としてはたしかに合理的に振る舞うのだが、そのことによって社会的な損害が生じるという点に求められる。人びとは彼らの行為をとおして社会の成功と繁栄をもたらす構造的な原理を再生産することにより、同時に社会の没落を準備するのである。私たちの主題に引き寄せていえば、ダイアモンドの主張を敷衍しつつ次のように論じることができる。すなわち、資本主義社会の成功は、この社会がますます多くの生活領域の商品化により経済成長への強制力を制度化したことにもとづいている、と。欲求の充足ではなく利潤の最大化を志向することは、他の社会に対する資本主義社会の優越を基礎づけている生産力を前代未聞の規模で発展させた。こうして、石炭エネルギーと石油エネルギーの潜在力を生かしながら、かつてはほとんど想像しえなかったほどの物質的な富がわずか数世紀のあいだに集積されたのだった。まさにこのことが今日ではその反対物に転化しようとしている。化石資源の燃焼と、原理的に際限のない経済成長を強いる構造は、なるほど多くの国において、著しい脅威をはらんだ危機の根源として認識されてはいる。しかし、そうした構造に照応する知覚と行為のひな型は、政治的な制度、社会的な力関係、そして人びとの常識のなかに刻み込まれているため、あの構造をエコロジカルな仕方で近代化することは想定されうるとしても、その根本的な克服など考えられないように見えるのである。

ダイアモンドがとくに念頭に置いているのは、「意志決定を下す者たちと権力を握っている者たち」である。彼らはその利害関心によって「社会の他の成員たちの利益と対立する。そのことは、エリートが自らを彼自身の行為の帰結から隔離することができる場合、とくに当てはまる。そうすると彼はしばしば、彼自身にとって有利な物事をなすのだが、それが他の人びとに損害をもたらすかどう

［3］　オカシオ＝コルテスは米国の民主党左派の下院議員であり、政治組織「米国民主主義的社会主義者（ＤＳＡ）」の成員でもある。

［4］　コービンは英国の労働党左派の下院議員であり、二〇一五年から同党の党首を務めたが、二〇一九年の総選挙における党の敗北の責任をとり、党首を辞任した。

［5］　スペインのマドリッドにある広場で二〇一一年五月一五日に起きた占拠運動に端を発し、その後スペイン全土に拡がっていった新自由主義と緊縮政策に抗議する運動は、「怒れる人びと」と呼ばれるようになった。この運動は、二〇一一年九月から米国のウォール街で起きた「オキュパイ運動」にも刺激を与えた。

かはまったく意に介さない」[18]。大富豪の特権の防衛とそれにともなって生じる不平等は過去数年間にわたり、「九九%である私たち対一%の君たち」というスローガンのもとで政治的な争点となってきた。こうした事情は、帝国型生活様式と外部化の多様なメカニズムとが空間と時間において深化し拡大するにつれて先鋭化している。権力と財産にもとづく政治という点から見るなら、社会の発展方向を決定しているのが一%の富者であることは明らかである。社会的な政治という点から見ると、――先行するいくつかの章で示しておいたように――構図はもっと複雑になる。そしてここにこそ――すなわち、拡大する不満と違和感に、そして多くの場所で実際に観察されるようになった支配的な諸関係への疑問視にこそ――、手がかりを見いださなければならない。選挙における極右政党の成功は、人種差別的な見地が拡がっていることの表現であるにとどまらず、まさに右記のような違和感の表現でもある。

現存する諸関係への違和感は、人びとの「常識」がけっして統一的なものではなく、むしろ「場当たりで、統一性に欠け、首尾一貫していない世界観」[19]であることに関連している。経済と政治とメディアにおける帝国型生活様式の主唱者たちは、人びとを互いに競争させ、エリートたちへの信頼を強めようと試み、環境破壊をテクノロジーによって制御可能なものであるかのように仕立て上げ、異議申し立てと根本的なオルタナティブとを笑いものにしたり、無視したり、あるいは場合によっては抑圧したりし、多数派の人びとの生活を服従と消費と「自分の生活の幸福」へ閉じ込めることによって、人びとの常識に首尾一貫性を与えようと欲している。

だがしかし、それはますます成功しなくなっている。

二〇一五年の晩夏から多くの人びとが難民に対して示すようになった連帯の波は同時にまた、帝国型生活様式が他所で引き起こしている荒廃に関する人びとの認知の表われでもある[20]。帝国型生活様式への不満と、連帯型の共存への願望は、社会的道徳という面において多数派を形成しうる——たとえこの多数派が変革をめざす行為にただちに取り組まないとしても——。マルクスはプロレタリアートについて、「その普遍的苦難のゆえに普遍的性格をもつ」階級であると述べた。なぜなら、彼らは特殊な不正をこうむっているのではなく、「不正そのものをこうむっている」からであるというのだ[21]。今日ではこれと同様のことを難民について言うことができよう[22]。というのも、難民たちは帝国型生活様式のもたらす普遍的な苦難を体現しているからである。しかも彼らは彼らを受け入れる側の社会に対して、世界の劇的な変化に照らしつつ自分たちの生活関係を変更することを学び、洞察し、そうした変更に関与するという可能性を想起させてくれるし、帝国型生活様式とともに生じる多くの特権を問い直す可能性に注意を促してもくれるのだ。

私たちは多様なもろもろのオルタナティブを、連帯型生活様式を探求する過程の一環として理解するよう提案する。それらは、資本主義と家父長制と人種差別にもとづく法外な要求、ならびに自然を征服し搾取するという不当な要求を超えて、いまのものとはまったく異なる豊かさのモデルを、すなわち公正で、民主主義的で、平和的で、エコロジーの面において真に持続可能なモデルを探求する過程の一部をなすとみなされるべきなのである[23]。連帯型生活様式の輪郭は、社会をその周縁部から出発して疑問に付すような、現存する多様な討論と実践から浮かびあがってくる。大切なのは、この点をまずは心に留め、その認識を普及させ、もろもろのオルタナティブが安定を得て自己を顧みるようになる可能性を提供することである。連帯型生活様式の形成は一様には進行しないであろうし、想定外の事柄を含んでいるだろうし、時としてそれと気づかぬうちに進行するとはいえ、紛争を経由することもまた避けられない。

難民たちの動きが引き起こす政治的な影響は、その他の異議申し立てや運動と同時に生じている。すなわち難民問題の影響は、家賃高騰と不動産投機への異議申し立て、ますます過重になり不安定になる生計労働およびその他の無報酬の労働形態に対する不満、階級とジェンダーとさまざまな出自の区分に沿って人びとが日々経験している具体的な分業における不快さ、民営化と欧州レベルの緊縮政策とに対する批判、TTIPとCETAと自由貿易政策全般に反対する運動、そして石炭火力発電所の建設への、食肉工場への、遺伝子操作を受けた種苗とそれによって生み出された食糧品への、エネルギー関連大企業への、そして性差別と女性に対する暴力への異議申し立てと同時に生じている。さまざまな国際的キャンペーンは帝国型生活様式のもたらす否定的な含蓄に対して、たとえば食糧品生産やスマートフォンおよび衣服の製造が生み出す社会的・生態学的な帰結に対して、注意を喚起している。

オルタナティブの提案とそれを実行するための手がかりも同様に多岐にわたる。たとえば公的な住宅建設の強化、「都市への権利」[6]を求める要求、トランジション・タウン[7]、都市農園、環境と気候の正義、石炭燃料からの離脱と「エンデ・ゲレンデ」運動[8]、エネルギー民主主義とエネルギー供給の社会化、食糧主権とエコロジカルな農業、動物の権利と——中南米由来の——自然の権利の強化、コモンズ(commons)とコモン化[9](commoning)、良質な仕事とベーシック・インカム、生計労働と無報酬の再生産労働との連帯的な分担、無料のソフトウェアと情報における自己決定、インフラストラクチャーとしての、あるいは社会的・生態学的なインフラストラクチャーとしての社会政策[10]などが挙げられる。制度上のオルタナティブとして挙げられるのは、もろもろの将来審議会(たとえば世界将来審議会など)の創設、金融市場への規制、あるいは、これまで数十年にわたって自動車交通に偏ってきた都市の交通を「浄化」する戦略である。包括的な構想としては、脱成長とポスト成長、ポスト開発とポスト採取主義、ケア革命[11]とケア・ストライキ、生活の減速と時間の豊かさ、懇親性[12]、四つの領域を一つに統合する視角[13]、グローバルな社会的権利と万人にとっての良き生活が挙げられる。以上に列挙したものも、数多くのオルタナティブからの抜粋にすぎない(24)。

[6]　「都市への権利」は、フランスの社会学者であるアンリ・ルフェーブルが一九六八年の著書『都市への権利』で提唱した概念である。これは、都市が人間にとって(交換価値ではなく)使用価値を帯びた「作品」となることを求めるものである。

[7]　「トランジション・タウン」は、イギリスの小さな町であるトットネスで二〇〇五年に始まった、持続可能な社会への移行をめざす取り組みであり、地域の資源の適正な活用を重視する運動である。

[8]　「エンデ・ゲレンデ(Ende Gelände)」運動は、石炭の採掘を止めるために炭鉱を占拠するドイツの市民的不服従運動である。

[9]　「コモンズ」は元来、共同利用される牧草地、森林、漁場などを意味する英単語であり、日本語でいう「入会(いりあい)」に近い。近年では、地球環境の私的な略奪や公共財の民営化との関連においてこの概念がふたたび注目を集めており、自然環境や資源等を持続可能な仕方で共同に利用し再生産するための規則や組織の探究が盛んになっている。「コモン化」は、私的に所有・利用されている環境や資源等をコモンズへと変換する取り組みを指す。

[10]　ドイツの左翼の内部で議論されている「社会的・生態学的なインフラストラクチャーとしての社会政策」という着想は、医療、ケア、交通、住宅、教育、文化といった領域において必要となる財やサービス(インフラストラクチャー)を、租税を財源にしながら無償で、またはわずかな料金で、万人に提供する政策を含意している。

批判的な分析と解放的な政治は、生物物理的な生活の基礎を破壊せずに万人にとっての良き生活を実現するうえでの諸条件こそが社会発展において中心をなす規範的な準拠点であるという点を、根本原理に据える。各々の特殊な生活様式は、その前提条件と否定的帰結を外部化したり、他の人びとを搾取したり、それ自身の基礎を破壊したりすることなく、普遍化されうるものでなければならない。そのことは具体的には資源消費と排出の徹底的な削減を意味するが、同時にまた、政治と経済と社会の構造変革を、すなわち自然領有の、生産と労働の、集合的な共存の、そして意志決定と紛争処理の連帯的な形態に向かってそれらの構造を変革することをも意味する。

多くの要求と運動に共通しているのは、それらが使用価値を志向し、必要な食糧と生活条件を公正な仕方で獲得することをめざすという点である(25)。それらの要求と運動は、経済と政治の組織化の、共存の、そして主体化のふさわしい形態を促進することを欲している。したがってそれらは利潤の命令を、ひいては資本蓄積と権力蓄積の命令を抑え込むことを欲している。そうすることによって、それらの要求と運動は、帝国型生活様式を連帯型生活様式に向けて一歩一歩克服していく、紛争と学習過程とに満ちた取り組みの構成要素となる。そのような変革は権力と所得と資産の再分配に関連しており、暗黙にであれ明示的にであれ生産手段の所有権をめぐる問題を、そして社会のいかなる領域に投資をし、いかなる領域に投資をするべきでないかに関する統制権の問題を提起する。連帯型生活様式はしたがって、民主主義の深化、とくに経済民主主義的な展望の拡張と手を取りあって成立するのである。

こうした意味での変革は、具体的な行為と包括的な理論上の地平との緊張関係のなかで生じることになるであろう。ローザ・ルクセンブルクはこの脈絡において「革命的な現実政治」を語り、ヨアヒム・ヒルシュは「ラディカルな改良主義」[14]を語り、ディーター・クラインは「二重の転換」[15]について語っている。クラインによれば、多様なもろもろのオルタナティブにはしばしば内的な連関が欠けており、多くの資源を用いて支配者たちが流布している「持ちこたえよ」という語りに抗する「下からの」生き生きとした物語が欠けている。必要なのは、「現在のなかに潜んでいる基本的な進歩的欲求と、そうした欲求を実現するための道筋および目標に関するヴィジョンとのあいだに、大胆な架橋を施すことである。(中略)人類の現状においてはどの死活的問題が解答を切実に求めているかを見きわ

[11]「ケア革命」とは、養育、看護、介助、看護といった再生産労働への公的な保障と社会化を進めることにより、これらの領域を利潤追求から切り離し、ジェンダーや国籍や階級に沿ったケアの分業を克服しようとする試みを指す。「ケア革命」については、本書の二一三ページ以下も参照せよ。

[12]「懇親性(conviviality)」は、オーストリア生まれの思想家であるイヴァン・イリイチが一九七三年の著書『コンヴィヴィアリティのための道具』において用いた概念である。それはイリイチによれば、産業主義文明のもとでの生き方とは異なり、「各人のあいだの自立的で創造的な交わりと、各人の環境との同様の交わり」を意味する。

[13]「四つの領域を一つに統合する視角(Vier-in-einem-Perspektive)」は、ドイツのフェミニストであるフリッガ・ハオク(Frigga Haug)が二〇〇九年に公刊した著書の題名である。これは、報酬を得る労働、家族のための労働、公共的な労働、自己発展のための機会という四つの領域を別々に捉えて発展させるのではなく、統合して捉え発展させることを訴えるものである。

[14]ドイツの政治学者であるヒルシュが唱えた「ラディカルな改良主義」によれば、社会の根本的な改革は政治権力の交代に尽きるのではなく、資本の価値増殖と政治的支配とジェンダー差別・人種差別を再生産している日常の行為や制度や形態をラディカルに変えていく息の長い過程となる。

[15]ドイツの経済学者であるクラインによれば「二重の転換」とは、社会の転換をめぐる理論上の構想から出発しつつも、それを実際の経験や行為へと応用し、理論と実践の両方を不断に練り直すことを意味する。

めること、そして暗黙のうちに予感されている解答を掘り起こすことによって、現代における左翼の物語の内容が生み出されうるであろう」(26)。これは容易には実現されえない。なぜなら、進歩的な政党や労働組合その他の諸団体といった集合的な行為主体にとってはとくに、短期的な行動がしばしば優先的な課題となってしまうからである(27)。

連帯型生活様式の形成はあまり目立たない

そもそも連帯型生活様式は、厳粛な政治声明やより良いテクノロジーによって実現されうるものではなく(ポール・メイソンは後者のテクノロジーをポスト資本主義の基礎として賛美しているが)(28)、共存のまったく新しい諸形態を通じた社会の新たな組織化としてのみ実現されうる。そうした新しい諸形態とともに新たな主体性が形成され、「新たな慣習」が姿を現わすのである(29)。

日常生活と身体のなかに帝国型生活様式を染みこませようとする試みが企業と国家によって実に戦略的に追求されているのだから、多くのオルタナティブが時としてまったく目立たない仕方で成立するというのも納得がいく。それらのオルタナティブは、今日における生活と消費の規範から身を引き、明示的な規則と暗黙の規則にこれ以上従うことをせず、一定の実践と勧告をもはや受け容れないでさえぎるという態度のなかに見いだされる。生徒たちはコカ・コーラの自動販売機を街路から撤去し、工場で加工された肉(および肉一般)をもはや食べなくなり、自動車の所有はもはや追求に値するものではなくなり、「通常の」出世もそうなる。ドイツにおける自然食品の販売は二〇〇〇年の二一億ユーロから二〇一七年の一〇〇億ユーロへと伸びた。二〇一六年にはドイツの農民の一〇%が彼らの作物を有機的に栽培しているが、これは一九九六年には一・三%にすぎなかった[30]。「かつては二次的であり、従属的であり、偶然的でさえあったものが、(中略)イデオロギーと学説の新しい複合体の中核となる。古い集団意志は、互いに矛盾する諸要素に解体してしまう。なぜなら、それらの諸要素のうち従属的であったものが、社会的に発展するからだ[31]」。

帝国型生活様式に抗する対抗的ヘゲモニー[32]のもつ意味はそれゆえ、いまとは異なる別の規則をめぐる、政治的・経済的な戦略をめぐる、投資をめぐる、ひいては生産手段の管理権をめぐる論争となるんで、日常生活の一定の諸形態を生きることをもはや欲しないか、あるいはむしろそうした諸形態を生きることを実際に放棄するという点にある。そうすることへの動機は、満ち足りた生活へと向かう願望や可能性が果たされなかったり妨げられたりしていることから生じるのである。

社会的・生態学的再生産における別の論理

あらゆる変革は、転換を要求する支配的な論理と対決し、ブルジョワ的・資本主義的社会の永続的な自己刷新と対決しなければならないことを、私たちは第二章で論じた。連帯型生活様式というものは、社会的・生態学的な再生産の、ケアの、そして将来に配慮する経済活動のまったく異なる諸形態を内容として含んでいる。「ケアの論理は、社会と自然のなかで生きているものを再生産し保護しているが、生産性と効率の向上ならびに競争や蓄積といった資本主義的な原理をとおして、市場のなかで妨げられるか、または脇へ追いやられている[33]」。

社会はこうした観点に沿って、まったく別の仕方で考察され形づくられなければならない。社会はもはや、合理的に行動し自分の効用を最大化しようとする、自律的だと誤認されたもろもろの主体が市場において出会うというイメージで思い浮かべられてはならないのだ。人間は自分自身と世界を意のままにすることのできる自律的な主体ではない[34]。たしかに人びとは自分たちをそうした自律的な主体であるかのように想定してしまいがちだし、彼らは演出された多様な商品選択に対しては何よりも「主権的な消費者」として振る舞うことになっている。しかしながら、人間が責任を引き受けることができるのは、マルティン・クロナウアーが述べているように「自分自身の意志決定をとおして生じさせたり、阻止したりすることができる」物事に限定されている。「これは市場での出来事には当てはまらない（中略）。このことは、自己決定にもとづく生活の可能性に直接的な効果をおよぼす。すなわちそうした生活は、市場に依存しないで済むような保護に頼らざるをえないのだ[35]」。

事実として、人間はみな傷つきやすく、保護を必要としており、社会と共同体のなかで協力によって自らを再生産している。再生産は貨幣と商品を用いてなされるが、その他のさまざまな形態においても行なわれている。人間につきまとう傷つきやすさの一部が緩和されるのは、帝国型生活様式の前提条件と帰結とが外部化され、世界の他の地域における他の人びとが不安定にして不確実な環境のなかで生活し労働せざるをえず、彼らの生活の生物物理的な基礎が劣化するか、あるいは破壊されることによってである[36]。したがって連帯型生活様式は、人間の生命と人間以外の生命の根本的な傷つきやすさを承認し、多くの人びとの、あるいはそれどころか若干の人びとの生活の不安定化と社会的な対自然関係の不安定化に依拠しはしないような共存の諸形態を創出しなければならない。この点について、ガブリエレ・ヴィンカーは「ケア革命」が中心的な意義をもつと考えている。これは、「フェミニズムの政治による知見を受け継ぎながらケア労働のもつ根本的な意義を中心に据え、人間の欲求から出発して社会的な共存を形成することをめざす、政治的転換の戦略である」[37]。彼女はそのために、ケアの領域の民主化と自治、労働時間の抜本的な短縮、無条件のベーシック・インカム、社会的インフラストラクチャーの構築、そしてあらゆる生産手段の社会化といった戦略を提案している[38]。

人びとがお互いへのケアと自然へのケアに中心的な価値を見いだすような社会は、資本主義的な価値増殖と蓄積の命令に対して自ずと批判的であらざるをえない。これは、たとえば脱成長またはポスト成長という観点が与えてくれる刺激である。ここでは、教育と医療の制度における、公共のサービスにおける、あるいは良質の食糧における「より多くを」という要求を十把一絡げに拒絶することが問題なのではない。そうではなくて、個々の具体的な消費物資、生産手段、そしてサービスの増加がどこにおいて望ましく、かつ社会的・生態学的に責任を負えるものとなるかについて、学習の過程を可能にし、民主主義的な意志決定を下すことが重要なのである。「大切なのは基準を新たに決めることである。日常の実践と主体に焦点を定めることは、市場の形態を帯びた成長のパラダイムが市場関係と自然との関係を規定するにとどまらず、西側はもとより地球全体においても心理的・社会的な次元にまでいつのまにか深く浸透していることへの応答なのである」[39]。しかしながら、変革され変革する日常の実践は個人の消費行動の変化に尽きるものではなく、破壊的な諸関係を政治上の争点とし、かつもろもろのオルタナティブを構築するという集合的で政治的な契機を要請する[40]。

これとの関連でディーター・クラマーは、きわめて啓発的な次のような問いを立てている――「人びとが彼らの日常生活のなかで、成長社会の危機がはらむ諸問題をも顧慮するようになると期待することはできるのか」。そうした諸問題は人びと自身の日常の諸問題にたしかに関連している。クラマーの答えは明快であり、政治的にもきわめて重要である。すなわち、「成長社会がはらむ諸問題とこれらの日常の諸問題とのあいだに連関を打ち立てることに成功しながらも、そこから悲観主義的で退行的な態度が生じないのであれば、社会的・生態学的な転換への政治的な動機を与えるための手がかりがおそらくは得られる」。足るを知ること(Suffizienz)をめぐる論争はこの方向を指し示している。放棄することではなくて置き換えることが問題になっているのであり、何がどれほどあれば「足りる」のかという問いが重要なのである。「人間は、良い正しい生活に関する観念をいだくことで、個人としての生活において自分自身に限度を設けることができる」[41]。これが不成功に終わるなら、ギャンブルと購買への陶酔、薬物依存、あるいは仕事中毒が生じる。

これとの関連で興味深く、しかも重要であるのは、産業の諸部門を越えて従業員のあいだで拡がっている優れて道徳的な経済の存在を突きとめた労働・産業社会学による最近の調査結果である。それによれば、短期の利回りを追い求める新自由主義的な過大要求は労働過程の永続的な増強となって現われているが、これは従業員たちによって完全には内面化されていないし、個人的に対処可能な試練としても受けとめられていない。それはむしろ、公正さの要求に違反し、労働過程の課す技術的・機能的な要件に合致しないと感じられている。こうした事情は、日々の操業における不正義の経験と社会発展の優勢なあり方への違和感とのあいだに――もちろん目下のところはきわめて脆い――橋をかけるような政治化をもたらしうる。上手くいけば、「競争によって駆りたてられる出世の論理を経験することから、社会と資本主義に対する日常の批判が」活性化するだろう。(42)

グローバルでしかも耐久性のある連帯型生活様式

帝国型生活様式の基本的なメカニズムのひとつは、社会的・生態学的に問題をはらんだそれの前提条件と帰結とを外部化することにある。この生活様式は、劣悪な労働条件と搾取、権威主義的な政治的・社会的諸関係、不安定な生活環境、そして生態系の破壊をシステムとして産み出すのである。外部化のさまざまなメカニズムを廃棄することが、連帯型生活様式をめざすうえでの最も困難な課題であることは疑いえない。

そうするための根本的前提のひとつは、この外部化を可視化することである。そしてこの点は、私たちが帝国型生活様式という概念を考案した際の関心事のひとつであった。すなわち、私たち自身の特権は私たちの社会の内部における、しかしながらやはりまた「他所」における搾取と破壊に基礎を置いているという事態を解明し、それについての理解を深めようとしたのだ。外部化についてのさまざまな情報は日常的に目につく。それにもかかわらず、社会全体で行為を変えうるような、外部化に関する知見は存在しない。感情移入を行なうことはさしあたり、困難であるのと同様に月並みなことでもある。「いかなる生が承認されるのだろうか。たとえば、私の知り合いではなく、私が「理解」をしておらず、それどころか私に反感を催させるような人びとの生は、悔やむに値する生として、私がかかわり私が「結びついている」生として承認されるのだろうか」(43)。

連帯型生活様式はつねにまた連帯型の(再)生産様式でもある。したがってそれは、しばしば枝分かれし、これまで資本主義的な価値増殖の命令によって構造を規定されてきたような価値創造と供給の連鎖を変更しなければならない。帝国型生活様式の帯びる否定的な含有物の外部化はこの連鎖によって生じるのであり、しかもこの連鎖は外部化をとおして数多くの紛争と環境破壊の原因になっている(44)。

したがって連帯型生活様式は、私たち自身の社会と他所とにおけるさまざまな要求と対立を承認し支持することで形成されていく。それは、世界の多くの場所で帝国型生活様式の法外な要求から身を守ろうとしている人びとへの感情移入と連帯を意味しており、私たちの国と世界の他の地域とにおいて人間の尊厳を承認し、辱めや人間性剝奪に抗して立ち上がり、より良い生活のために闘うことを意味している。これこそ、メキシコのサパティスタによる一九九四年初頭からの「もうたくさんだ!(Ya basta!)」という呼びかけの核心をなしていたものであり、まさにそれゆえにこの呼びかけは世界中で共鳴を生んだのだった[16]。この呼びかけの第一義的な意味は蜂起と連帯することにあるのではなく、むしろ多くの異なる解放的な闘争のあいだにつながりを創り出し、世界のさまざまな地域で協働して帝国型生活様式へのオルタナティブの構築に取り組むことにある。なぜなら連帯型生活様式の創出は、多方面にわたる具体的な人間存在の問題だからだ。

これは包括的な意味においては、社会の階層化をもたらす資本主義的な外部化に根ざした偽りの豊かさの約束に身を委ねず、むしろ公正で連帯志向で持続可能な形態の豊かさを創り出し、そうした豊かさを生きることを指す。したがって、オルタナティブにかかわる多くの提案と要求が、そして実践と具体的かつ包括的な戦略とが存在する。具体的かつ包括的な戦略というのは分岐点を意味している。つまりそれは、これまであまり知られていなかった途を採ることになるのだが、その際に他の途は断念されるのである。(45) そうした変化がいつ、どのように「体系的な作用」を発揮するようになるかについて、わたしたちはそのつど後になってようやく知ることができる。

連帯型生活様式のためにヘゲモニーを獲得しうるようなプロジェクトは、実に多くの事柄を結びつけなければならないし、経験可能にして魅力的なものでなければならない。そのようなプロジェクトを担う傾向が見られるのは、社会の中層と下層の同盟であろう。(46) しかし、体制に与しない進歩的なエリートたちもまた状況の重大さをあらためて認識し、それに応じた行動をとることが望ましい。(47) いずれにしても、オルタナティブが現状への補完物としてのみ採用されたり、グ、リ、ー、ン・ウ、ォ、ッ、シ、ュ、として利用されたりする危険性を肝に銘じる必要があるし、人種差別的で、搾取と家父長制に基礎を置き、暴力的かつ破壊的であるようなプロジェクトとは明確に一線を画す必要がある。

本章と、第四章および第五章での個別的な注意書きから明らかになったと思われるが、重要な論争は一方においては、帝国型生活様式の多くの要素に関する批判と解明をめぐって生じている。他方においては、連帯型生活様式の条件、実践、要求を承認し安定させることが議論の対象になっている。

連帯型生活様式との関連において決定的に重要なもうひとつの問題は、もろもろの変革をどのよう

［16］「もうたくさんだ！」は、北米自由貿易協定（ＮＡＦＴＡ）発効の日であった一九九四年一月一日にサパティスタ民族解放軍（ＥＺＬＮ）がチアパス州での武装蜂起に際して発した一連の宣言に出てくる言葉である。それは、先住民の要求と運動に背を向けてきたメキシコ政府だけでなく、「先住民に対する死亡宣告書」（ＥＺＬＮのマルコス副司令官）であるＮＡＦＴＡのような自由貿易体制にも向けられた異議申し立てのメッセージである。

にして確保し、進展させ、揺り戻しから保護するかという点にある。重要なのはつまり、制度についての、法についての、そして一般的には社会編成のあり方についての問いを左翼の側から投げかけることである。帝国型生活様式はその本質からして、資本主義的・家父長制的な国家によって防護されている。この国家は社会的力関係の「物質的な凝縮」であり、闘争と矛盾によって貫かれた「戦略的な場」である(48)。それぞれの利害、アイデンティティ、価値観を有するさまざまな行為主体は、具体的な戦略をもって、あるいは場合によっては包括的なプロジェクトをもって社会的な影響力を有する存在になろうとする。そうすることによってまた「国家となる」ことを、すなわち法律のうちへと入り込み、公認され、無視されたり抑圧されたりしないようになることをめざして競いあうのだ。第七章で説明したように、国家は社会的な諸利益に一定の形態を付与する。したがって、国家はたとえば所有個人主義的な利益の形成に貢献するし、そのことをとおして、敵対する社会的な諸勢力のあいだの紛争を、支配の形状を帯びた秩序の再生産と両立しうるような構造へと組み込む(にもかかわらず、この秩序の存続は保証されえない)。その際、法－形態が中心的な役割を演じる。法－形態は、ゾンヤ・ブッケル[17]が適切に論証しているように「個々人を資本主義的・家父長制的なモナド〔単子〕として」主体化したうえで、「彼らをふたたび外面的な統一体へと統合する」(49)。

この政治的・法的な形態への批判は、帝国型生活様式を抑え込むうえでの不可欠な契機となる。しかし、それにともなって同時に、連帯型生活様式が開花しうるようになるために社会はどのように編成されなければならないかという問いが前面に出てくる。「社会の政治的編成の問題」は、ヴォルフ－ディーター・ナルが二〇年近くも前にすでに記していたように「まさしくこの時代の問題そのものである」[50]。この問いに答えることは、現存する解放的で普遍化可能なオルタナティブを制度によって確保し、そうすることでそれを反動的な攻撃から守ると同時に、それが反省によってさらに発展していくのを可能にする。その際、民主主義を深い意味で理解することが基調をなす。民主主義とは、或る意志決定から影響をこうむるすべての人がその意志決定に同等な権利をもって関与することなのだ。社会をそのような仕方で編成することは、主体のあり方に影響をおよぼさずにはいない。万人の自由な発展の条件がもはや――ブルジョワ的・資本主義的社会においてはまだそうであるように――各人の自由な発展を制約することにではなく、それを実現することにあるなら[51]、競争と私利を志向する現に優勢な主体性が連帯型の協調的な主体性へと転換するチャンスが存在する。しかも、社会をそのように編成することによって、外部化を引き起こす構造的な強制を克服するための前提条件が成立する。そうなれば、交換価値への志向、競争、成長といった資本主義のメカニズムは効力を失い、生態学的に見て誤っている意志決定の代償はもはや他所に押しつけられるのではなく、万人によって負担されることになるだろう。アレックス・デミロヴィッチが述べているように、「このことを誰もが知っているのであるから、人びとは自然を犠牲にするような意志決定を近隣においても遠方においても事前に防止しようとするであろう」[52]。

連帯型生活様式にかかわる紛争は、問題含みの諸関係を廃棄し、オルタナティブを強固にするべくくり広げられている。そのため多くの論争で議題になっているのは、共有財の創設と共存の別の形態、

[17]　資本主義社会における「法－形態」は、実際には階級的・政治的な支配・従属関係に置かれている人びとを「法の前で平等な市民」または集合的な「国民」として再構成する機能を果たす。第二章の訳注[7]も参照せよ。

たとえば再生産労働の別の分担の仕方やジェンダー関係の変革だけではない。福祉国家の連帯的なあり方もまた、すなわち「信頼のおける匿名の相殺メカニズムという形状を帯びた、社会保障と社会関係との切り離し」[53]も議題にのぼっている。これは同時に、——新自由主義的で、アクティベーション重視で、多くの問題においてますます抑圧的になっていく国家の形成のせいで私たちにはなじみ深いものとなっているが——国家の制度的な改造をも含意している。なぜなら、力関係と言説は国家にとって外在的なものではないからだ。連帯型生活様式の多彩な諸次元は制度のなかに「凝縮」されなければならないが[54]、それはむろん、資本主義的・家父長制的な国家において制度化されているような支配の論理を克服するという見通しをともなうものでなければならない。

自由主義的でありながらますます権威主義的になっていく民主制が帯びている制約を廃棄し、社会の包括的な民主化に向かって進むことは、連帯型生活様式をめぐる対決の中心的な課題である。これには、社会と政治の右傾化に抵抗する闘いとともに、帝国型の実践を抑止し、新たな実践を制度的に保護するという取り組みもまた含まれる。それらの試みにとっての出発点をなしているのは、私たちがいま直面し、際限のない苦しみを引き起こしている社会的・生態学的な歪みは、グローバルな社会的諸関係のなかにその原因を有しているという洞察である。言い換えるなら、そうした歪みの原因を、本書の冒頭で引用したロバート・D・カプランや大部分の政治的エリートたちによる脅迫めいたシナリオが示唆するようには、グローバル・サウス内部の事情に求めることはできないのだ。

この点を可視化するために、本書は帝国型生活様式のあり方を問いただし、これに連帯型生活様式の輪郭を対置した。連帯型生活様式は社会の諸関係と社会的な対自然関係の民主主義的な形成に根ざすものである。本書の分析が学問上の論争と社会的・政治的な論争に対して、とりわけ連帯型生活様式をめざす現在と将来の闘争の方向設定に対して何らかの貢献をしているのであれば、本書の目的は達成されたことになる。

謝辞

本書の執筆は、学問における集中的で友情に満ちた協同作業としてきわめて実り豊かなものとなったが、それは著者である私たちにとってだけの経験にとどまりはしなかった。本書は、多くの友人たちと同僚たちが示してくれた数多くの批判的な好意の産物でもある。そのため私たちはこの場を借りて、それらの友人たちと同僚たちに心から感謝したい。

本書が成立するうえで不可欠であった里程標のひとつは、ベルリンのローザ・ルクセンブルク財団において開かれたワークショップである。マリオ・カンディアス、シュテファニー・グラエフェ、フリーデリケ・ハーバーマン、ウヴェ・ヘーリング、ボリス・カンツライター、ベッティナ・ケーラー、トム・コップ、シュテフェン・キューネ、ミリアム・ラング、クリシュトフ・ポトゥスタヴァ、ザビーネ・ポングラッツ、カタリーナ・ピュール、ダニエラ・ゼットン、ズィルケ・ファン・デュク、クリスタ・ヴィヒテリヒは、数時間を費やしながら本書の二つの中心的な章の草案について私たちと徹底的に議論し、有益な反論を述べ、多くの批判とともに激励をも与えてくれた。このワークショップは私たちにとって、本書の草稿を仕上げるうえでの発火点となった。

過去の数年間に私たちは、講演や大学の授業においてくり返し批判的な質問と重要な示唆とを受け取った。それらは私たちの考えを打ち固めるのに役立ったが、当然のことながら私たち自身のうちに疑念の種をもたらした。なぜならそれらは、本書において私たちが考慮に入れることのできていないすべての事柄をあぶり出したからである。「帝国型生活様式と連帯型オルタナティブの工房(ＩＬＡ)」という集団によって組織された二つのワークショップは、私たちに自分たちの考えのいくつかを議論する機会を与えてくれた非常に興味深い催しであった。(1) 加えて私たちは、本書の草稿の個々の部分に対する重要ですこぶる刺激的な批評を、グンドゥラ・ルートヴィヒ、トビアス・ボース、アリーナ・ブラット、ルッツ・ブランシュ、ミヒャエル・ブリー、アリアネ・ブレンセル、クリスティーナ・ディーツ、フランツィスクス・フォルスター、ダニエル・フッフス、フランツィスカ・クッシエ、ミリアム・ラング、ハンナ・リヒテンバーガー、カトリン・ニーダーモーザー、メラニー・ピヒラー、エティエンヌ・シュナイダー、イザベラ・ラートフーバー、アンケ・シャファルツィク、ステファン・シュマルツから受けた。

以上に加えてウルリッヒ・ブラントは、ポツダムにある「持続可能性のための高等研究所(ＩＡＳＳ)」――そして同研究所のなかでもとくにマーク・ローレンス、セバスティアン・ヘルゲンバーガー、およびファルク・シュミット――に対し、二〇一六年の前半期に客員研究員の資格でとりわけ本書を執筆する機会を提供してくれたことを感謝する。ＩＡＳＳでの或るコロキウムにおいて本書のいくつかの考察が発表され、参加者から、とくにボリス・ゴチェフ、セバスティアン・ヘルゲンバーガー、クリスティン・ニコラウス、およびファルク・シュミットから重要な指摘を受けた。マークス・ヴィッセンは、研究専念期間を認めてくれたことをベルリン経済・法科大学(HWR)に感謝する。この専念期間のおかげでヴィッセンは、本書を書き上げるための時間を得た。

さらに私たちは、本書がドイツで出版されたあと私たちの主張に対して批判と促しを与えてくれたすべての方々に感謝したい。批評家、インタビュアー、討論者などが私たちに論評を提供してくれた。世界中の同僚たちもまた、本書の構想を発表し議論に付す機会を与えてくれた。同僚たちというのは、キトのアンディナ・シモン・ボリバル大学のミリアム・ラング、北京大学のホァン・チンジー、パリで「人新世」に関する会議を組織したステファン・アイクットとクリストフ・ボヌイユ、メキシコのフリードリヒ・エーベルト財団のクリスティアン・デンツィン、プエブラ大学のジョン・ホロウェイ、ブエノス・アイレスのラテンアメリカ社会科学院のアレハンドロ・ペルフィニ、コンセプシオン大学のホルヘ・ロハス、メデジン大学のアーロン・タウスである。

私たちは二人とも、フリードリヒ・シラー大学のポスト成長社会研究グループの研究員となることで、非常に多くの恩恵を受けた。この研究グループの知的創造性に満ちた環境は、自分たちの構想をさらに発展させる機会を与えてくれたし、同時に自分たちの論点を研ぎ澄ますよう促してくれた。

本書の日本語版について、私たちは大阪市立大学の斎藤幸平氏ならびに中村健吾氏にたいへん感謝している。著名で当を得たこれら二人の同僚たちが私たちの本を日本の読者に届けるために先導してくれたことを、私たちはとても光栄に思う。本書を翻訳してくれたことにつき、明石英人氏、岩熊典乃氏、岡崎龍氏、表弘一郎氏に感謝する。私たちは日本語訳の出版を快く引き受けてくれた岩波書店、とくに非常に専門的かつ親切に支援してくれた同書店の西岡宇行氏に感謝する。

ウルリッヒ・ブラント
マークス・ヴィッセン

原 注

日本語版への序文

(1) Brand/Wissen 2018 も見よ。
(2) Lessenich 2019
(3) Eversberg 2018
(4) Fraser 2016: 113
(5) Dörre 2018a, 2018b. これに類似した次の批判も見よ：Hürtgen 2020
(6) Thien 2018: epilogue
(7) Sablowski/Thien 2018
(8) Biesecker/Winterfeld 2014
(9) この箇所の記述は、ウタ・フォン・ヴィンターフェルトおよびアーデルハイト・ビーゼッカーとの個人的な通信にもとづいている。
(10) Wichterich 2016a
(11) Ebd.: Kap. 3
(12) Sablowski 2018
(13) Schoppengerd 2017: 16
(14) Boris 2017
(15) この点は、ギーセン大学のエンカルナシオン・グティエレス・ロドリゲスおよびカッセル大学のダニエル・ベンディクスといったポスト・コロニアルの研究者たちが、私たちとの討論のなかで指摘したものである。
(16) Stamer/Mayer 2017, Bell/Schäfer 2018
(17) Thie 2017
(18) Dörre 2018a: 1
(19) Wissen/Brand 2021 (forthcoming)
(20) Barca/Leonardi 2018
(21) *LuXemburg* の特集である *New Class Politics* (zeitschrift-luxemburg.de)を見よ。
(22) *Globalizations*, 4 (15), 2018 における「生活の織物のなかの労働(Labour in the Web of Life)」に関する特集も参照せよ。
(23) Bond 2019
(24) Hornborg 2010
(25) Brand/Wissen 2019 も参照せよ。
(26) Novy 2018: 54. 以下も参照せよ：Novy 2021 (forthcoming), Klauke 2017
(27) Brie 2015
(28) Novy 2018
(29) Svampa 2020
(30) Bello 2004

(31) Lange/Santarius 2020
(32) Ebd.
(33) Foundational Economy Collective 2018
(34) Peters 2020
(35) 「コロナ資本主義」という用語はナオミ・クラインが用い始めたものである。この用語は、豊かな人びとの利益、または自然を破壊する経済部門の利益のために危機への対処が行なわれることを表現している。このことはとくに政府による「救済策の束」において、ひいては民間医療産業において明らかになっていると、彼女は指摘している。これまでの危機の場合と同様に、くり返し行なわれるショック政策は、社会や自然について何ら配慮を見せることのない既存の強者の立場を永続的に強めようとしている(Klein 2020)。
(36) Institute for Critical Social Analysis & Friends 2020: 11-12
(37) Cavallero/Gago 2020は、とくに過去数年間におけるフェミニストの闘争につながる共同の課題について議論しており、それらはいまや共有の資源となりうるものである。それらはすなわち、フェミニストによるストライキであり、公的な債務と私的な債務に関する再交渉の要求であり、目下の隔離生活のなかで増加しつつあるドメスティック・バイオレンスと女性を標的とする殺人に抗する闘いである。加えて、特定の形態の労働の(不)可視化と社会的再生産についての議論も挙げることができる。プラットホーム資本主義は「アルゴリズムおよびGPSという形而上学に信頼を置いているにもかかわらず、分析の最終段階においては生身の身体によって支えられている。(中略)一般的にはたえず放浪するこれらの身体は、空虚な都市を横断し、——その露出のおかげで——多くの人びとの参入と退出を許容するのである」(ebd.)。
(38) Görg 2020: 1-2
(39) Ebd.
(40) Hartmann 2020
(41) Davis 2020: 14
(42) Attac Austria 2020
(43) Kothari et al. 2020を参照せよ。

第一章

(1) Federici 2012: 100
(2) Kaplan 1994. 英語の原典からの引用文はすべて、著者たち(ウルリッヒ・ブラント/マークス・ヴィッセン)がドイツ語へ翻訳した。
(3) Ebd.: 58
(4) 「難民の受け入れの絶対数で見た場合、その数が二〇一五年の半ばにおいて群を抜いて多い国はおしなべてEU域外の国であり、しかもそのほとんどはEUから十分に離れている。ランキング・リストの上位を占めるのはトルコ、パキスタン、レバノン、イラン、エチオピアであり、上位一〇位以内に入るのはもっぱらアジアとアフリカの諸国である」(Lessenich 2016: 155)。
(5) この点については、Frey 2016によるきめ細かい評価を参照せよ。

（6） Schmidt/Sieron 2016, Bauhardt 2009, および Dietz 2011 を参照せよ。

（7） Milanovic 2016, Piketty 2014

（8） Räthzel 1991: 25. 右翼ポピュリズムと新自由主義との交差・融合に関するクリシュトフ・ブッターヴェッゲの啓発的な論稿(Butterwegge 2016)も参照せよ。著者はこの論稿のなかで、地位が不安定になったプチ・ブルジョワジーたちが右翼に票を投じているという外見上のパラドクスを解明しようとしている。外見上のパラドクスとはすなわち、「ドイツのための選択肢(ＡｆＤ)」のような右翼政党はプチ・ブルジョワジーたちの利害関心に反する新自由主義の政策課題を追求しているにもかかわらず、当のプチ・ブルジョワジーたちは右翼政党を支持しているという事態である。ブッターヴェッゲはこうした事態をまずは、右翼が人びとに約束する「民族共同体」の「家庭的な温もり」によって説明している。これに続いて彼は、右翼ポピュリズムと新自由主義との重要な共通点である立地点確保のナショナリズムを指摘している。立地点確保のナショナリズムは、経済競争において他国を凌駕しようとすることだけを意味しているのではない。それはまた、業績を産む能力がない、またはそうする意志がないと宣告された集団を自国においてだけでなく他国においても、自らの有能さによってのみ獲得されうると称されている財産の分け前から締め出すことをも意味している。「新自由主義と右翼ポピュリズムとの重要な交差・融合点は、万人の幸福の水準を高めるために「ドイツという経済的立地点」に誇りをいだき、その強みを向上させなければならないという共通の確信にある。新自由主義は、他の経済的立地点との業績競争に固執するがゆえに、立地点確保のナショナリズム、社会ダーウィン主義、ひいては偏狭な繁栄至上主義のための理想的な温床をつくり出すのだ」(Butterwegge 2016)。

（9） Fücks 2013

（10） WBGU 2011

（11） 本書の第二章におけるいくつかの箇所は Brand 2016b に由来し、第五章における化石エネルギーへの需要の増大に関する諸節は Wissen 2016 から抜粋され、第七章における緑の資本主義の可能性に関する説明はもともと Wissen 2014 として公刊されたものである。

（12） Lucke 2016

第二章

（1） MEW 4: 465〔訳：第四巻四七九頁〕

（2） UNEP 2016a

（3） Haberl et al. 2011, Schaffartzik et al. 2014 における長期的傾向についての概観を参照せよ。

（4） スマートフォンを使用する人の数は複数の地域で、二〇一三年から二〇一九年までのあいだに二倍以上になっている。例を挙げれば、トルコでは一五〇〇万人から四八〇〇万人に、ドイツでは二九六〇万人から五五五〇万人に、ロシアでは三四四〇万人から七三三〇万人にまで増えた。Statista, Prognose zur Anzahl der Smartphone-Nutzer in europäischen Ländern von 2013 bis 2019 (https://de.statista.com).

（5） Unmüßig 1998

（6） Görg/Brand 2002

（7） Park et al. 2008を参照せよ。

（8） Schwarzer 2011

（9） Global Carbon Atlas の図表を参照せよ(http://www.globalcarbonatlas.org)。

（10） WBGU 2009

（11） 二℃目標とは、世界の平均気温の上昇が産業革命以前の時代に比べて摂氏二度に抑えられるべきであることをいう。そこで前提とされているのは、気候変動の自己増幅作用(たとえば、温室効果ガスであるメタンを大量放出させると考えられている永久凍土の融解)が生じると予測される「ティッピング・ポイント」に達していないならば、気候変動は依然として制御可能であるということである。この目標には議論の余地がある。なぜなら、ティッピング・ポイントとそれに到達する諸条件(温室効果ガスの大気圏への集積)は、概算することしかできないからである。これに加え、二℃までの気温の上昇は、全世界的な規模で気候変動を制御不可能にするとは限らないものの、この大きさの気温上昇によって地域の生活条件が掘り崩されることになる多くの国にとってはすでに過大である。これが、パリ協定で全世界的な気温上昇を一・五℃に制限することが求められた理由である。

IPCC 2018を参照せよ。

（12） Demirović u.a. 2011

（13） New Economics Foundation 2010

（14） これについては、以下の雑誌における討議を参照せよ：*PROKLA*(『批判的社会科学のための雑誌』)一八一号ならびに同誌の二〇一六年刊行分。

（15） Federici 2012, Wichterich 2013, Aulenbacher u.a. 2015, Hajek/Opratko 2016

（16） Rivera 2015, UN-Generalversammlung 2015. 詳細についてはMartens/Obenland 2016も参照せよ。

（17） 前掲のＷＢＧＵ報告書のほか、以下も参照せよ：Jonas/Littig 2017, Brand/Wissen 2017, Brie 2014, Görg et al. 2017

（18） Nalau/Handmer 2015: 351

（19） Driessen et al. 2013: 1

（20） WBGU 2011: 84, 256 ff.

（21） Ebd.: 89

（22） Polanyi 1995 [1944]. 近年の再解釈については以下を参照せよ：Dale 2016, Brie/Thomasberger 2018, Atzmüller et al. 2019

（23） Haberl et al. 2011: 1-14

（24） Schneidewind 2013: 85. 強調は引用者。

（25） Biesecker/von Winterfeld 2013: 160-165

（26） この考えは、或る討論においてルッツ・ブランシュが初めて述べたものである。

（27） Beck 2011を参照せよ。

（28）Offe 1973, Poulantzas 2002〔1978〕. 付言しておけば、Beck 2011 はこれに関して、科学がひとつの矛盾に巻き込まれていると指摘する。一方では科学は、政治に対して意志決定を指示することを望まないと主張する。だが他方では、そのように理解された科学から、政治的行為のための不可避にして一義的な要件が課される。このことによって科学は政治化されるが、気候政治は表向きには脱政治化されるのである。この点については、ロジャー・ピールケによる以下のブログ記事も参照せよ。"Planetary Boundaries as Power Grab", http://rogerpielkejr.blogspot.de/2013/04/planetary-boundaries-as-power-grab.html

（29）労働という主題はＷＢＧＵの報告書ではいかなる役割も演じていない。以下を参照せよ：Biesecker/von Winterfeld 2013, Haug 2011, Winker 2015

（30）「プラネタリー・バウンダリー」についてはRockström et al. 2009: 472-475 を参照せよ。「人新世」と地質学については以下を参照せよ：Crutzen 2002: 23, Steffen et al. 2011: 739-761

（31）Görg 2015a: 30

（32）引用は Baskin 2014: 8. 以下も参照せよ：Lövbrand et al. 2015: 15, Malm/Hornborg 2014: 62-69

（33）MEW 4: 467〔訳：第四巻四八一頁〕

（34）Görg 2015b: 241

（35）Dietz 2011

（36）Crutzen 2002: 23

（37）WBGU 2011

（38）ここでは、エルマー・アルトファーターがすでに一九九六年に「前途有望なドイツ」に関するヴッパータール研究所の論考について批判したのと同様の短絡が問題となっている。「極端に言えば、こう問うこともできよう。生態学的な持続可能性について語り、資本主義については沈黙しながら、エコロジー革命を——削減のシナリオではこれを要求するほかないので——求め、政治的にも経済的にも社会的にも、およそあらゆる仕組みを元のままに放置しておくことなど許容されるのか、と」(Altvater 1996:84)。Rilling 2011: 16 も参照せよ。

（39）Polanyi 1995〔1944〕

（40）Brie 2015: 27

（41）Ebd.: 28. 強調は原文による。

（42）Ebd.: 29

（43）Brand 2016b: 23-27

（44）Demirović 2016: 278-302

（45）MEW 4: 465〔訳：第四巻四七八～四七九頁〕

（46）Brand/Niedermoser 2016, Brand/Niedermoser 2019: 173-180

（47）Hirsch 1990, Esser u.a.1994, Roth 2018: 219-240

（48）南北関係はここでは地理学的カテゴリーとしてではなく、関係を示すカテゴリーとして把握されている。すなわち、早期に工業化を遂げた諸国と経済的にあまり発展していない諸国とにおける異なる社会的構造のあいだのグローバルな連関が、このカテゴリーで描かれている。

第三章

（1）GH 4: 499〔訳：第一巻一二四頁〕

（2）「資源」と「吸収源」という概念をさらに問題として掘り下げることもできよう。なぜなら、そこにはすでに用語として、人間にとっての外的自然に関する道具的な理解が含まれているからだ。外的自然の諸要素それ自体が資源や吸収源であるのではなく、そうした諸要素は、歴史的に変化する可能性のある一定の社会的な諸欲求との関係においてのみ資源や吸収源となる。労働力という概念に対しても同様の留保を付すことができよう。労働力からの人格の分離は、資本主義に固有の抽象化作用である。封建君主とは異なり、資本主義体制のもとでの企業家が意のままにすることができるのは人格のすべてではなく、その労働力だけである。以上の留保を付したうえで、私たちはこれらの概念を〔本書で〕使いつづける。というのも、私たちにとって関心のある問題連関はそれ以外の仕方では主題化できないであろうし、それらの概念を批判的かつ分析的に用いることで、資本主義的な社会関係（と対自然関係）の道具的性格や支配形式をも明らかにすることができるからである。また、帝国型生活様式という概念のなかに、時間の要素を組み込むことができるかもしれない。なぜなら、私たちの社会の日常的な再生産は多くの問題を将来へ先送りするからである。このことが明らかになるのは、化石燃料の燃焼の際に発生し、気候システムを長期にわたって変えてしまう排出物においてであり、その危険性がきわめて長期間続く高濃度の放射性廃棄物においてである。だが、考察をそのようにして——将来にまで——拡張することはここでの主要な意図ではない。

（3）McMichael 2009

（4）Kramer 2016: 29

（5）GH 11: 1375

（6）Ludwig 2012: 113. GH 10: 1341 も参照せよ。

（7）Ludwig 2012: 114. Habermann 2008 も参照せよ。

（8）Diezinger 2008: 204

（9）Ebd.

（10）これについての包括的な文献として、Rössel/Otte 2011 を参照せよ。

（11）Bourdieu 1987

（12）Jonas 2017: 120. Jonas/Littig 2015 も参照せよ。

（13）Bourdieu 2009: 181

（14）Bourdieu 1987: 307〔訳：第Ⅰ分冊二八八頁〕

（15）Ebd.: 735〔訳：第Ⅱ分冊三四五頁〕

（16）Kramer 2016: 29

（17）Sonderegger 2010

（18）Hornborg 2010: 43

（19）MEW 25: 115 ff.〔訳：第二五巻第一分冊一三三頁以下〕

（20）たとえば Heuwieser 2015 によるホンジュラスの研究を参照せよ。

（21）Newell/Paterson 2010: 132 f. を参照せよ。

(22) Wackernagel/Beyers 2010
(23) MEW 4: 465 f.〔訳：第四巻四七九頁以下〕
(24) Luxemburg 1970 [1913], Harvey, D. 2005, Dörre 2013
(25) Chakrabarty 2010, Mezzadra 2012
(26) Görg 2004を参照せよ。
(27) Atzmüller et al. 2019
(28) これについてはとりわけ Aglietta 1979: 151 ff. を参照せよ。
(29) Sablowski 2010: Sp. 1642. Steckner/Candeias 2014 も参照せよ。
(30) Fröbel u.a. 1977
(31) Schmidt 2013
(32) Aulenbacher u.a. 2015: Kap. 6
(33) Said 1981
(34) Lessenich 2016: 69, Massarrat 2006, Kap. 2 und 8
(35) Thompson 1980a
(36) Graefe 2016: 43
(37) GH 1: 101. Buckel/Fischer-Lescano 2007 も参照せよ。
(38) GH 3: 372
(39) GH 22〔訳：第三巻〕
(40) GH 10: 1356
(41) Habermann 2008: 126
(42) Demirović 1997: 257
(43) さらにたとえば、Bröckling u.a. 2000, Boltanski/Chiapello 2003, Foucault 2006 [1977/78], Ludwig 2011, Ludwig 2012, Welzer 2011 を参照せよ。
(44) Ludwig 2011 も参照せよ。
(45) Graefe 2016: 43
(46) Neckel/Wagner 2013, Eversberg 2014, Lessenich 2014, Graefe 2016
(47) ブルデューは人間の無意識的な実践しか見ておらず、そうすることで人間を受動的なものとみなし、人間の固有の行為能力と(自己)省察と学習過程をないがしろにしていると、しばしば批判されてきた(この種の批判と他のさまざまな批判については、Sonderegger 2010: 22–28 を参照せよ)。こうした解釈に対しては、ブルデューを「もっと抵抗志向で」読むなら次のように異議を唱えることができる。すなわち、ブルデューは権力戦略と支配構造を「まったく特定された意味においてつねに意識していたのであり、そうした戦略や構造は、状況が(行為主体の眼から見て)それ相応に危機的であるかまたは切迫したものであるなら、言及され引き合いに出されることになる」(Sonderegger 2010: 27)。
(48) Thompson 1980a
(49) 不平等な社会において地位にともなう消費がもたらす社会的・生態学的な効果の研究については、Wilkinson/Pickett 2010 の第一五章を参照せよ。また Veblen 2011 も参照せよ。
(50) Hirsch 1980
(51) Appel 2010

（52） ヴッパータール研究所の別の公刊物(Wuppertal Institut für Klima, Umwelt, Energie 2005)では、「トランスナショナルな消費者階級」について述べられている。この概念は、グローバル・ノースの消費規範がグローバル・サウスの中流階級と上流階級のあいだに拡散していく様子をそれが指し示すかぎりにおいて啓発的である。そこではしかし、生産過程における個人の位置を考察しているわけではないため、マルクスのいう意味での階級概念が取り上げられることはない。

（53） Wuppertal Institut für Klima, Umwelt, Energie 2009: 152

（54） それに応じて、さらなる研究では次のように問うべきだろう。すなわち、階級、ジェンダー、人種の線に沿って形成されるさまざまな支配関係はそれぞれどのような帝国型の持ち分を有するのか、そこではいかなる矛盾がそのつど露わになるのか、と。

（55） 相対的に開かれた世界市場によって、労働力の再生産は購買力の強い諸国ではなるほど安価なものとなりうる。しかしながら同時に、それら諸国でのとりわけ生計労働は労働基準の切り下げや賃下げや失業による圧力のもとにあるという事実を、私たちは認識している。

（56） MEW 23: 331 ff.〔訳：第二三a巻四一一頁以下〕

（57） Lessenich 2016: 51

（58） Biesecker/von Winterfeld 2014: 2-5

（59） Ebd.

（60） Wichterich 2016a: 60

（61） Ebd. Winker 2015 も参照せよ。

（62） Wright 2010: 69

（63） Welzer 2013: 78

（64） Brand/Wissen 2014

第四章

（1） Galeano 1973: III〔訳：四頁〕

（2） ただし、このことを理由に、連帯型生活様式をめざす解放闘争の価値を低めるべきではない。

（3） Brenssell 2013 を参照せよ。

（4） ここでは、レギュラシオン学派やネオ・グラムシ派の国際政治経済学による大まかな歴史的・構造理論的な図式化を取り入れている。Alnasseri u.a. 2001, Cox 1987, Candeias 2004, Sieder/Langhaler 2010, Jessop 2001 を参照せよ。

（5） この危険性については、Burchardt/Peters 2015: 248 での、帝国型生活様式の概念に対する批判を見よ。

（6） Sieder/Langthaler 2010: 10

（7） Ebd.

（8） Althusser 1968: 80. Hall 2012 も参照せよ。

（9） Görg 2003, Becker/Jahn 2006, Krausmann/Fisher-Kowalski 2010, Brand/Wissen 2011

（10） Jahn/Wehling 1998: 83

（11） ここでは、「中産階級」や「中間層」を緩い意味で使っている。ここで念頭に置かれているのは、労働者階級というよりも、通常は高い給料が支払われており、

「各々の等級に応じて指揮の役割を担う」賃労働に従事している機能・職能集団のことである(Kadritzke 2016a: 481)。社会的「中流」をめぐる詳しい検討と、近年の社会学的理論化に対する批判については、Kadritzke 2016a, Kadritzke 2016b を参照せよ。

(12) 第四章は、とりわけ資本主義の中心部における帝国型生活様式の社会的な普遍化に焦点を当てるが、部分的には半周辺の中産階級についても扱う。その際には、(a)価値増殖、蓄積、土地収奪の資本主義的力学、(b)より広域な人びとにとっての豊かさ、物質的分け前、生活改善、(c)帝国型生活様式に結びついた社会構造のヒエラルヒー化、そして(d)現在も機能している外部化が考察の対象となる。

(13) 第五章においても、いくつかの歴史的・現代的事例をもとに、(a)資本主義の価値増殖、蓄積、土地収奪、ならびに(b)グローバル・サウスの国々におけるより良い生活条件を求めての闘争が、帝国型生活様式を拡大し、そのヘゲモニー獲得につながったことを示す。その際には(c)ヒエラルヒー化がともなうだけでない。(d)生態学的、経済学的、社会学的理由から普遍化できないものまでも普遍化されたのである。

(14) Brand/Dietz 2014

(15) Frank 1969

(16) Kloppenburg 1988 は植物由来の資源をめぐる「本源的蓄積」を研究している。鉱物や農業生産物が中心部へもたらされたのみならず、――学術的な「蒐集旅行」の結果として――生物学的多様性の一部も、膨大な経済的価値をもつ種子という形で中心部へともたらされたのだった。

(17) Schramm 2010: 371. ここではヨーロッパと中南米にのみ焦点を当てることにする。中国、オスマン帝国、日本、インドにおいては一九世紀まで、耕作や生産におけるヨーロッパの影響はずっと少なかった。中国は一八世紀にはまだ、英国よりも一人あたりの収入が高かったのであり、一九世紀半ばにもより良い経済パフォーマンスを見せていた。さらに近年の研究によれば、資本主義世界システムはヨーロッパから端を発して発展しただけでなく、その起源からヨーロッパ植民地主義の始まりまで、世界の多くの場所において多極的に組織化されたのである。概観として、Kurtenbach/Wehr 2014 を見よ。さらにマニュエル・シュラムは、すでに一八〇〇年以前に中国、オスマン帝国、日本、インドにおいては消費財の売買が人口の多くに行き渡っており、商業もヨーロッパより早くそれに対応するようになっていた。

(18) Schüller 1994

(19) この点について詳しくは、Galeano 1973 を見よ。

(20) Gerstemberger 2006. 国家による暴力独占は、しばしば想定されるような西洋独自の特徴ではない。暴力独占は他の地域でも形成されていたからだ(Kurtenbach/Wehr 2014 を参照せよ)。さらに、フェミニズムによる研究が示すように西洋の国家といえども物理的暴力の独占を自称しているにすぎず、ほとんどの場合、家庭内での暴力の行使が看過されてしまっている(Sauer 2001: Kap. 4)。

(21) Wood 2015: 116 f.〔訳：一一一～一一二頁〕

(22) Ebd.

(23) Gerstenberger 2006, Wood 2015

(24) Ebd.: 203

(25) Ebd.: 204

(26) Hornborg 2010: 43

(27) Schramm 2010: 366 f.

(28) Thompson 1987 [1963]: 345〔訳：三八〇頁〕

(29) シュラムの評価は異なっている。彼によれば「一八〇〇年頃には、すでに消費社会の重要な要素をイングランドは示していた。たとえば、農業における高度の商業化、消費財生産の繁栄、工業化以前の関係であるにしては効率的な交通制度、売買の人格的自由、商業広告などである」(Schramm 2010: 365)。

(30) Osterhammel 2011: 338

(31) Krausmann/Fischer-Kowalski 2010: 43 ff.

(32) Osterhammel 2011: 934

(33) Polanyi 1995 [1944]: 330 f.〔訳：四五四頁〕

(34) Moscovic 1990: 398 ff.

(35) Hobsbawm 1987

(36) Komlosy 2010: 46

(37) Poulantzas 2001: 51 f.

(38) Donghi 1991

(39) Kaltmeier 2011

(40) Polanyi 1995 [1944]: 329〔訳：四五二頁〕. Brie 2015 も参照せよ。

(41) 一八三三年から一八七四年のイングランドの工場法については、MEW 23: 294-315〔訳：第二三a巻三六四～三九一頁〕を参照せよ。

(42) Hermann 2015: 109 ff.

(43) Thompson 1980b: 46

(44) 詳細な歴史的叙述は、アメリカのニュー・ディール政策に加えてヨーロッパのファシズムに立ち入る必要があるだろう。或る意味では、それらがのちの帝国型生活様式の貫徹へのひと押しとなったからである。

(45) Schor 2015: 61

(46) Aglietta 1979: 158

(47) Lutz 1989

(48) Kloppenburg 1988

(49) GH 22: 2088 f.〔訳：八一、八三頁〕

(50) Ebd.: 2069 ff.〔訳：三五頁〕

(51) Schmidt 2013: 405

(52) Huber 2013: 180 f.

(53) Krausmann/Fischer-Kowalski 2010: 52

(54) Schaffartzik et al. 2014: 90 ff.

(55) Schram 2010: 45 は、社会主義的消費モデルと西側の個人主義的消費モデルの違いを強調している。前者が含意しているのは、国や時代によって大きな違いはあるものの、「『公正な』分配の側面であり(個人の選択権には制限があったが)、自動車や家庭用器具のような寿命の長い財の共同使用であった」。
（56） Dunlap/Catton 1994: 12
（57） Donghi 1991: 416
（58） Schramm 2010: 376
（59） Kloppenburg 1988, McMichael 2009
（60） Sachs 1997, Ziai 2011 を参照せよ。
（61） Mitchell 2011: Kap. 8
（62） この尺度は一人あたりの二酸化炭素排出量であるが、グローバル・ノースの国々ではグローバル・サウスよりも依然として明らかに高い（傾向的には収斂しつつあるものの）。IEA 2014: 84 ff. を見よ。
（63） Altvater 1987

第五章

（1） Luxemburg 1970［1913］: 286〔訳：第三分冊六一六頁〕
（2） Carson 2007［1963］
（3） Altvater/Mahnkopf 1996: Kap. 7, Zinn 2015
（4） Brand 1999
（5） 東ドイツの環境保護運動については、Rucht 1994, Rink 2002 を参照せよ。
（6） Hardt/Negri 2002: 286〔訳：三五七頁〕. Boltanski/Chiapello 2003 も参照せよ。近年、感情労働の評価が高まっていることについては、Penz/Sauer 2016: Kap. 5 を参照せよ。
（7） Altvater/Mahnkopf 1996
（8） Williamson 1990
（9） Fröbel u.a. 1977
（10） Wuppertal Institut für Klima, Umwelt, Energie 2005: 68 ff.「エコロジカル・リュックサック」は、生産物に入りこむ資源の総量から生産物自身の総量を差し引いたものを表わしている。
（11） Braune 2014, Wagner 2013
（12） Bäuerle u.a. 2011
（13） Dannoritzer 2015: 89
（14） Krausmann/Fischer-Kowalski 2010: 56
（15） Weis 2013
（16） McMichael 2009
（17） Ebd.: 154
（18） Boylos/Behr 2008
（19） わかりやすい例は Hartmann 2015 にある。
（20） Sezgin 2015: 26
（21） Statistisches Bundesamt 2012: 649
（22） Bpb 2016a
（23） Bpb 2016b
（24） WTO 2014
（25） WTO 2015: 14 ff.
（26） 貨物量のより大きな増加は、一方で生産物の構成における予期された変化に、他方で輸送ルートの平均一二％分の予期された延長に帰せられる。米国と中国のあいだの貿易が展開される北太平洋航路は二〇五〇年までに、最も重要な貿易ルートとして米国と欧州のあいだの北大西洋航路に取って代わると言われている(ITF 2015: 75)。
(27) ITF 2015: 74 ff.
(28) IATA 2014, 2016
(29) Wolf 2007: 302
(30) Ebd.: 303
(31) Ebd.: 293
(32) Schaffartzik et al. 2014: 90 ff.
(33) BP 2016: 23 ff.
(34) IEA 2015b: 120 ff.
(35) 石油需要は二〇〇〇年から二〇一四年にかけて六二%増えており、それは二〇一四年から二〇四〇年までの期間にさらに四八%増えると、ＩＥＡは見積もっている(IEA 2015b: 115 ff.)。
(36) IEA 2015b: 72
(37) Ebd.: 115 ff., 146. BP 2016: 33も参照せよ。
(38) Haberl et al. 2011, Schaffartzik et al. 2014
(39) 中産階級の算出・比較の問題については、Popp 2014: 33 f., ILO 2013: 32を参照せよ。
(40) Popp 2014: 34
(41) UNDP 2013
(42) Popp 2014: 32, 36. Kharas 2010も参照せよ。
(43) そのうえ、たとえばアルゼンチンとガーナのような国々の中産階級はかなり異なっている。
(44) Popp 2014: 32
(45) ILO 2013: 36
(46) Popp 2014: 36 f.
(47) Dietz/Brunnengräber 2008
(48) NBS 2016
(49) Hung 2009
(50) World Steel Association 2015
(51) IEA 2015b: 278
(52) 日本で七八〇万台、ドイツで五七〇万台、米国と韓国でそれぞれ四一〇万台あまりが生産されている(OICA 2016)。
(53) Lüthje/McNally 2015, Zhang 2015
(54) 「都市に移り、そこで工業労働に従事すること(dagong＝打工)によって自由を求めることは、地方の労働者に共通する、世代を超えて強まった憧れなのである。(中略)中国におけるプロレタリアート化の過程は固有の力学に従っている。それは、打工によって自由になるという人びとの強い願いから発しており、しかもそれは都市と地方の大きな対立という脈絡において生じているのだが、その対立自身は改革期の急激な工業化とグローバル化から生まれたものである」(Pun/Lu 2010: 500)。
(55) Pun/Lu 2010: 497 ff., 504 ff.
(56) Schmalz 2018
(57) Lüthje/McNally 2015
(58) Huan 2008, Schmalz 2018
(59) Ming 2015
(60) Ebd.: 33
(61) IEA 2015a: 28
(62) Pun/Lu 2010, Fuchs 2015

（63） Ming 2015: 35

（64） Ebd.: 32

（65） Zhang 2015: 191

（66） BMVI 2015: 327

（67） Huan 2016

（68） UNEP 2016b

（69） Brand/Schmalz 2016

（70） 詳しくはFDCL/RLS 2012, Brand/Dietz 2014を、ボリビアでの事例についてはRadhuber 2013を参照せよ。中南米における一〇〇年前からの開発モデルは採取主義と名づけることができるが、二〇〇〇〜二〇〇三年からの段階は新採取主義と名づけられる——しかも、その際に問題になるのが左派、中道左派、あるいは新自由主義的保守の政府であるのかどうかは、命名に関係しない。「新採取主義」という概念は議論のなかではときおり、進歩的な政府に対してのみ用いられる。

（71） Svampa 2012, Brand/Dietz 2013

（72） Bussolo et al. 2014: 3

（73） Natanson 2012

（74） Gago 2015

（75） Ebd., Blühdorn 2013

（76） Brand 2016a

（77） ヤスニ国立公園の事例は原料採掘の国際的な次元をも示唆している。すなわち、エクアドル政府が二〇〇七年に表明したのは、外国の出資者が総額三六億米ドルでもって、見込まれていた原油販売からの収益の約半分を同政府に補償するならば、ヤスニ国立公園の原油を採掘しない準備があるということだった。この発案は、二〇一三年に国際社会の支払い準備が不足していたため挫折した(Acosta 2015)。

（78） Lander 2016

（79） Fuentes 1994

（80） Zapatista National Liberation Army 1993

（81） Speed 2007

（82） Holloway/Peláez 1998, Brand/Ceceña 2000, Lang 2015

（83） Lang 2015: 244 ff.

（84） Ebd.: 236 ff.

（85） Lang 2005, Harvey, N. 2005

（86） Rockström et al. 2009

（87） Wissen 2010

第六章

（1） ヴィエラ＝ガリョはチリの政治家である。彼はサルバドール・アジェンデ大統領の社会主義政権（一九七〇〜七三年）のもとで法務大臣だった。この引用はイヴァン・イリイチの本(Illich 1974)から取られている。

（2） BMVI 2015: 135 ff.

（3） Stremmel 2015

（4） Dudenhöffer 2013. There is much to gain in China's SUV market – but for whom?, in: *Forbes*, 21. Mai 2015 (http://www.forbes.com; 30.05.2016)

(5) Dudenhöffer 2013

(6) Unfallforschung der Versicherer 2012

(7) Verron 2015: 12

(8) 所得、教育レベルならびに資源・排出強度の連関については、Wuppertal Institut für Klima, Umwelt, Energie 2009: 152 f. および Kleinhückelkotten u.a. 2016 を見よ。

(9) Steger 2015

(10) Hauff 1987: 46

(11) Sachs 1997: 99 f.

(12) Steger 2015. Dennis/Urry 2009: 41 も参照せよ。

(13) Steger 2015

(14) Knoflacher 2014 を参照せよ。

(15) Stremmel 2015

(16) Sachs 1984: 109 ff.〔訳：一六五頁以下〕Schwedes 2014: 21 も参照せよ。

(17) Schivelbusch 2015［1977］: 29 を参照せよ。

(18) Sachs 1984: 23 f.〔訳：二六〜二八頁〕のわかりやすい叙述を見よ。

(19) Ebd.: 26〔訳：三三頁〕

(20) Ebd.: 30〔訳：三四〜三五頁〕

(21) Just Transition Alliance. これは Brie/Candeias 2016: 13 からの重引である。

(22) BGR 2015: 79

(23) 鉄と鉄鋼についてのデータは Kerkow u.a. 2012: 12. 鉄鉱石についてのデータは BGR 2015: 7.

(24) Lessenich 2016: 12

(25) 自動車生産の価値創造の連鎖において生じる人権侵害と生態系破壊についての体系的研究としては、ウヴェ・ケルコウ、イェンズ・マーテンズ、アレックス・ミュラーによるものが挙げられる(Kerkow u.a. 2012)。

(26) Lessenich 2016: 111 f.

(27) Sachs 1984: 96〔訳：一四三頁〕からの重引。

(28) Schmidt 2013 を参照せよ。

(29) Sachs 1984: 79〔訳：一一四頁〕

(30) 「乗り物の種類別の一九六〇年〜二〇一六年のストック」という連邦自動車庁の調査による数値。http://www/kba.de; 15.09.2016

(31) Illich 1974: 26 f.〔訳：二七〜二八頁〕

(32) Gorz 2009: 53 f. Paterson 2007: Kap. 5 も参照せよ。

(33) Kaufmann 2011: 16 ff.

(34) Urry 2013: 77 f. Wolf 2007: 123 ff. も見よ。

(35) Urry 2013: 79–96

(36) Wolf 2007: Kap. 11

(37) この点の理解に際しては、Ott 2016 が描き出した自動車産業と経済省との共同作業の経緯に関する年代記が有益である。

(38) Krull 2015 を見よ。

(39) Brie/Candeias 2016: 17

(40) Krull 2015

(41) こうした傾向に抗っているがゆえに今日でもなお依拠することのできるような伝統も、自動車産業のなかには存在する。実際、一九七〇年代から一九八〇年代の初めにかけてダイムラー・ベンツの「広告グループ」は、自動車産業の社会的・生態学的な改造を、雇用維持にとっての脅威ではなくまさにその前提条件だとみなしたのである(Hoss 2004: Teil II)。このグループのメンバーの一人であるディーター・マルセロの論文ではこう述べられている――「私たちが単に雇用のみを要求するのではなく、労働の意味と目的を問うなら、そして被雇用者たちがこの方向に沿って[企業に対してだけでなく、労働組合であるIGメタルに対しても圧力を行使するなら、一九九〇年代に私たちがもろもろの社会保障計画を立てる必要はなくなるであろうし、それに代えて、いまとは異なる交通システムのための代替的な生産物を製造することができるであろう」(Marcello 1980: 53)。IG Metall/Deutscher Naturschutzring 1992, Wissen/Brand 2021 も見よ。

(42) Stieß u.a. 2012: 26

(43) VCÖ 2009: 9 f. 私たちはベッティナ・ウアバネクのおかげでこの考えに達した。

(44) Paterson 2007: 47 f.

(45) Ebd.: 134

(46) Keil 2018

(47) Bauhardt 2007: 308

(48) Biesecker/Hofmeister 2010, Biesecker/von Winterfeld 2014

(49) Busse u.a. 2016

(50) Umweltbundesamt 2015: 41 f., Verron 2015: 12, Daum 2019, Haas/Wissen 2020. バイオ燃料をめぐる諸問題、すなわち内燃機関にバイオ・エタノールやバイオ・ディーゼルを投入することで化石燃料の使用を部分的に回避するという試みについて、ここでは立ち入って論じない。そうした試みがもたらす社会的・生態学的な恐るべき帰結とそれに対する抵抗運動は、たとえばDietz et al. 2015, Pichler 2014, Brad et al. 2015 によって十分に描き出されている。

(51) Huber 2011. Canzler 2014 も参照せよ。

(52) Santarius 2015 を参照せよ。

(53) Huber 2011: 287

(54) Ebd.

(55) この「プラットホーム」のホームページを見よ：http://nationale-platform-elektromobilitaet.de; 22.06.2016

(56) 二〇一六年七月に導入され、同年五月一八日にまでさかのぼって適用されている電気自動車購入への奨励金も、ほとんど活用されていない。

(57) VCD 2010 を参照せよ。自動車移動のデジタル化がこの移動方法を交通のよりいっそう集合的なあり方へと変容させるのかどうかは、依然として見通せない。変容させるという命題は、少なくともイェルク・ヘンツシェルが代表して提示しているものである(Häntzschel 2016)。それによれば、新しい(保険の)技術の可能性は、自動車ドライバーたちの力を殺いで統制のもとに置き、そうすることで最終的には自動車移動の主体性をも変容させうる。ナビゲーション装置の普及にともない、「いつでも同じ進行方向を指し示す女性のデジタル音声の合唱によって導かれながら、自己決定するドライバーたちの放埒な群れ」から「(中略)彼らの意志に反してひとつの集合体が生じてくる」。事態のこうした発展は、自動車保険会社が顧客たちの運転態度をつねに監視し、彼らに課徴金を負担させ、「ドライバーたちを共同社会の規律ある協調的な成員へと」教育する手段となるテレマティクス〔カーナビやGPSを活用した情報提供および遠隔誘導のサービス〕によって推し進められるというわけである。電子工学的な「運転補助者」は最終的には、「補助者」という名前にもかかわらず、運転に対する統制をますます引き受けるようになるであろう。しかしながら、ドイツではこうした可能性は活かされないままになりそうである。この国の自動車製造業者は速度と馬力に依然としてこだわっており、国家の政策は実にさまざまな手段によって「恍惚と自殺衝動とをともなう自動車運転の古きジェームズ・ディーン・モデル」を是認しているという。

(58) Schriefl/Bruckner 2016: 229 ff.
(59) Schriefl/Bruckner 2016: 231 より重引。
(60) Exner u.a. 2016: 12 f.
(61) Dennis/Urry 2009: 45

第七章

(1) Moreno 2013: 95
(2) より詳細な理論的検討として、Brand/Wissen 2013 ならびにSander 2016を参照せよ。
(3) UNEP 2011: 3
(4) Jänicke 2011: 5, OECD 2011 を見よ。
(5) Jaeger et al. 2011
(6) Fatheuer et al. 2015: 55, Hartmann 2015: 9–15. Tanuro 2013: 1 f. が類似の議論を行なっている。
(7) Fatheuer u.a. 2015: 147, Moreno et al. 2015 を参照せよ。
(8) Bauriedl/Wichterich 2015: 10 f. を参照せよ。
(9) Aulenbacher 2015: 38, Littig/Spitzer 2011, Littig 2013, Gottschlich 2012
(10) Fatheuer 2013: 51
(11) Kill 2014: 39 f.
(12) Wright 2010: 59 f., 69
(13) Altvater 2016: 96, 97
(14) ときおり「ビオにもとづく経済」や「ビオにもとづく産業」についても語られることがある。ビオ経済という概念に対する批判として、Grefe 2016 を見よ。
(15) BMBF 2014: 2
(16) El-Chichakli 2016: 223
(17) Bioökonomierat 2015
(18) BMBF 2014
(19) Füchs 2013: 15
(20) Wiedmann et al. 2013: 3
(21) Ebd.
(22) Haug 2001

(23) Brand/Görg/Hirsch/Wissen 2008
(24) Moore 2015. Mahnkopf 2013 も見よ。
(25) Görg 2003: 286
(26) Fairhead et al. 2012
(27) これについて批判的に述べているものに、Dempsey/Robertson 2012, Gómez-Baggethun/Ruiz-Pérez 2011, Fatheuer 2013 がある。
(28) これについてはファトイアーの議論も見よ。ファトイアーは、ビオ・ダイバーシティ・オフセットについて次のように述べている。「オフセットは事実上、自然保護を問題のあるやり方で自然破壊に結びつけてしまっている。というのも、信用を必要とするのは、自然破壊を弁償するためにそれを買わなければならない連中だけだからである。もしこのことが環境保護の重要な要素になるなら、決定的な依存関係が生まれることになる。つまり、自然保護は、ますます自然破壊(に対する弁償)によって担われることになる」のであり、「『善』を生み出すことが「悪」の連続性と結びつけられることになるのだ」(Fatheuer 2013: 55, 65)。Spash 2010, Botzem 2012, Zeller 2010, Heuwieser 2016: 10 f. も参照せよ。
(29) REDDが意味するのは reducing emissions from deforestation and forest degradation(森林破壊や森林荒廃に由来する排出物を減らすこと)である。REDDの仕組みは、二酸化炭素の削減のための森林保護を目的とした支出を予定しており、別の――たしかに経済的には利潤を生むにしても二酸化炭素を減少させる森林の機能の破壊を含むような――森林の利用をやめることから生まれる損失を補塡するものである。「+」は、持続可能な森林経営のための、単に森林伐採をやめるだけにとどまらないような対策を意味する。二〇一三年にワルシャワで行なわれた第一九回締約国会議(COP19)以来、REDD+はUNFCCC〔国連気候変動枠組条約〕の構成要件となっている。二〇一五年のパリ協定によって、締約国は協定を履行するように「奨励」されはしたものの、奨励の内容が具体化されたわけではない(Ecologic 2016: 18)。
(30) Fatheuer 2013: 48
(31) McAfee 2012: 109
(32) McAfee 2012, Hartmann 2015: Kap. 4, Peluso/Lund 2011, Kelly 2011
(33) Harvey 1999 [1982]: 233〔訳:下巻三五三頁〕
(34) この点で、再生可能エネルギーは原子力エネルギーや化石燃料エネルギーから区別される。原子力エネルギーや化石燃料エネルギーが空間的に集中していることによって、エネルギー経済の中央集権化された性格が助長された。長いあいだ支配的であった「エネルギー供給空間のエネルギー消費空間からの分離」は、「選び取られたエネルギー源に内在する必要条件」から帰結していたのである(Scheer 2012: 42 f.)。
(35) Haas/Sander 2013, Sander 2016 を参照せよ。
(36) Exner u.a. 2016 を参照せよ。
(37) McMichael 2008

(38) Backhouse 2015 はブラジルのパラ州におけるパーム油生産の爆発的増加に関する研究において、この連関を詳細に検討している。土地収奪の最新の傾向については、Plank/Plank 2013 も見よ。
(39) 工業化以前の時期にこうした事態が起こっていたことについては、Fischer-Kowalski u.a. 1997 を参照せよ。
(40) Becker 2013
(41) Fairbairn 2014: 784, Hoering 2011 を参照せよ。
(42) Fairbairn 2014: 782
(43) Fairbairn 2014: 779, GRAIN 2008 を参照せよ。
(44) Altvater 2005: 114
(45) Wissen 2016, Daniljuk 2015 を参照せよ。
(46) Haas 2016 を参照せよ。
(47) Bauriedl/Wichterch 2015: 15
(48) Gottschlich 2012: 1
(49) アフリカでの重要な原料へのアクセス確保を推進するための努力のことを、EUは「積極的な原料外交」と名づけている(European Commission 2011: 14)。
(50) Brand 2004
(51) McMichael 2012 を参照せよ。
(52) Fischer-Kowalski 2011
(53) Wissen 2004

第八章

(1) Klein 2013: 58
(2) Hoffer 2016: 32
(3) Ebd.: 27
(4) 米国の金融資本が優越した役割を引き続き果たしていることについては、Scherrer 2015 を参照せよ。
(5) 新自由主義のヘゲモニーを確保するうえでジェンダー関係が有している意義については、たとえば Brens-sell 2015 を参照せよ。
(6) 資本主義の発展のさまざまな可能性については、たとえば Zinn 2015 および Klein 2013 を参照せよ。
(7) この点については、*PROKLA*(『批判的社会科学のための雑誌』)一八三号(46. Jg. Nr. 2)の特集「避難と移住の経済(Ökonomie der Flucht und Migration)」を見よ。EUと欧州の内部におけるドイツの役割については、Crome 2013 を参照せよ。
(8) EUにおける現下の経済政策の展開と左翼の政治が直面する試練については、たとえば Vogel 2015 および Schneider 2017 を参照せよ。
(9) Dellheim u.a. 2012, Luks 2016 を参照せよ。
(10) Di Muzio 2015: 153 ff.
(11) Tauss/Ehs 2016: 174
(12) 変革におけるこれら二つの次元については、マルクスによるフォイエルバッハに関する第三テーゼを参照せよ。Marx, MEW 3: 5 f.〔訳：第三巻三～四頁〕
(13) Foucault 1992: 12, 15〔訳：七七、八一頁〕
(14) Hartmann 2015: 384
(15) Sommer/Welzer 2014: 221
(16) Brie/Candeias 2016, Lang/König/Regelmann 2018

（17）「新社会主義」をめぐる最近のドイツでの論争については、Dörre/Schickert 2019を見よ。

（18）Diamond 2005: 531〔訳：下巻二三二頁〕

（19）GH 8: 1039〔訳：第一巻二三六頁〕

（20）基本的には大いに歓迎されるべきボランティアの参加が帯びている両義性については、すなわち難民への支援が福祉国家による給付の縮小と「市民を活性化するアクティベーション国家」の構築とを背景にしながら行なわれているという点については、van Dyk/Misbach 2016を参照せよ。

（21）MEW 1: 390〔訳：第一巻四二七頁〕

（22）Möller 2016

（23）この点をめぐる広範囲にわたる論争については、たとえばJackson 2009, Deutscher Bundestag 2013, Nicoll 2016, Muraca 2014, D'Alisa u.a. 2016, AK Postwachstum 2016, Martínez Alier et al. 2010, Acosta/Brand 2017, Eversberg/Schmelzer 2018, Chertkovskaya et al. 2019を参照せよ。

（24）以下を参照せよ：Brand u.a. 2012, Degrowth in Bewegungen 2012, Fischer-Lescano/Möller 2016, Klautke/Oehrlein 2008, Strohschneider 2014, AK Wien 2016, Barth u.a. 2016, Nanz/Leggewie 2016, Emunds/Merkle 2016, Nyéléni Austria 2014, VCÖ 2016, Sommer/Welzer 2014: Kap. 6 und 7, Konzeptwerk neue Ökonomie e.V./DFG-Kolleg Postwachstumsgesellschaften 2017, Caroll 2016, Andrée 2014, Gudynas 2011, Bollier/Helfrich 2019

（25）Karathanassis 2015: 2013 ff., Gottschlich/Hackfort 2016, Habermann, 2019

（26）Klein 2013: 61 f.

（27）このディレンマを克服するために、ステファニア・バルカは労働組合を念頭に置きながら「労働者階級の環境保護主義」という概念を提案している。Barca 2012を見よ。

（28）Mason 2016

（29）Brangsch 2015. ポール・メイソンによる影響力の大きい診断(Mason 2016)とは異なり、私たちは、デジタル化された資本主義が「ポスト資本主義」のための物質的な基礎をつくりだしたという見方をとらない。そのような——政治的な方向性という点では十全に共鳴することのできる——命題は、人びとの常識のなかに深く根ざしている複雑な資本主義的諸形態をまさに過小評価している。それらの諸形態こそ変革されなければならないのである。

（30）Fischer 2018

（31）GH 8: 1051〔訳：第四巻二二二頁〕. カンデイアスは、グラムシに依拠しながら分子的な変革について語っている(Candeias 2012)。それは、個々に見るなら制御可能であるにもかかわらず、個々の変化が重なり互いに交差しあうなら構造的な危機へと濃縮しうるような変革である。

（32）Brand 2005

（33）Wichterich 2016b: 186

(34) Aulenbacher u.a. 2015
(35) Kronauer 2014: 437
(36) Lorey 2012. *LuXemburg*(『社会分析と左翼の実践のための雑誌』)1/2015の特集である「不安定さ以上のこと(Mehr als prekär)」をも見よ。
(37) Winker 2015: 143. Dück/Fried 2015, Tronto 2013も参照せよ。
(38) Winker 2015: Kap. 6
(39) Wichterich 2016b: 197
(40) Grunwald 2012, Paech 2014を参照せよ。
(41) Kramer 2016: 16
(42) Dörre u.a. 2013: 219 f. 労働過程の課す要求と経済的な利回り期待とのあいだの矛盾が政治化する可能性のもつきわめて広範囲にわたる意味合いを指摘している Menz/Nies 2016: 538も見よ。彼らによれば「従業員たちは、変動する市場の要求の法外さに抗して、労働過程の具体的・素材的な要件を充足するよう求めている。彼らはつまり、経済的な合理性の原理に対抗して技術的・機能的な合理性の原理をもち出すのである。そして彼らは、利回りを求める抽象的な要求に、使用価値を志向する生産(またはサービス)を対置する。(中略)そうだとすれば、ここに立ち現われている紛争は、資本主義的生産様式のはらむ根本的な矛盾を指し示している。それはすなわち、使用価値と交換価値との、価値増殖への利害関心と労働の具体的な効用への志向とのあいだにある矛盾である」。
(43) Aulenbacher u.a. 2015: 141
(44) Schurath 2015, Pichler et al. 2016
(45) 新自由主義者たちはこの点を正確に理解している。すなわちこれは、ヘゲモニーをめぐる微細な闘争を、たとえば特定の法律による明瞭な断絶へと結びつけることなのである。Urban 2009を参照せよ。
(46) Brie/Hildebrandt 2015
(47) Klein 2016
(48) Poulantzas 2002〔1978〕: 159〔訳：一七二頁〕
(49) Buckel 2008: 126
(50) Narr 1998: 286
(51) MEW 4: 482〔訳：第四巻四九六頁〕
(52) Demirović 2012: 70. Thie 2013: 105 ff.も参照せよ。
(53) van Dyk/Misbach 2016: 213
(54) この過程における進歩的な政党の役割については、たとえばSteckner 2013, Porcaro/Candeias 2016を参照せよ。

謝辞

(1) この集団による次の出版物も参照せよ：ILA Kollektiv 2019a, 2019b

監訳者あとがき

ドイツ人の二人の社会科学者が現代世界の構造を分析した本書は、専門書ではないにせよ、読みやすい本とも言えない。にもかかわらず、本書は二〇一七年にドイツ語圏で出版されると同時に話題を呼び、雑誌の『デア・シュピーゲル（*Der Spiegel*）』による同年の「ペーパーバック専門書」部門のベストセラー・リストに掲載された。二〇一五年以降にEUにはシリアやアフガニスタンなどから数多くの難民が到着し、欧州の市民たちもグローバル・サウスの情勢や出来事に関心を寄せざるをえなくなったという事情が、本書への注目を呼び覚ましたのかもしれない。その「難民危機」はしかし、今日のグローバル資本主義が生み出している多重の危機の一角をなすものであり、グローバル・ノースにおける生活が他所における他者の犠牲の上に成り立っていることを示す一例にすぎない。本書は、他者による過酷な労働とその産物を利用・消費し、他所の資源を収奪し、排出物と廃棄物を別の場所に押しつけ、その結果として地球の環境を破壊しつつある私たちの生活の仕方を「帝国型生活様式」と名づけ、分析し、批判するとともに、この生活様式を克服するための方策を探っている。グローバルな搾取および支配の構造に関する本書の叙述と、この構造へのオルタナティブの提案は、ドイツ語圏の読者にとって一定の説得力を有していたものと想像される。『地球を壊す暮らし方』というこの翻訳書の題名は岩波書店の編集部が考案したものであり、ドイツ語の原書の題名を忠実に訳したものではないが、本書の内容を端的に表現していると思われる(i)。

本書の参考文献一覧に眼を通していただければわかるように、二人の著者たちはこれまでエコロジー、政治経済学、国際政治学といった領域において共著の論文や単行書を数多く公刊してきた。とはいえ彼らの著作が日本語に訳されるのは本書が初めてとなるので、著者たちについてまずは簡略ながら紹介をしておきたい。

著者の一人であるウルリッヒ・ブラントは一九六七年に生まれた。二〇〇〇年にフランクフルト大学で博士号を取得し、二〇〇六年にカッセル大学にて大学教授資格を得て、二〇〇七年にはウィーン大学の国際政治担当の教授として着任し、今日にいたっている。ブラントは、ドイツ語圏で著名な月刊の政治・学術誌である『ドイツ政治と国際政治のための雑誌(*Blätter für deutsche und internationale Politik*)』の編者の一人であり、二〇一一年から一三年まではドイツ連邦議会の「成長、福祉、生活の質」問題諮問委員会の委員をも務めた。彼の最近の著作には以下のものがある。

Ulrich Brand, *Post-Neoliberalismus? Aktuelle Konflikte: Gegen-hegemoniale Strategien*, Hamburg: VSA-Verlag, 2011.(『ポスト新自由主義?:現下の紛争と対抗ヘゲモニー戦略』)

Ulrich Brand/Christoph Görg (Hrsg.), *Zur Aktualität der Staatsform: Die materialistische Staatstheorie von Joachim Hirsch*, Baden-Baden: Nomos Verlag, 2018.(『国家形態のアクチュアリティについて:ヨアヒム・ヒルシュの唯物論的国家理論』)

Alberto Acosta/Ulrich Brand, *Radikale Alternativen: Warum man den Kapitalismus nur mit vereinten Kräften überwinden kann*, München: Oekom Verlag, 2018.（『ラディカルなオルタナティブ：資本主義はなぜ統一された勢力によってのみ克服されうるのか』）

もう一人の著者であるマークス・ヴィッセンは一九六五年に生まれ、一九九九年にベルリン自由大学で博士号を取得した。その後、二〇一一年にウィーン大学で大学教授資格を取得したのち、二〇一二年からはベルリン経済・法科大学の教授として政治経済学や社会学を教えている。ヴィッセンは二〇一九年から、季刊の雑誌である『プロクラ：批判的社会科学のための雑誌(*Prokla: Zeitschrift für kritische Sozialwissenschaft*)』の編集部に属している。彼の主な単著には以下のものがある。

Markus Wissen, *Die Peripherie der Metropole: Zur Regulation sozialräumlicher Polarisierung in Nordrhein-Westfalen*, Münster: Westfälisches Dampfboot, 2000.（『中枢の周辺：ノルトライン－ヴェストファーレン州における社会空間上の分極化に対する調整について』）

Markus Wissen, *Gesellschaftliche Naturverhältnisse in der Internationalisierung des Staates: Konflikte um die Raumlichkeit staatlicher Politik und die Kontrolle natürlicher Ressourcen*, Münster: Westfälisches Dampfboot, 2011.（『国際化する国家における社会的な対自然関係：国家の政策の空間と天然資源への統制とをめぐる紛争』）

ブラントとヴィッセンは一九九〇年代から、「国際主義連邦調整会議(BUKO)」という社会運動体のネットワークや「批判的社会科学研究のための連合(AkG)」の枠内で、共同の研究と活動に取り組んできた。本書は、彼らのそうした取り組みの全体像を示したものである。二〇一六年には、著者たちの「帝国型生活様式」および「連帯型生活様式」の概念から影響を受けた若い研究者や活動家たちによる共同研究プロジェクトである「帝国型生活様式と連帯型オルタナティブの工房(ILA)」が起ち上げられ、著者たちの分析や構想を具体化しようとする試みも始まっている(https://ilawerkstatt.org)。本書がドイツ語圏の左派の内部で呼び起こした論争については、「日本語版への序文」から概要を知ることができる。二〇二一年一月には本書の英語版が公刊されたので、帝国型生活様式という概念をめぐる議論はドイツ語圏を越えて拡がっていくであろう。

本書の第八章と「日本語版への序文」で表明されているとおり、本書における帝国型生活様式へのオルタナティブの構想の基本線は、フランクフルト大学で国家理論を講じていたマルクス派の政治学者であるヨアヒム・ヒルシュの「ラディカルな改良主義」という考え方を発展させたものである。とくにウルリッヒ・ブラントはヒルシュの指導のもとで博士論文を仕上げたので、本書では資本主義分析の手法や国家の概念においてもヒルシュとの連続性を見て取ることができる。

そして、自然に関する本書の捉え方の基調をなしている「社会的な対自然関係(gesellschaftliche Naturverhältnisse)」というアプローチは、フランクフルト大学社会科学部におけるヒルシュの同僚であったエゴン・ベッカーや、ヒルシュの指導を受けたクリシュトフ・ゲールク(現在はウィーン農科大学教授)らが練りあげたものである。「社会的な対自然関係」は、「社会」と「自然」のいずれをも互いに独立した実体とはみなさず、両者の差異を承認すると同時に両者の相互媒介関係を強調する。このアプローチは、社会中心主義と自然中心主義の両方から距離をとり、「社会」と「自然」との差異を自覚した両者の関係の新しいあり方を探ろうとするという点で、マックス・ホルクハイマーやテオドール・W・アドルノが『啓蒙の弁証法』等において提示した「自然」の概念を継承している。

「帝国型生活様式」という本書の中心概念は、グローバル・サウスとの越境的な連帯運動にかかわっている日本の人びとにとっては既視感あふれるものでありながら、日本の労働運動や格差・貧困の問題に携わっている人びとにとっては「階級問題」を軽視する図式であると映るかもしれない。しかしながら、本書が提示しているようなグローバル・ノースによるグローバル・サウスへの「領域獲得」や「外部化」が、今日のグローバル資本主義の再生産を全体として可能にし、そのことによって地球と人類の未来を崖っぷちへと追いやる社会的機制を形づくっているという点については、多くの異論はないであろう。そしてこの社会的機制は、本書がくり返し指摘しているように、とくにグローバル・ノースでの日常の生活においては目に見えなくなり、自らの日々の暮らし方や働き方が地球環境とグローバル・サウスの人びとに強いている犠牲を隠蔽してしまうのである。むろんこれは、グローバル・ノースに暮らし働く人びとを道徳的に糾弾する言説ではけっしてない。そうではなくて、グローバルな搾取と支配の構造を、イデオロギーとマスメディアによるいつもの隠蔽や忘却の仕組みへゆだねないための警告である。

同時に、ブラントらの議論が旧来の議論の焼き直しではないことも強調しておかねばならない。「帝国型生活様式」の議論はなるほど、一昔前に政治経済学者によって南北間の「不等価交換」や

「不均等発展」の問題として論じられてきた問題系統に近い。サミール・アミン、アンドレ・G・フランク、イマニュエル・ウォーラーステインらによって代表される従属論の理論的蓄積が、日本では近年急速に忘れ去られるようになっているとはいえ、一部の読者には「帝国型生活様式」はかつての従属論の焼き直しのように映るかもしれない。

ここで強調しておく必要があるのは海外において、グローバルな環境危機の深刻化にともなって、不等価交換の議論が単なる価値移転にとどまらない側面へと拡張され、再評価されるようになっているという事実だ。たとえば、本書でもたびたび言及されるフランクフルト大学社会研究所の新所長(アクセル・ホネットの後任)のシュテファン・レーセニッヒによる「外部化社会」という捉え方は、そうした議論の代表格と言ってよい(ii)。そして、ブラント、ヴィッセン、レーセニッヒの不等価交換をめぐる議論のベースになっているのは「生態学的不等価交換(ecologically unequal exchange)」という発想である。それは、貨幣によって計測される価値(やそれに付随する労働力)だけでなく、エコロジカル・フットプリントやカーボン・フットプリントを用いて、資源や環境負荷の不均等な移転・分配を研究するための手法である。

「生態学的不等価交換」の議論は、スティーブン・G・バンカーの一九八〇年代の古典的論文に端を発し、一九九〇年代に入ってからはウィリアム・E・リーズやアンドリュー・K・ジョーゲンソンによってより体系的・実証的に展開されてきた(iii)。また近年では、スウェーデンのルンド大学で教鞭を執るアルフ・ホアンボーが、グローバル資本主義にとっての発展の本質的契機として「生態学的不等価交換」を重視している(iv)。

もちろん、ここにはマルクス派との一定の緊張関係も存在する。事実、ホアンボーはマルクスの影響を受けながらも、生態学的不等価交換を労働価値説によっては捉えられない次元を明らかにするものとみなし、マルクス派を批判している。それに対して、『マンスリー・レビュー(*Monthly Review*)』の編集長であるジョン・B・フォスターは反論し、ハンナ・ホールマンとともに、ホワード・オダムの「エマジー(emergy)」概念を導入することで、労働価値説をベースにしながらグローバル・ノースとグローバル・サウスの労働や自然をめぐる不等価交換を論じようと試みている。(v)

また、マルクス派の労働価値説に対しては「デカルト的二元論」という批判も根強い。ウォーラーステインの後任であるニューヨーク州立大学ビンガムトン校のジェイソン・W・ムーアは人間と自然の二元論を乗り越える形で、「生命の網」を通じた資本主義の発展を一元論的に展開することをめざし、影響力を拡大している。(vi)

フォスターとムーアのあいだの論争についてはここで紹介することはできないが、ムーアの批判に対して応答する際に重要となる概念が「社会的な対自然関係」である。いずれにせよ、ウォーラーステインの「世界システム」論が「世界エコロジー(world ecology)」論という形でアップデートされ、資本主義システムが「廉価な自然」を作り出すことでいかにして発展してきたかが、詳細に論じられるようになっているのである。(vii)

また、ムーアは「資本新世(capitalocene)」という概念を掲げていることでも知られているが、(viii)「資本新世」を最初に掲げたのは、ルンド大学におけるホアンボーの同僚でいま最も注目されるマルクス主義者の一人であるアンドレアス・マルムの著書『化石資本』である。(ix) マルムはホアンボーと共著で

「人新世」批判の論文を書いているが、(x) この議論は本書におけるブラントとヴィッセンの「人新世」をめぐる議論の下敷きにもなっている。

もちろん、問題とされるべきはエコロジーだけではない。本書でもくり返し強調されているように、不等価交換に依拠した資本主義システムの新植民地主義は、資源の略取のみならず、ジェンダーと人種の不平等を利用した搾取を生み出している。このような議論としては、シルヴィア・フェデリーチやアリエル・サレーのエコ・フェミニズムが有名であるが、昨今では彼女らに影響を受けたステファニア・バルカの「人新世」批判もある。(xi) ここで注目に値するのは、そのような議論の多くが「脱成長」や「ポスト成長」を掲げているという事実である。(xii) だからこそ、中南米の社会運動に縁の深いブラントも二〇二〇年刊行の新著においては本書よりもさらに一歩踏み込んで、「ポスト成長」を前面に掲げるようになっているのだ。(xiii)

残念ながら、以上のような議論のほとんどが日本ではまったく紹介されていない。そうした議論の蓄積や新展開をみないままに、これは「昔からあった議論」だと言うだけでは、世界の左派との差はますます開いていってしまうだろう。むしろ本書が「入門書」となって、「生態学的不等価交換」「人新世」「脱成長」などをめぐる海外の議論の受容が日本でも大きく前進することを訳者として強く願っている。

今回の翻訳は、監訳者二名がたまたま同時期に本書を読んでいたことがきっかけとなった。中村健吾はブラントと旧知の仲であり、斎藤幸平は国際学会において著者たちと知り合っていたので、翻訳権の取得や日本語版への序文の執筆依頼も円滑に進行した。その後、とある研究会で斎藤幸平が「帝国型生活様式」の話をした際、会に出席していた岩波書店の押川淳さんから翻訳出版の話をもちかけていただいた。押川さんに感謝の意を表わしておきたい。

本書の出版に際しては、大阪市立大学経済学会の木本基金による出版助成を受けた。監訳者二名は過去にも、それぞれの著書や翻訳書の公刊に際して同基金からの助成を受けている。この基金の創設者である木本幸造・大阪市立大学名誉教授は残念ながら二〇二〇年三月に亡くなられた。木本先生には心からの感謝と哀悼の念を捧げたい。

本書はまた、JSPS科研費若手研究「環境危機の時代における脱成長とグリーンニューディールの批判的統合」(20K13466)ならびに韓国研究財団 NRF-2018S1A3A2075204 の支援を受けており、その成果として刊行されるものである。

二〇二一年三月

中村健吾
斎藤幸平

(i) 本書のドイツ語の原題を直訳するなら、『帝国型生活様式：グローバルな資本主義における人間と自然への搾取について』となる。
(ii) Stephan Lessenich, *Neben uns die Sintflut: Wie wir auf Kosten anderer leben*, München: Piper Verlag, 2018.
(iii) Stephen G. Bunker, Modes of Extraction, Unequal Exchange, and the Progressive Underdevelopment of an Extreme Periphery: The Brazilian Amazon, 1600–1980, in: *American Journal of Sociology*, Vol. 89, No. 5 (March, 1984),

pp. 1017–1064. William E. Rees, Ecological footprints and appropriated carrying capacity, in: *Environment and Urbanisation*, Vol. 4, No. 2 (1992), pp. 121–130. Andrew K. Jorgenson, Unequal ecological exchange and environmental degradation, in: *Rural Sociology*, 71 (2006), pp. 685–712.

(iv) Alf Hornborg, *Global Magic: Technologies of Appropriation from Ancient Rome to Wall Street*, New York: Palgrave, 2017. Alf Hornborg, *Nature, Society, and Justice in the Anthropocene: Unraveling the Money-Energy-Technology Complex*, Cambridge: Cambridge University Press, 2020.

(v) John Bellamy Foster and Hannah Holleman, The theory of unequal ecological exchange: a Marx-Odum dialectic, in: *The Journal of Peasant Studies*, Vol. 41, Issue 2 (2014), pp. 199–233.

(vi) Jason W. Moore, *Capitalism in the Web of Life: Ecology and the Accumulation of Capital*, London: Verso, 2015. Jason W. Moore and Raj Patel, *A History of the World in Seven Cheap Things: A Guide to Capitalism, Nature, and the Future of the Planet*, Redwood: University of California Press, 2017.

(vii) この論争については、斎藤幸平「人新世のマルクス主義と環境危機」『現代思想』二〇一七年一二月号を見よ。

(viii) Jason W. Moore (ed.), *Anthropocene or Capitalocene?: Nature, History, and the Crisis of Capitalism*, Oakland: PM Press, 2016.

(ix) Andreas Malm, *Fossil Capital: The Rise of Steam Power and the Roots of Global Warming*, London: Verso, 2015.

(x) アンドレアス・マルム&アルフ・ホアンボー「人類の地質学?:人新世ナラティヴ批判」『現代思想』二〇一七年一二月号。

(xi) Ariel Salleh (ed.), *Eco-Sufficiency and Global Justice: Women Write Political Ecology*, London/New York: Pluto Press, 2009. Stephania Barca, *Forces of Reproduction: Notes for a Counter-Hegemonic Anthropocene*, Cambridge: Cambridge University Press, 2020.

(xii) Ekaterina Chertkovskaya et al. (eds), *Towards a Political Economy of Degrowth*, Washington, DC: Rowman & Littlefield Publishers, 2019.

(xiii) Ulrich Brand, *Post-Wachstum und Gegen-Hegemonie: Klimastreiks und Alternativen zur imperialen Lebensweise*, Hamburg: VSA-Verlag, 2020.(『ポスト成長と対抗ヘゲモニー:気候ストライキと帝国型生活様式へのオルタナティブ』)

参考文献一覧

Acosta, A. (2015): *Buen Vivir – Vom Recht auf ein gutes Leben,* München.

Acosta, A.; Brand, U. (2017): *Salidas del laberinto capitalista: Decrecimiento y Postextractivismo,* Barcelona.

Aglietta, M. (1979): *A theory of capitalist regulation. The US experience,* London. ミシェル・アグリエッタ著／若森章孝ほか訳『資本主義のレギュラシオン理論：政治経済学の革新』増補新版，大村書店，二〇〇〇年.

AK Postwachstum (Hrsg.) (2016): *Wachstum – Krise und Kritik. Die Grenzen der kapitalistisch–industriellen Lebensweise,* Frankfurt am Main/New York.

AK Wien – Kammer für Arbeiter und Angestellte Wien (2016): Schwerpunktheft zu Umwelt und Verteilungsgerechtigkeit, in: *Wirtschaft & Umwelt,* 3/2016.

Alnasseri, S. u.a. (2001): Raum, Regulation und Periodisierung des Kapitalismus, in: *Das Argument,* 43 (1), S. 23–43.

Althusser, L. (1968): *Für Marx,* Frankfurt am Main. ルイ・アルチュセール著／河野健二，田村俶，西川長夫訳『マルクスのために』平凡社ライブラリー，一九九四年.

Altvater, E. (1987): *Sachzwang Weltmarkt. Verschuldungskrise, blockierte Industrialisierung, ökologische Gefährdung – der Fall Brasilien,* Hamburg.

Altvater, E. (1996): Der Traum vom Umweltraum. Zur Studie des Wuppertal Instituts über ein »zukunftsfähiges Deutschland«, in: *Blätter für deutsche und internationale Politik,* 1/1996, S. 82–91.

Altvater, E. (2005): *Das Ende des Kapitalismus, wie wir ihn kennen. Eine radikale Kapitalismuskritik,* Münster.

Altvater, E. (2016): The Capitalocene, or, Geoengineering against Capitalism's Planetary Boundaries, in: Moore, J. W. (ed.): *Anthropocene or Capitalocene? Nature, History, and the Crisis of Capitalism,* Oakland, pp. 138–151.

Altvater, E.; Mahnkopf, B. (1996): *Grenzen der Globalisierung. Ökonomie, Ökologie und Politik in der Weltgesellschaft,* Münster.

Andrée, P. (2014): *Globalization and Food Sovereignty: Global and Local Change in the New Politics of Food,* Toronto.

Appel, A. (2010): Die Genderbilanz des Klimadiskurses. Von der Schieflage einer Debatte, in: *Kurswechsel. Zeitschrift für gesellschafts-, wirtschafts- und umweltpolitische Alternativen,* 25 (2), S. 52–62.

Attac Austria (2020): Corona-Lastenausgleich: Krisenlasten gerecht auf alle

Schultern verteilen, Wien, Attac Austria (attac.at).

Atzmüller, R.; Aulenbacher, B.; Brand, B.; Décieux, F.; Fischer, K.; Sauer, B. (eds.) (2019): *Capitalism in Transformation: Movements and Countermovements in the 21st Century*, Cheltenham.

Aulenbacher, B. (2015): Unentbehrlich, unterbezahlt – und viel zu wenig anerkannt. Was Sorgearbeit ist, wer sie leistet und welche Konflikte entstehen, in: Le Monde diplomatique; Kolleg Postwachstumsgesellschaften (Hrsg.): *Atlas der Globalisierung. Weniger wird mehr*, Berlin, S. 38–41.

Aulenbacher, B.; Riegraf, B.; Völker, S. (2015): *Feministische Kapitalismuskritik*, Münster.

Backhouse, M. (2015): *Grüne Landnahme – Palmölexpansion und Landkonflikte in Amazonien*, Münster.

Barca, S. (2012): On Working-Class Environmentalism: A Historical and Transnational Overview, in: *Interface: A Journal for and about Social Movements*, 4 (2), pp. 61–80.

Barca, S.; Leonardi, E. (2018): Working-Class Ecology and Union Politics: A Conceptual Topology, in: *Globalizations*, 15 (4), pp. 487–503.

Barth, T.; Jochum, G.; Littig, B. (Hrsg.) (2016): *Nachhaltige Arbeit. Soziologische Beiträge zur Neubestimmung der gesellschaftlichen Naturverhältnisse*, Frankfurt am Main/New York.

Baskin, J. (2014): The Ideology of the Anthropocene?, MSSI research paper, No. 3, Melbourne Sustainable Society Institute, University of Melbourne.

Bäuerle, L.; Behr, M.; Hütz-Adams, F. (2011): Im Boden der Tatsachen. Metallische Rohstoffe und ihre Nebenwirkungen, Siegburg, Südwind-Institut für Ökonomie und Ökumene (http://www.suedwind-institut.de; 06.12.2016).

Bauhardt, C. (2007): Feministische Verkehr- und Raumplanung, in: Schöller, O.; Canzler, W.; Knie, A. (Hrsg.): *Handbuch Verkehrspolitik*, Wiesbaden, S. 301–319.

Bauhardt, C. (2009): Ressourcenpolitik und Geschlechtergerechtigkeit: Probleme lokaler und globaler Governance am Beispiel Wasser, in: *PROKLA*, 39 (3), S. 391–405.

Bauriedl, S.; Wichterich, C. (2015): Ökonomisierung von Natur, Raum, Körper. Feministische Perspektiven auf sozial-ökologische Transformationen, Berlin, Rosa Luxemburg Stiftung (http://www.rosalux.de; 06.12.2016).

Beck, S. (2011): Moving beyond the linear model of expertise? IPCC and the test of adaptation, in: *Regional Environmental Change*, 11 (2), pp. 297–306.

Becker, E.; Jahn, T. (Hrsg.) (2006): *Soziale Ökologie. Grundzüge einer Wissenschaft von den gesellschaftlichen Naturverhältnissen*, Frankfurt am Main.

Becker, J. (2013): Regulationstheorie. Ursprünge und Entwicklungstendenzen, in: Atzmüller, R. u.a. (Hrsg.): *Fit für die Krise? Perspektiven der Regulationstheorie,* Münster, S. 24–56.

Bell, H. G.; Schäfer, P. (2018): Imperiale Lebensweise: Kritische Anmerkungen und Debattenvorschläge, in: *Sozialistisches Forum Rheinland: Schriftenreihe,* 12/2018 (sf-rheinland.de).

Bello, W. (2004): *Deglobalization: Ideas for a New World Economy,* London.

BGR (2015): Deutschland – Rohstoffsituation 2014, Hannover, Bundesanstalt für Geowissenschaften und Rohstoffe (http://www.bgr.bund.de; 15.9.2016).

Biesecker, A.; Hofmeister, S. (2010): Focus: (Re)productivity. Sustainable relations both between society and nature and between the genders, in: *Ecological Economics,* 69 (8), pp. 1703–1711.

Biesecker, A.; Winterfeld, U. von (2013): Alte Rationalitätsmuster und neue Beharrlichkeiten. Impulse zu blinden Flecken der Transformationsdebatte, in: *GAIA,* 22 (3), S. 160–165.

Biesecker, A.; Winterfeld, U. von (2014): Extern? Weshalb und inwiefern moderne Gesellschaften Externalisierung brauchen und erzeugen, Working Paper der DFG-KollegforscherInnengruppe Postwachstumsgesellschaften, Nr. 02/2014, Jena (http://www.kolleg-postwachstum.de; 06.12.2016).

Bioökonomierat (2015): Bioeconomy Policies (Part II): Synopsis of National Strategies around the World (http://gbs2015.com; 27.1.2017).

Blühdorn, I. (2013): *Simulative Demokratie: Neue Politik nach der postdemokratischen Wende,* Berlin.

BMBF (2014): Wegweiser Bioökonomie. Forschung für biobasiertes und nachhaltiges Wirtschaftswachstum, Berlin, Bundesministerium für Bildung und Forschung (http://www.bmbf.de; 06.12.2016).

BMVI (2015): Verkehr in Zahlen 2015/16, Hamburg, Bundesministerium für Verkehr und digitale Infrastruktur (http://www.bmvi.de; 30.05.2016).

Bollier, D.; Helfrich, S. (2019): *Free, Fair, and Alive: The Insurgent Power of the Commons,* Gabriola Island.

Boltanski, L.; Chiapello, È. (2003): *Der neue Geist des Kapitalismus,* Konstanz. リュック・ボルタンスキー，エヴ・シャペロ著／三浦直希ほか訳『資本主義の新たな精神（上・下）』ナカニシヤ出版，二〇一三年.

Bond, P. (2019): Luxemburg's Critique of Capital Accumulation, Reapplied in Africa, in: *Austrian Journal of Development Studies,* 35 (1), pp. 92–117.

Boris, D. (2017): Imperiale Lebensweise? Ein Kommentar, in: *Sozialismus,* Nr. 7–8, S. 63–65.

Botzem, S. (2012): Kohlenstoff-Ökonomie. Der Einfluss der Finanzindustrie auf

den europäischen Emissionshandel, in: *WZB Mitteilungen*, Nr. 137, S. 29–31.

Bourdieu, P. (1987): *Die feinen Unterschiede. Kritik der gesellschaftlichen Urteilskraft*, Frankfurt am Main. ピエール・ブルデュー著／石井洋二郎訳『ディスタンクシオン：社会的判断力批判（I・II)』藤原書店，一九九〇年.

Bourdieu, P. (2009): *Entwurf einer Theorie der Praxis*, Frankfurt am Main.

Boylos, L.; Behr, D. (2008): *Peripherie & Plastikmeer. Globale Landwirtschaft, Migration, Widerstand*, Eisenkappel.

BP (2016): BP Energy Outlook, London (https://www.bp.com; 13.7.2016).

Bpb (2016a): Entwicklung des grenzüberschreitenden Warenhandels, Bonn, Bundeszentrale für politische Bildung (http://www.bpb.de; 07.12.2016).

Bpb (2016b): Entwicklung des Warenexports nach Warengruppen, Bonn, Bundeszentrale für politische Bildung (http://www.bpb.de; 07.12.2016).

Brad, A.; Schaffarzik, A.; Pichler, M.; Plank, C. (2015): Contested territorialization and biophysical expansion of oil palm plantations in Indonesia, in: *Geoforum*, Vol. 64, pp. 100–111.

Brand, K.-W. (1999): Transformationen der Ökologiebewegung, in: Klein, A.; Legrand, H.-J.; Leif, T. (Hrsg.): *Neue soziale Bewegungen. Impulse, Bilanzen und Perspektiven*, Opladen, S. 237–256.

Brand, U. (2004): Kritische Theorie der Nord-Süd-Verhältnisse. Krisenexternalisierung, fragmentierte Hegemonie und die zapatistische Herausforderung, in: Beerhorst, J.; Demirović, A.; Guggemos, M. (Hrsg.): *Kritische Theorie im gesellschaftlichen Strukturwandel*, Frankfurt am Main, S. 94–127.

Brand, U. (2005): *Gegenhegemonie. Perspektiven globalisierungskritischer Strategien*, Hamburg.

Brand, U. (2016a): Lateinamerika: Ende des progressiven Zyklus?, in: Brand, U. (Hrsg.): *Lateinamerikas Linke. Ende des progressiven Zyklus?*, Hamburg, S. 7–35.

Brand, U. (2016b): Transformation als »neue kritische Orthodoxie« und Perspektiven eines kritisch-emanzipatorischen Verständnisses, in: Brie, M.; Reißig, R.; Thomas, M. (Hrsg.): *Transformation. Suchprozesse in Zeiten des Umbruchs*, Münster u.a., S. 209–224.

Brand, U.; Ceceña, A. E. (2000): *Reflexionen einer Rebellion. »Chiapas« und ein anderes Politikverständnis*, Münster.

Brand, U.; Dietz, K. (2013): Dialektik der Ausbeutung. Der neue Rohstoffboom in Lateinamerika, in: *Blätter für deutsche und internationale Politik*, 11/2013, S. 75–84.

Brand, U.; Dietz, K. (2014): (Neo-)Extraktivismus als Entwicklungsoption? Zu den aktuellen Dynamiken und Widersprüchen rohstoffbasierter Entwicklung

in Lateinamerika, in: Müller, F. u.a. (Hrsg.): *Entwicklungstheorien. Weltgesellschaftliche Transformationen, entwicklungspolitische Herausforderungen, theoretische Innovationen. Politische Vierteljahresschrift, Sonderheft 48,* Baden-Baden, S. 128–165.

Brand, U.; Görg, C. (2003): *Postfordistische Naturverhältnisse. Konflikte um genetische Ressourcen und die Internationalisierung des Staates,* Münster.

Brand, U.; Görg, C; Hirsch, J.; Wissen, M. (2008): *Conflicts in Environmental Regulation and the Internationalization of the State: Contested Terrains,* London/New York.

Brand, U.; Lösch, B.; Opratko, B.; Thimmel, S. (Hrsg.) (2012): *ABC der Alternativen 2.0,* Hamburg.

Brand, U.; Niedermoser, K. (2016): Gewerkschaften zwischen »ökologischer Modernisierung« und Einsatzpunkten sozial-ökologischer Transformation, in: Barth, T.; Jochum, G.; Littig, B. (Hrsg.): *Nachhaltige Arbeit. Soziologische Beiträge zur Neubestimmung der gesellschaftlichen Naturverhältnisse,* Frankfurt am Main/New York, S. 223–243.

Brand, U.; Niedermoser, K. (2019): The role of trade unions in social-ecological transformation: Overcoming the impasse of the current growth model and the imperial mode of living, in: *Journal of Clear Production,* 225, pp. 173–180.

Brand, U.; Schmalz, S. (2016): Ungleichzeitige Wachstumsdynamiken in Nord und Süd. Imperiale Lebensweise und sozial-ökologische Widersprüche, in: AK Postwachstum (Hrsg.): *Wachstum – Krise und Kritik. Die Grenzen der kapitalistisch-industriellen Lebensweise,* Frankfurt am Main/New York, S. 91–111.

Brand, U.; Wissen, M. (2011): Die Regulation der ökologischen Krise. Theorie und Empirie der Transformation gesellschaftlicher Naturverhältnisse, in: *Österreichische Zeitschrift für Soziologie,* 36 (2), S. 12–34.

Brand, U.; Wissen, M. (2013): Strategien einer Green Economy, Konturen eines grünen Kapitalismus. Zeitdiagnostische und forschungsprogrammatische Überlegungen, in: Atzmüller, R. u.a. (Hrsg.): *Fit für Krise? Perspektiven der Regulationstheorie,* Münster, S. 132–148.

Brand, U.; Wissen, M. (2014): Ökologische Modernisierung zu Beginn des 21. Jahrhunderts – Green Economy und Konturen eines grünen Kapitalismus, in: Bemman, M.; Metzger, B.; von Detten, R. (Hrsg.): *Ökologische Modernisierung. Zur Geschichte und Gegenwart eines Konzepts in Umweltpolitik und Sozialwissenschaften,* Frankfurt am Main/New York, S. 135–159.

Brand, U.; Wissen, M. (2017): Social-ecological transformation, in: Richardson,

D. et al. (eds.): *The International Encyclopedia of Geography. People, the Earth, Environment, and Technology,* Hoboken (New Jersey).

Brand, U.; Wissen, M. (2018): *The Limits to Capitalist Nature: Theorizing and Overcoming the Imperial Mode of Living,* London.

Brand, U.; Wissen, M. (2019): Gesellschaftsanalyse im globalen Kapitalismus: "Imperiale Lebensweise" als Forschungsprogramm, in: Book, C.; Huke, N.; Klauke, S.; Tietje, O. (Hrsg.): *Alltägliche Grenzziehungen: Das Konzept der imperialen Lebensweise, Externalisierung und exklusive Solidarität,* Münster, S. 13–26.

Brangsch, L. (2015): Entwicklung, Revolution, Reform und Transformation, in: Brie, M. (Hrsg.): *Lasst uns über Alternativen reden. Beiträge zur kritischen Transformationsforschung 3,* Hamburg, S. 130–147.

Braune, G. (2014): Ölsand in Kanada. Segen oder Fluch, in: *Der Tagesspiegel,* 14.09.2014 (http://www.tagesspiegel.de; 31.12.2016).

Brenssell, A. (2013): Hat das Menschenbild des Homo oeconomicus Implikationen für Psychologie und Psychotherapie?, in: *Zeitschrift für Transaktionsanalyse,* 2/2013, S. 201–215.

Brenssell, A. (2015): Armut und Reichtum. Der Care Faktor, in: Bareis, E.; Wagner, T. (Hrsg.): *Politik mit der Armut. Europäische Sozialpolitik und Wohlfahrtsproduktion »von unten«,* Münster, S. 114–126.

Brie, M. (Hrsg.) (2014): *Futuring. Perspektiven der Transformation im Kapitalismus über ihn hinaus,* Münster.

Brie, M. (2015): *Polanyi neu entdecken. Das hellblaue Bändchen zu einem möglichen Dialog von Nancy Fraser und Karl Polanyi,* Hamburg.

Brie, M.; Candeias, M. (2016): Rückkehr der Hoffnung. Für eine offensive Doppelstrategie, in: *LuXemburg,* 11/2016 (http://www.zeitschrift-luxemburg.de; 10.12.2016).

Brie, M.; Hildebrandt, C. (2015): Solidarische Mitte-Unten-Bündnisse. Anforderungen an linke Politik, in: *LuXemburg,* 2/2015, S. 100–107.

Brie, M.; Reißig, R.; Thomas, M. (Hrsg.) (2018): *Transformation: Suchprozesse in Zeiten des Umbruchs,* Münster u. a.

Brie, M.; Thomasberger, C. (eds.) (2018): *Karl Polanyi's Vision of a Socialist Transformation,* Montreal et al.

Bröckling, U.; Krasmann, S.; Lemke, T. (Hrsg.) (2000): *Gouvernementalität der Gegenwart. Studien zur Ökonomisierung des Sozialen,* Frankfurt am Main.

Buckel, S. (2008): Zwischen Schutz und Maskerade – Kritik(en) des Rechts, in: Demirović, A. (Hrsg.): *Kritik und Materialität,* Münster, S. 110–131.

Buckel, S.; Fischer-Lescano, A. (Hrsg.) (2007): *Hegemonie gepanzert mit Zwang.*

Zivilgesellschaft und Politik im Staatsverständnis Antonio Gramscis, Baden-Baden.

Burchardt, H.-J.; Peters, S. (2015): Anregungen für eine Staatsforschung in globaler Perspektive. Zur Renaissance der Entwicklungsstaaten, in: Burchardt, H.-J.; Peters, S. (Hrsg.): *Der Staat in globaler Perspektive,* Frankfurt am Main/New York, S. 243–266.

Busse, C.; Fromm, T.; Willmroth, J. (2016): Ans rettende Ufer, in: *Süddeutsche Zeitung,* 11./12.06.2016.

Bussolo, M; Aliszewska, M.; Murard, E. (2014): The Long-Awaited Rise of the Middle Class in Latin America Is Finally Happening. Policy Research Working Paper 6912, Washington (http://documents.worldbank.org; 27.01.2017).

Butterwegge, C. (2016): Stolz auf den »Wirtschaftsstandort D«. Bei der AfD gehen Neoliberalismus und Rechtspopulismus eine Synthese ein. Auch deshalb ist die Partei so erfolgreich, in: *taz,* 01.08.2016 (http://www.taz.de; 31.12.2016).

Candeias, M. (2004): *Neoliberalismus – Hochtechnologie – Hegemonie. Grundrisse einer transnationalen kapitalistischen Produktions- und Lebensweise. Eine Kritik,* Hamburg.

Candeias, M. (2012): Zu viel und zu wenig. Ein Moment organischer Krise, in: *LuXemburg,* 4/2012, S. 14–17.

Canzler, W. (2014): Nachhaltige Mobilität, in: *Jahrbuch Nachhaltige Ökonomie,* 2014/15, S. 339–358.

Carroll, W. K. (2016): *Expose, Oppose, Propose: Alternative Policy Groups and Global Civil Society,* Chicago.

Carson, R. (2007 [1963]): *Der Stumme Frühling,* München. レイチェル・カーソン著／青樹簗一訳『沈黙の春』新潮文庫，二〇〇四年.

Cavallero, L.; Gago, V. (2020): Crack Up! Eine feministische Agenda für die Post-Pandemie, Berlin, Rosa Luxemburg Stiftung (rosalux.de).

Chakrabarty, D. (2010): *Europa als Provinz. Perspektiven postkolonialer Geschichtsschreibung,* Frankfurt am Main/New York.

Chertkovskaya, E.; Paulsson, A.; Barca, S. (eds.) (2019): *Towards a Political Economy of Degrowth,* London.

Cox, R. W. (1987): *Production, Power and World Order. Social Forces in the Making of History,* New York.

Crome, E. (2013): Deutschland in Europa. Eine neue Hegemonie, in: Crome, E.; Krämer, R. (Hrsg.): *Hegemonie und Multipolarität. Weltordnungen im 21. Jahrhundert,* Potsdam, S. 165–205.

Crutzen, P. J. (2002): Geology of mankind, in: *Nature,* No. 415, S. 23.

Dale, G. (2016): *Reconstructing Karl Polanyi,* London. ギャレス・デイル著／若森章孝，東風谷太一訳『現代に生きるカール・ポランニー：「大転換」の思想と理論』大月書店，二〇二〇年.

D'Alisa, G.; Demaria, F.; Kallis, G. (Hrsg.) (2016): *Degrowth. Handbuch für eine neue Ära,* München.

Daniljuk, M. (2015): America's T-Strategy. Die US-Hegemonie und die Korrektur der US Außen- und Energiepolitik, in: *PROKLA,* 45 (4), S. 529–544.

Dannoritzer, C. (2015): Giftige Geschäfte mit alten Geräten, in: Le Monde diplomatique; Kolleg Postwachstumsgesellschaften (Hrsg.): *Atlas der Globalisierung. Weniger ist mehr,* Berlin, S. 86–89.

Daum, T. (2019): *Das Auto im digitalen Kapitalismus. Wenn Algorithmen und Daten den Verkehr bestimmen,* München.

Davis, M. (2020): The Monster Enters, in: *New Left Review,* No. 122.

Degrowth in Bewegung(en) (2016): Essays zu 32 sozialen Bewegungen (http://www.degrowth.de; 05.12.2016).

Dellheim, J.; Brangsch, L.; Spangenberg, J.; Wolf, F. O. (2012): Den Krisen entkommen. Sozial-ökologische Transformation, Rosa Luxemburg Stiftung: Reihe Manuskripte Nr. 99, Berlin.

Demirović, A. (1997): *Demokratie und Herrschaft. Aspekte kritischer Gesellschaftstheorie,* Münster. 部分訳：アレックス・デミロヴィッチ著／仲正昌樹，中村隆一，古賀暹訳『民主主義と支配』御茶の水書房，二〇〇〇年.

Demirović, A.; Dück, J.; Becker, F.; Bader, P. (Hrsg.) (2011): *VielfachKrise: Im finanzmarktdominierten Kapitalismus,* Hamburg.

Demirović, A. (2012): Marx Grün. Die gesellschaftlichen Naturverhältnisse demokratisieren, in: *LuXemburg,* 3/2012, S. 60–70.

Demirović, A. (2016): Demokratie – zwischen autoritären Tendenzen und gesellschaftlicher Transformation. Zur Kritik der politischen Demokratie, in: Demirović, A. (Hrsg.): *Transformation der Demokratie – demokratische Transformation,* Münster, S. 278–302.

Dempsey, J.; Robertson, M. M. (2012): Ecosystem services: Tensions, impurities, and points of engagement within neoliberalism, in: *Progress in Human Geography,* 36 (6), pp. 758–779.

Dennis, K.; Urry, J. (2009): *After the car,* Cambridge/Malden, MA.

Deutscher Bundestag (Hrsg.) (2013): Schlussbericht der Enquete-Kommission Wachstum, Wohlstand, Lebensqualität, Drucksache 13/300, Berlin, Deutscher Bundestag.

Diamond, J. (2005): *Kollaps. Warum Gesellschaften überleben oder untergehen,* Frankfurt am Main. ジャレド・ダイアモンド著／楡井浩一訳『文明崩壊：

滅亡と存続の命運を分けるもの（上・下）』草思社文庫，二〇一二年.

Dietz, K. (2011): *Der Klimawandel als Demokratiefrage. Sozial-ökologische und politische Dimensionen von Vulnerabilität in Nicaragua und Tansania,* Münster.

Dietz, K.; Brunnengräber, A. (2008): Das Klima in den Nord-Süd-Beziehungen, in: *Peripherie,* 28 (112), S. 400–428.

Dietz, K.; Engels, B.; Pye, O.; Brunnengräber, A. (Hrsg.) (2015): *The Political Ecology of Agrofuels,* London/New York.

Diezinger, A. (2008): Alltägliche Lebensführung. Die Eigenlogik alltäglichen Handelns, in: Becker, R.; Kortendiek, B. (Hrsg.): *Handbuch Frauen- und Geschlechterforschung,* Wiesbaden, S. 221–226.

di Muzio, Tim (2015): *Carbon Capitalism. Energy, Social Reproduction and World Order,* London.

Donghi, T. H. (1991): *Geschichte Lateinamerikas von der Unabhängigkeit bis zur Gegenwart,* Frankfurt am Main.

Dörre, K. (2013): Landnahme. Triebkräfte, Wirkungen und Grenzen kapitalistischer Wachstumsdynamik, in: Backhaus, M. u.a. (Hrsg.): *Die globale Einhegung – Krise, ursprüngliche Akkumulation und Landnahmen im Kapitalismus,* Münster, S. 112–140.

Dörre, K.; Holst, H.; Matuschek, I. (2013): Zwischen Firmenbewusstsein und Wachstumskritik. Subjektive Grenzen kapitalistischer Landnahmen, in: Dörre, K.; Happ, A.; Matuschek, I. (Hrsg.): *Das Gesellschaftsbild der LohnarbeiterInnen. Soziologische Untersuchungen in ost- und westdeutschen Industriebetrieben,* Hamburg, S. 198–262.

Dörre, K. (2018a): Imperiale Lebensweise: Eine hoffentlich konstruktive Kritik. Teil 1: These und Gegenthese, in: *Sozialismus,* Nr. 6, S. 10–13.

Dörre, K. (2018b): Imperiale Lebensweise: Eine hoffentlich konstruktive Kritik. Teil 2: Uneingelöste Ansprüche und theoretische Schwierigkeiten, in: *Sozialismus,* Nr. 7–8, S. 65–71.

Dörre, K.; Schickert, C. (Hrsg.) (2019): *Neosozialismus: Solidarität, Demokratie und Ökologie vs. Kapitalismus,* München.

Driessen, P. P. J. et al. (2013): Societal transformation in the face of climate change. Research priorities for the next decade. Paper prepared for the Joint Programming Initiative Connecting Climate Change Knowledge for Europe (JPI Climate).

Dudenhöffer, F. (2013): Unter falschem Etikett. Die Autobauer wollen einen CO_2-Bonus für E-Autos, um mehr Geländewagen zu verkaufen, in: *Zeit Online,* 07.02.2013 (http://www.zeit.de/; 27.01.2017).

Dück, J.; Fried, B. (2015): Caring for Strategy. Transformation aus Kämpfen um soziale Reproduktion entwickeln, in: *LuXemburg*, 2/2015, S. 84–93.

Dunlap, R. E.; Catton, W. R. (1994): Toward an Ecological Sociology. The Development, Current Status, and Probable Future of Environmental Sociology, in: D'Antonio, W.; Sasaki, M.; Yonebayashi, Y. (eds.): *Ecology, Society and the Quality of Life*, New Brunswick/London, S. 11–25.

Ecologic (2016): *The Paris Agreement: Analysis, Assessment and Outlook*, Berlin (http://ecologic.eu; 08.12.2016).

El-Chichakli, B. (2016): Five cornerstones of a global bioeconomy, in: *Nature*, No. 535, p. 221.

Emunds, B.; Merkle, I. (Hrsg.) (2016): *Umweltgerechtigkeit. Von den sozialen Herausforderungen der großen ökologischen Transformation*, Marburg.

Esser, J.; Görg, C.; Hirsch, J. (Hrsg.) (1994): *Politik, Institutionen und Staat. Zur Kritik der Regulationstheorie*, Hamburg.

European Commission (2011): Tackling the Challenges in Commodity Markets and on Raw Materials, Brussels.

Eversberg, D. (2014): Die Erzeugung kapitalistischer Realitätsprobleme: Wachstumsregimes und ihre subjektiven Grenzen, in: *WSI Mitteilungen*, 67 (7), S. 528–535.

Eversberg, D. (2018): Innerimperiale Kämpfe: Drei Thesen zum Verhältnis zwischen autoritärem Nationalismus und imperialer Lebensweise, in: *PROKLA*, 48 (1), S. 43–53.

Eversberg, D.; Schmelzer, M. (2018): The Degrowth Spectrum: Convergence and Divergence within a Diverse and Conflictual Alliance, in: *Environmental Values*, 27 (3), pp. 245–267.

Exner, A.; Held, M.; Kümmerer, K. (2016): Einführung. Kritische Metalle in der Großen Transformation, in: Exner, A.; Held, M.; Kümmerer, K. (Hrsg.): *Kritische Metalle in der Großen Transformation*, Berlin/Heidelberg, S. 1–16.

Faibairn, M. (2014): »Like gold with yield«: evolving intersections between farmland and finance, in: *The Journal of Peasant Studies*, 41 (5), pp. 777–795.

Fairhead, J.; Leach, M.; Scoones, I. (2012): Green Grabbling: a new appropriation of nature?, in: *The Journal of Peasant Studies*, 39 (2), pp. 237–261.

Fatheuer, T. (2013): Neue Ökonomie der Natur. Eine kritische Einführung, Heinlich Böll Stiftung, *Schriften zur Ökologie*, Band 35, Berlin (https://www.boell.de; 08.12.2016).

Fatheuer, T.; Fuhr, L.; Unmüßig, B. (2015): *Kritik der grünen Ökonomie*, München.

FDCL; RLS (Hrsg.) (2012): Der Neue Extraktivismus. Eine Debatte über die

Grenzen des Rohstoffmodells in Lateinamerika, Berlin, Forschungs- und Dokumentationszentrum Chile-Lateinamerika und Rosa Luxemburg Stiftung.

Federici, S. (2012): *Aufstand aus der Küche. Reproduktionsarbeit im neoliberalen Kapitalismus und die unvollendete feministische Revolution,* Berlin.

Fischer, B. (2018): Die Weltreise der Bio-Lebensmittel auf unserem Teller, in: *Frankfurter Allgemeine Zeitung,* 02.08.2018 (http://www.faz.net).

Fischer-Kowalski, M. (2011): Analyzing sustainability transitions as a shift between socio-metabolic regimes, in: *Environmental Innovation and Societal Transitions,* 1 (1), pp. 152–159.

Fischer-Kowalski, M. u.a. (1997): *Gesellschaftlicher Stoffwechsel und Kolonisierung von Natur. Ein Versuch in sozialer Ökologie,* Wien.

Fischer-Lescano, A.; Möller, K. (2012): *Der Kampf um globale soziale Rechte. Zart wäre das Gröbste,* Berlin.

Foucault, M. (1992): *Was ist Kritik?,* Berlin. ミシェル・フーコー著／中山元訳『わたしは花火師です：フーコーは語る』ちくま学芸文庫，二〇〇八年．

Foucault, M. (2006 [1977/78]): *Sicherheit, Territorium, Bevölkerung. Geschichte der Gouvernementalität I. Vorlesung am Collège de France 1977–78,* Frankfurt am Main. ミシェル・フーコー著／高桑和巳訳『安全・領土・人口：コレージュ・ド・フランス講義 1977–1978 年度』筑摩書房，二〇〇七年．

Foundational Economy Collective (2018): *Foundational Economy: The Infrastructure of Everyday Life,* Manchester.

Frank, A. G. (1969): *Kapitalismus und Unterentwicklung in Lateinamerika,* Frankfurt am Main.

Fraser, N. (2016): Contradictions of Capital and Care, in: *New Left Review,* No. 100, pp. 99–117.

Frey, A. (2016): Auf der Flucht vor dem Klima?, in: *Frankfurter Allgemeine Zeitung,* 22.02.2016 (http://www.faz.net; 08.12.2016).

Fröbel, F.; Heinrichs, J.; Kreye, O. (1977): *Die neue internationale Arbeitsteilung. Strukturelle Arbeitslosigkeit in den Industrieländern und die Industrialisierung der Entwicklungsländer,* Reinbek.

Fuchs, D. (2015): Das »Epizentrum weltweiter Arbeiterunruhe«? Klassenzusammensetzung und Arbeitskämpfe in China seit den 1980er Jahren, in: *Peripherie,* 35 (138/139), S. 303–326.

Fücks, R. (2013): *Intelligent wachsen. Die grüne Revolution,* München.

Fuentes, C. (1994): Chiapas: Latin America's first post-communist rebellion, in: *New Perspectives Quarterly,* 11 (2).

Gago, V. (2015): Financialization of Popular Life and the Extractive Operations of Capital: A Perspective from Argentina, in: *South Atlantic Quarterly,* 114 (1),

pp. 11-28.
Galeano, E. (1973): *Die offenen Adern Lateinamerikas: die Geschichte eines Kontinents,* Wuppertal. エドゥアルド・ガレアーノ著／大久保光夫訳『収奪された大地：ラテンアメリカ五百年』新評論，一九八六年.
Gerstenberger, H. (2006): *Die subjektlose Gewalt. Theorie der Entstehung bürgerlicher Staatsgewalt,* Münster.
GH – Gramsci, A. (1991 ff.): *Gefängnishefte,* hrsg. von Bochmann, K.; Haug, W.-F., Hamburg/Berlin. 部分訳：アントニオ・グラムシ著／山崎功監修『グラムシ選集（1〜6)』合同出版，一九六一〜六五年.
Gómez-Baggethun, E.; Ruiz-Pérez, M. (2011): Economic valuation and the commodification of ecosystem services, in: *Progress in Physical Geography,* 35 (5), S. 613-628.
Görg, C.; Brand, U. (2002): *Mythen globalen Umweltmanagements,* Münster.
Görg, C. (2003): *Regulation der Naturverhältnisse. Zu einer kritischen Theorie der ökologischen Krise,* Münster.
Görg, C. (2004): Inwertsetzung, in: Haug, W.-F. (Hrsg.): *Historisch-Kritisches Wörterbuch des Marxismus,* Band 6 /II, Hamburg, Sp. 1501-1506.
Görg, C. (2015a): Anthropozän, in: Bauriedl, S. (Hrsg.): *Wörterbuch Klimadebatte,* Bielefeld, S. 29-36.
Görg, C. (2015b): Planetarische Grenzen, in: Bauriedl, S. (Hrsg.): *Wörterbuch Klimadebatte,* Bielefeld, S. 239-244.
Görg, C.; Brand, U.; Haberl, H.; Hummel, D.; Jahn, T.; Liehr, S. (2017): Challenges for Social-Ecological Transformation: Contributions from Social and Political Ecology, in: *Sustainability,* 9 (7).
Görg, C. (2020): Die Corona-Pandemie als sozial ökologische Krise. Unsicherheiten, Kränkungen und die Beschleunigung der Zivilisationskrise, Manuskript.
Gorz, A. (2009): *Ausweg aus dem Kapitalismus. Beiträge zur politischen Ökologie,* Zürich.
Gottschlich, D. (2012): Nachhaltiges Wirtschaften: Zum Verhältnis von Care und Green Economy (http://genanet.de; 15.02.2012).
Gottschlich, D.; Hackfort, S. (2016): Zur Demokratisierung gesellschaftlicher Naturverhältnisse. Warum Perspektiven der politischen Ökologie dafür unverzichtbar sind, in: *Politische Vierteljahresschrift,* 57 (2), S. 300-322.
Graefe, S. (2016): Grenzen des Wachstum? Resiliente Subjektivität im Krisenkapitalismus, in: *Psychosozial,* 39 (1), S. 39-50.
GRAIN (2008): *Seized: The 2008 landgrab for food and financial security,* Barcelona (http://www.grain.org; 08.12.2016).
Grefe, C. (2016): Bioökonomie. Wie eine grüne Idee gekapert wird, in: *Blätter*

für deutsche und internationale Politik, 8/2016, S. 97–108.

Grunwald, A. (2012): *Ende einer Illusion. Warum ökologisch korrekter Konsum die Welt nicht retten kann*, München.

Gudynas, E. (2011): Buen Vivir: Today's Tomorrow, in: *Development*, 54 (4), pp. 441–447.

Haas, T. (2016): Die Energiewende unter dem Druck (skalarer) Kräfteverschiebungen. Eine Analyse des EEG 2.0, in: *PROKLA*, 46 (3), S. 365–381.

Haas, T.; Sander, H. (2013): »Grüne Basis«. Grüne Kapitalfraktionen in Europa – eine empirische Untersuchung, Studien der Rosa Luxemburg Stiftung, Berlin (http://www.rosalux.de; 12.12.2016).

Haas, T.; Wissen, M. (2020): Automobiler Konsens am Ende? Wie die Linke bestehende Risse vertiefen könnte, in: *LuXemburg*, Nr. 1, S. 34–41 (zeitschrift-luxemburg.de).

Haberl, H. et al. (2011): A Socio-metabolic Transition towards Sustainability? Challenges for Another Great Transformation, in: *Sustainable Development*, 19 (1), pp. 1–14.

Habermann, F. (2008): *Der homo oeconomicus und das Andere*, Baden-Baden.

Habermann, F. (2019): *Ausgetauscht: Warum gutes Leben für alle tauschlogikfrei sein muss*, Roßdorf.

Häntzschel, J. (2016): Das Auto als Freiheitsmaschine hat keine Zukunft, in: *Süddeutsche Zeitung*, 16.08.2016 (http://www.sueddeutsche.de; 31.12.2016).

Hajek, K.; Opratko, B. (2016): Crisis Management by Subjectivation: Towards a Feminist Neo-Gramscian Framework for the Analysis of Europe's Multiple Crisis, in: *Globalizations*, 13 (2), pp. 217–231.

Hall, S. (2012): *Ideologie, Kultur, Rassismus. Ausgewählte Schriften 1*, Hamburg.

Hardt, M.; Negri, A. (2002): *Empire. Die neue Weltordnung*, Frankfurt am Main. アントニオ・ネグリ，マイケル・ハート著／水嶋一憲ほか訳『〈帝国〉：グローバル化の世界秩序とマルチチュードの可能性』以文社，二〇〇三年.

Hartmann, K. (2015): *Aus kontrolliertem Raubbau. Wie Politik und Wirtschaft das Klima anheizen, Natur vernichten und Armut produzieren*, München.

Hartmann, K. (2020): Das kommt nicht von außen. Was Epidemien mit der Zerstörung intakter Ökosysteme durch den Menschen zu tun haben, in: *Der Freitag*, Nr. 12, 2020 (Freitag.de).

Harvey, D. (1999 [1982]): *The Limits to Capital*, London. デヴィッド・ハーヴェイ著／松石勝彦，水岡不二雄訳『空間編成の経済理論：資本の限界（上・下）』大明堂，一九八九～九〇年.

Harvey, D. (2005): *Der neue Imperialismus*, Hamburg. デヴィッド・ハーヴェイ著／本橋哲也訳『ニュー・インペリアリズム』青木書店，二〇〇五年.

Harvey, N. (2005): Who needs Zapatismo? State interventions and local responses in Marqués de Comillas, Chiapas, in: *Journal of Peasant Studies,* 32 (3-4), pp. 629-650.

Hauff, V. (1987): *Unsere gemeinsame Zukunft. Der Brundtland-Bericht der Weltkommission für Umwelt und Entwicklung,* Greven.

Haug, F. (2011): *Die Vier-in-einem-Perspektive. Eine Politik von Frauen für eine neue Linke,* Hamburg.

Haug, W.-F. (2001): Fragen einer Kritik des Biokapitalismus, in: *Das Argument,* 43 (4/5), S. 449-465.

Hermann, C. (2015): *Capitalism and the Political Economy of Work Time,* London/New York.

Heuwieser, M. (2015): *Grüner Kolonialismus in Honduras. Land Grabbing im Namen des Klimaschutzes und die Verteidigung der Commons,* Wien.

Heuwieser, M. (2016): *Geld wächst nicht auf den Bäumen – oder doch? Warum die Natur und deren »Leistungen« zu Waren gemacht werden,* Berlin.

Hirsch, F. (1980): *Die sozialen Grenzen des Wachstums. Eine ökonomische Analyse der Wachstumskrise,* Reinbek. フレッド・ハーシュ著／都留重人監訳『成長の社会的限界』日本経済新聞社，一九八〇年.

Hirsch, J. (1990): *Kapitalismus ohne Alternative? Materialistische Gesellschaftstheorie und Möglichkeiten einer sozialistischen Politik heute,* Hamburg. ヨアヒム・ヒルシュ著／木原滋哉，中村健吾訳『資本主義にオルタナティブはないのか？：レギュラシオン理論と批判的社会理論』ミネルヴァ書房，一九九七年.

Hobsbawm, E. J. (1987): *The age of Empire 1875-1914,* London. エリック・J・ホブズボーム著／野口建彦，野口照子訳『帝国の時代：1875-1914（1・2)』みすず書房，一九九三・九八年.

Hoering, U. (2011): Die Wiederentdeckung des ländlichen Raumes als Beitrag zur kapitalistischen Krisenlösung, in: Demirović, A.; Dück, J.; Becker, F.; Bader, P. (Hrsg.) (2011): *VielfachKrise: Im finanzmarktdominierten Kapitalismus,* Hamburg, S. 111-128.

Hoffer, F. (2016): Die Ausweitung des Zwischenraums, in: Brand, U.; Schwenken, H.; Wullweber, J. (Hrsg.): *Globalisierung analysieren, kritisieren und verändern. Das Projekt Kritische Wissenschaft,* Hamburg, S. 23-35.

Holloway, J.; Peláez, E. (1998): *Zapatista! Reinventing Revolution in Mexico,* London.

Hornborg, A. (2010): Uneven Development as a Result of the Unequal Exchange of Time and Space: Some Conceptual Issues, in: *Journal für Entwicklungspolitik,* 26 (4), S. 36-56.

Hoss, W. (2004): *Komm ins Offene, Freund. Autobiographie*, Münster.

Huan, Q. (2008): Growth Economy and Its Ecological Impacts upon China: A Redgreen Perspective, in: *International Journal of Inclusive Democracy*, 4 (4) (http://www.inclusivedemocracy.org; 08.12.2016).

Huan, Q. (2016): Socialist Eco-civilization and Social-Ecological Transformation, in: *Capitalism Nature Socialism*, 27 (2), pp. 51–66.

Huber, J. (2011): Ökologische Modernisierung und Umweltinnovation, in: Groß, M. (Hrsg.): *Handbuch Umweltsoziologie*, Wiesbaden, S. 279–302.

Huber, M. (2013): Fueling Capitalism: Oil, the Regulation Approach, and the Ecology of Capital, in: *Economic Geography*, 89 (2), pp. 171–194.

Hung, H.-F. (Hrsg.) (2009): *China and the Transformation of Global Capitalism*, Baltimore.

Hürtgen, S. (2020): Arbeit, Klasse und eigensinniges Alltagshandeln. Kritisches zur imperialen Lebensweise – Teil 1, in: *PROKLA*, 198, 50 (1), S. 171–188 (https://doi.org/10.32387/prokla.v50i198.1832).

IATA (2014): Annual Review 2014, Montreal, International Air Transport Association (http://www.iata.org; 14.06.2016).

IATA (2016): Annual Review 2016, Montreal, International Air Transport Association (http://www.iata.org; 14.06.2016).

IEA (2014): IEA Statistics. CO_2 Emissions from Fuel Combustion. Highlights, Paris, International Energy Agency (https://www.iea.org; 30.03.2015).

IEA (2015a): Energy and Climate Change. World Energy Outlook Special Report, Paris, International Energy Agency (http://www.iea.org; 19.09.2016).

IEA (2015b): World Energy Outlook 2015, Paris, International Energy Agency (http://www.iea.org; 22.07.2016).

IG Metall/Deutscher Naturschutzring (1992): Auto, Umwelt, Verkehr. Umsteuern, bevor es zu spät ist. Verkehrspolitische Konferenz der IG Metall und des Deutschen Naturschutzring, Köln.

ILA Kollektiv (ed.) (2019a): *At the expense of others? How the imperial mode of living prevents a good life for all*, Munich.

ILA Kollektiv (Hrsg.) (2019b): *Das gute Leben für Alle. Wege in die solidarische Lebensweise*, München.

Illich, I. (1974): *Die sogennante Energiekrise oder Die Lähmung der Gesellschaft. Das sozial kritische Quantum der Energie*, Reinbek. イヴァン・イリッチ著／大久保直幹訳『エネルギーと公正』晶文社，一九七九年.

ILO (2013): *World of Work Report 2013. Repairing the economic and social fabric*, Genf (http://www.ilo.org; 08.12.2016). 国際労働機関(ILO)著／田村勝省訳『世界労働レポート 2013：経済・社会の構造を修復する』一灯舎，二

〇一四年.
Institute for Critical Social Analysis & Friends (2020): *A window of opportunity for leftist politics? How to continue in and after the crisis,* Berlin, Rosa Luxemburg Foundation (rosalux.de).
IPCC (2018): Global Warming of 1.5℃, Summary for Policy-Makers (https://report.ipcc.ch/).
ITF (2015): ITF Transport Outlook 2015, Paris, OECD, International Transport Forum (http://www.oecd-ilibrary.org; 15.06.2016).
Jackson T. (2009): *Prosperity without Growth: Economics for a Finite Planet,* London/Sterling.
Jaeger, C. C. et al. (2011): A New Growth Path for Europe. Generating Prosperity and Jobs in the Low-Carbon Economy. Synthesis Report. A study commissioned by the German Federal Ministry for the Environment, Nature Conservation and Nuclear Safety, Potsdam, European Climate Forum (http://www.european-climate-forum.net; 08.12.2016).
Jänicke, M. (2011): *»Green Growth«. Vom Wachstum der Öko-Industrie zum nachhaltigen Wirtschaften. FFU-Report 06-2011,* Berlin, Freie Universität Berlin, Forschungszentrum für Umweltpolitik. マルティン・イェーニッケほか編『緑の産業革命：資源・エネルギー節約型成長への転換』昭和堂，二〇一二年.
Jahn, T.; Wehling, P. (1998): Gesellschaftliche Naturverhältnisse. Konturen eines theoretischen Konzepts, in: Brand, K-W. (Hrsg.): *Soziologie und Natur. Theoretische Perspektiven,* Opladen, S. 75-93.
Jessop, B. (2001): Die Globalisierung des Kapitals und die Zukunft des Nationalstaates. Ein Beitrag zur Kritik der globalen politischen Ökonomie, in: Hirsch, J.; Jessop, B.; Poulantzas, N. (Hrsg.): *Die Zukunft des Staates,* Hamburg, S. 139-170.
Jonas, M. (2017): Transition or transformation? A plea for the praxeological approach of radical socio-ecological change, in: Jonas, M.; Littig, B. (eds.): *Praxeological Political Analysis,* London, pp. 116-133.
Jonas, M.; Littig, B. (2015): Sustainable Practices, in: Wright, J. D. (ed.): *International Encyclopedia of Social & Behavioral Sciences,* Oxford, pp. 834-838.
Jonas, M.; Littig, B. (eds.) (2017): *Praxeological Political Analysis,* London.
Kadritzke, U. (2016a): Zur Mitte drängt sich alles. Historische Klassenstudien im Lichte der Gegenwart (Teil 1), in: *PROKLA,* 46 (3), S. 477-496.
Kadritzke, U. (2016b): Zur Mitte drängt sich alles. Historische Klassenstudien im Lichte der Gegenwart (Teil 2), in: *PROKLA,* 46 (4), S. 639-659.
Kaltmeier, O. (2011): Hacienda, Staat und indigene Gemeinschaft. Kolonialität

und politisch-kulturelle Grenzverschiebungen von der Unabhängigkeit bis in die Gegenwart, in: Wehr, L; Burchardt, H.-J. (Hrsg.): *Soziale Ungleichheiten in Lateinamerika. Neue Perspektiven auf Wirtschaft, Politik und Umwelt,* Baden-Baden, S. 29–44.

Kaplan, R. D. (1994): The coming anarchy, in: *The Atlantic Monthly,* 273 (2), pp. 44–77.

Karathanassis, A. (2015): *Kapitalistische Naturverhältnisse. Ursachen von Naturzerstörungen, Begründungen einer Postwachstumsökonomie,* Hamburg.

Kaufmann, S. (2011): Globale Ökonomie des Autos. Krisen und Strategien, in: Candeias, M. u.a. (Hrsg.): *Globale Ökonomie des Autos. Mobilität, Arbeit, Konversion,* Hamburg, S. 14–122.

Keil, R. (2018): *Suburban Planet. Making the World Urban from the Outside In,* Cambridge.

Kelly, A. B. (2011): Conservation practice as primitive accumulation, in: *The Journal of Peasant Studies,* 38 (4), pp. 684–701.

Kerkow, U.; Martens, J.; Müller, A. (2012): Vom Erz zum Auto. Abbaubedingungen und Lieferketten im Rohstoffsektor und die Verantworutung der deutschen Automobilindustrie, Aachen/Bonn/Stuttgart, Misereor; Brot für die Welt; Global Policy Forum Europe (https://www.misereor.de; 08.12.2016).

Kharas, H. (2010): The Emerging Middle Class in Developing Countries, OECD Development Centre, Working Paper, No. 285, Paris (https://www.oecd.org; 08.12.2016).

Kill, J. (2014): Economic Valuation of Nature. The Price to Pay for Conservation?, Brussels, Rosa Luxemburg Stiftung (https://www.rosalux.de; 08.12. 2016).

Klauke, S. (2017): review of *Imperiale Lebensweise,* in: *theoriekritik.org,* 27 July 2017 (theoriekritik.ch).

Klautke, R.; Oehrlein, B. (Hrsg.) (2008): *Globale soziale Rechte. Zur emanzipatorischen Aneignung universaler Menschenrechte,* Hamburg.

Klein, D. (2013): *Das Morgen tanzt im Heute. Transformation im Kapitalismus und darüber hinaus,* Hamburg.

Klein, D. (2016): *Gespaltene Machteliten. Verlorene Transformationsfähigkeit oder Renaissance eines New Deal?,* Hamburg.

Klein, N. (2020): Coronavirus Capitalism: Naomi Klein's Case for Transformative Change Amid Coronavirus Pandemic. Transcript of a broadcast of Democracy Now!, 19 March 2020 (democracynow.org).

Kleinhückelkotten, S.; Neitzke, H.-P.; Moser, S. (2016): Repräsentative Erhebung von Pro-Kopf-Verbräuchen natürlicher Ressourcen in Deutschland (nach Be-

völkerungsgruppen), Texte 39/2016, Dessau-Roßlau, Umweltbundesamt (https://www.umweltbundesamt.de; 12.10.2016).

Kloppenburg, J. R. (1988): *First the Seed. The Political Economy of Plant Biotechnology, 1492–2000*, Cambridge.

Knoflacher, H. (2014): Das Auto im Kopf. Fetisch motorisierter Individualverkehr, in: *Politische Ökologie*, 32 (137), S. 25–31.

Komlosy, A. (2010): Arbeitsverhältnisse, Weltumspannende Kombination und ungleiche Entwicklung, in: Sieder, R.; Langthaler, E. (Hrsg.): *Globalgeschichte 1800–2010*, Wien, S. 261–283.

Konzeptwerk Neue Ökonomie e.V.; DFG-Kolleg Postwachstumsgesellschaften (2017): *Degrowth in Bewegung(en): 32 alternative Wege zur sozial-ökologischen Transformation*, München.

Kothari, A.; Salleh, A.; Escobar, A.; Demaria, F.; Acosta, A. (eds.) (2020): *Pluriverse. A Post-Development Dictionary*, New Delhi.

Kramer, D. (2016): *Konsumwelten des Alltags und die Krise der Wachstumsgesellschaft*, Marburg.

Krausmann, F.; Fischer-Kowalski, M. (2010): Gesellschaftliche Naturverhältnisse. Globale Transformationen der Energie- und Materialflüsse, in: Sieder, R.; Langthaler, E. (Hrsg.): *Globalgeschichte 1800–2010*, Wien, S. 39–66.

Kronauer, M. (2014): Autonomie in der Krise, in: *PROKLA*, 44 (3), S. 431–443.

Krull, S. (2015): Mit Volks- und Betriebsgemeinschaft in die Barbarei?, in: *SoZ – Sozialistische Zeitung*, Nr. 11/2015 (http://www.sozonline.de; 27.01.2017).

Kurtenbach, S.; Wehr, I. (2014): Verwobene Moderne und Einhegung von Gewalt, in: Müller, F. u.a. (Hrsg.): *Entwicklungstheorien. Weltgesellschaftliche Transformationen, entwicklungspolitische Herausforderungen, theoretische Innovationen. Politische Vierteljahresschrift, Sonderheft 48*, Wiesbaden, S. 95–127.

Lander, E. (2016): The implosion of the Venezuela's rentier state, Transnational Institute, *New Politics Papers*, 1, Amsterdam (https://www.tni.org; 07.12.2016).

Lang, M (2005): Mehr, als wir vor dem Aufstand hatte. Zapatistische Autonomie, indigene Identität und Neoliberalismus in Chiapas, in: Gabbert, K. u.a. (Hrsg.): *Neue Optionen Lateinamerikanischer Politik. Jahrbuch Lateinamerika, Analysen und Berichte*, Nr. 29, Münster, S. 111–131.

Lang, M. (2015): México: Desde abajo todo, desde arriba nada. La autonomia zapatista en Chiapas y la Otra Campaña, in: Lang, M.; Cevallos, B.; López, C. (eds.): *Cómo transformar? Instituciones y cambio social en América Latina*

y Europa, Quito, S. 219–276.

Lang, M.; König, C. D.; Regelmann, A. C. (eds.) (2018): *Alternatives in a World of Crisis. Global Working Group beyond Development*, Brussels.

Lange, S; Santarius, T. (2020): Die Corona-Krise erfordert eine Transformation zu einer krisenfesten Resilienzwirtschaft, in: *Ökonomenstimme*, 9 April 2020 (oekonomenstimme.org).

Lessenich, S. (2014): Ab in die Produktion oder Der diskrete Charme der Ökonomie, in: *WSI Mitteilungen*, 67 (7), S. 566–567.

Lessenich, S. (2016): *Neben uns die Sintflut. Die Externalisierungsgesellschaft und ihr Preis*, Berlin.

Lessenich, S. (2019): *Living Well at Others' Expense: The Hidden Costs of Western Prosperity*, Cambridge.

Littig, B. (2013): Green Economy, Green Jobs – und Frauen? Geschlechterpolitische Überlegungen zum aktuellen Nachhaltigkeitsdiskurs, in: Appelt, E.; Aulenbacher, B.; Wetterer, A. (Hrsg.): *Gesellschaft – Feministische Krisendiagnosen*, Münster, S. 60–79.

Littig, B.; Spitzer, M. (2011): Arbeit neu. Erweiterte Arbeitskonzepte im Vergleich. Literaturstudie zum Stand der Debatte um erweiterte Arbeitskonzepte, Arbeitspapier 229 der Hans-Böckler-Stiftung, Düsseldorf (http://www.boeckler.de; 17.06.2013).

Lorey, I. (2012): *Die Regierung der Prekären*, Wien/Berlin.

Lövbrand, E. et al. (2015): Who speaks for the future of Earth? How critical social science can extend the conversation on the Anthropocene, in: *Global Environmental Change*, Vol. 32, pp. 211–218.

Ludwig, G. (2011): *Geschlecht regieren. Zum Verhältnis von Staat, Subjekt und heteronormativer Hegemonie*, Frankfurt am Main/New York.

Ludwig, G. (2012): Hegemonie, Diskurs, Geschlecht. Gesellschaftstheorie als Subjekttheorie, Subjekttheorie als Gesellschaftstheorie, in: Dzudzek, I.; Kunze, C.; Wullwever, J. (Hrsg.): *Diskurs und Hegemonie. Gesellschaftstheoretische Perspektiven*, Bielefeld, S. 105–126.

Lüthje, B.; McNally, C. A. (2015): China's Hidden Obstacles to Socioeconomic Rebalancing, in: *Asia Pacific*, 120, pp. 1–8.

Lucke, A. von (2016): Trump und die Folgen: Demokratie am Scheideweg, in: *Blätter für deutsche und internationale Politik*, 12/2016, S. 5–9.

Luks, F. (2016): Kein Öko ohne AfD, in: *die tageszeitung*, 28.10.2016.

Lutz, B. (1989): *Der kurze Traum immerwährender Prosperität. Eine Neuinterpretation der industriell-kapitalistischen Entwicklung im Europa des 20. Jahrhunderts*, Frankfurt am Main.

Luxemburg, R. (1970 [1913]): *Die Akkumulation des Kapitals. Ein Beitrag zur ökonomischen Erklärung des Imperialismus,* Frankfurt am Main. ローザ・ルクセンブルク著／小林勝訳『資本蓄積論：帝国主義の経済的説明への一つの寄与(一・二・三)』御茶の水書房，二〇一一〜一七年.

Mahnkopf, B. (2013): Peak Everything – Peak Capitalism? Folgen der sozial-ökologischen Krise für die Dynamik des historischen Kapitalismus, working paper 02/2013 der DFG-KollegforscherInnengruppe Postwachstumsgesellschaften, Friedrich-Schiller-Universität, Jena.

Malm, A.; Hornborg, A. (2014): The geology of mankind? A critique of the Anthropocene narrative, in: *The Anthropocene Review,* 1 (1), pp. 62–69.

Marcello, D. (1980): Das Produkt Auto, in: *Wechselwirkung,* 2. Jg., S. 52–53.

Martens, J.; Obenland, W. (2016): *Die 2030–Agenda. Globale Zukunftsziele für nachhaltige Entwicklung,* Bonn/Osnabrück.

Martinez Alier, J.; Pascual, U.; Vivien, F.-D.; Zaccai, E. (2010): Sustainable degrowth, in: *Ecological Economics,* 68 (9), pp. 1741–1747.

Mason, P. (2016): *Postkapitalismus. Grundrisse einer kommenden Ökonomie,* Berlin. ポール・メイソン著／佐々とも訳『ポストキャピタリズム』東洋経済新報社，二〇一七年.

Massarrat, M. (2006): *Kapitalismus – Machtungleichgewicht – Nachhaltigkeit. Perspektiven Revolutionärer Reformen,* Hamburg.

McAfee, K. (2012): The Contradictory Logic of Global Ecosystem Services Markets, in: *Development and Change,* 43 (1), pp. 105–131.

McMichael, P. (2008): Agro-fuels, food security, and the metabolic rift, in: *Kurswechsel, Zeitschrift für gesellschafts-, wirtschafts- und umweltpolitische Alternativen,* 23 (3), S. 14–22.

McMichael, P. (2009): The World Food Crisis in Historical Perspective, in: *Monthly Review,* 61 (3) (http://monthlyreview.org/; 07.12.2016).

McMichael, P. (2012): The land grab and corporate food regime restructuring, in: *Journal of Peasant Studies,* 39 (3–4), pp. 681–701.

Menz, W.; Nies, S. (2016): Gerechtigkeit und Rationalität – Motive interessenpolitischer Aktivierung, in: *WSI Mitteilungen,* 69 (7), S. 530–539.

MEW – *Karl Marx, Friedrich Engels, Werke,* Berlin. カール・マルクス，フリードリヒ・エンゲルス著／大内兵衛，細川嘉六監訳『マルクス＝エンゲルス全集（全 53 冊)』大月書店，一九五九〜九一年.

Mezzadra, S. (2012): Wie viele Geschichten der Arbeit? Für eine postkoloniale Theorie des Kapitalismus (http://transversal.at; 07..12.2016).

Ming, S. (2015): Chinas neue Mittelschichten, in: Le Monde diplomatique; Kolleg Postwachstumsgesellschaften (Hrsg.): *Atlas der Globalisierung. Weniger ist*

mehr, Berlin, S. 32–35.

Milanovic, B. (2016): *Global Inequality. A New Approach for the Age of Globalization,* Cambridge MA. ブランコ・ミラノヴィッチ著／立木勝訳『大不平等：エレファントカーブが予測する未来』みすず書房，二〇一七年.

Mitchell, T. (2011): *Carbon Democracy. Political Power in the Age of Oil,* London/New York.

Möller, K. (2016): Der Name der Zeit, in: *Luxemburg,* 2/2016, S. 130–131.

Moore, J. W. (2015): *Capitalism in the Web of Life: Ecology and the Accumulation of Capital,* London.

Moreno, C. (2013): Las ropas verdes del rey, La economia verde: una nueva fuente de acumulación primitive, in: Grupo Permanente de Trabajo sobre Alternativas al Desarrollo (ed.): *Alternativas al capitalismo del Siglo XXI,* Quito, S. 63–98.

Moreno, C.; Speich Chassé, D.; Fuhr, L. (2015): Carbon Metrics. Global abstractions and ecological epistemicid, Heinrich Böll Foundation, *Publication Series Ecology,* Vol. 42, Berlin (https://www.boell.de; 08.12.2016).

Moscovici, S. (1990): *Versuch über die menschliche Geschichte der Natur,* Frankfurt am Main.

Muraca, B. (2014): *Gut leben. Eine Gesellschaft jenseits des Wachstums,* Berlin.

Nalau, J.; Handmer, J.(2015): When is transformation a viable policy alternative?, in: *Environmental Science & Policy,* 54, pp. 349–356.

Nanz, P.; Leggewie, C. (2016): *Die Konsultative. Mehr Demokratie durch Bürgerbeteiligung,* Berlin.

Narr, W.-D. (1998): Kontur einer kritischen Sozialwissenschaft, in: Görg, C.; Roth, R. (Hrsg.): *Kein Staat zu machen. Zur Kritik der Sozialwissenschaften,* Münster, S. 272–290.

Natanson, J. (2012): Una política para la nueva clase media, in: Le Monde diplomatique Cono Sur, Nr. 152 (http://www.eldiplo.org; 27.01.2017).

NBS (2016): Operating Status of National Economy in 2015, Peking, National Bureau of Statistics of China.

Neckel, S.; Wagner, G. (Hrsg.) (2013): *Leistung und Erschöpfung. Burnout in der Wettbewerbsgesellschaft,* Berlin.

New Economics Foundation (2010): *The Great Transition,* London.

Newell, P.; Paterson, M. (2010): *Climate Capitalism. Global Warming and the Transformation of the Global Economy,* Cambridge.

Nicoll, N. (2016): *Adieu, Wachstum! Das Ende einer Erfolgsgeschichte,* Marburg.

Novy, A. (2018): Kritik der westlichen Lebensweise, in: Luks, F. (Hrsg.): *Chancen und Grenzen der Nachhaltigkeitstransformation: Ökonomische und soziolo-*

gische Perspektiven, Wiesbaden.

Novy, A. (2021): The Political Trilemma of Contemporary Social-Ecological Transformation – Lessons from Karl Polanyi's The Great Transformation, in: *Globalizations,* 18 (forthcoming).

Nyéléni Austria (2014): *Ernährungssouveränität jetzt!,* Wien.

OECD (2011): Towards Green Growth (http://www.oecd.org; 11.10.2011).

Offe, C. (1973): *Strukturprobleme des kapitalistischen Staates. Aufsätze zur politischen Soziologie,* Frankfurt am Main. 部分訳：クラウス・オッフェ著／寿福真美訳『後期資本制社会システム：資本制的民主制の諸制度』法政大学出版局，一九八八年.

OICA (2016): Production Statistics (http://www.oica.net; 08.12.2016).

Osterhammel, J. (2011): *Die Verwandlung der Welt. Eine Geschichte des 19. Jahrhunderts,* München.

Ott, K. (2016): Zum Wohle des deutschen Autos, in: *Süddeutsche Zeitung,* 15.06. 2016 (http://www.sueddeutsche.de; 31.12.2016).

Paech, N (2014): Postwachstumsökonomie als Abkehr von der organisierten Verantwortungslosigkeit des Industriesystems, in: Pfaller, R.; Kufeld, K. (Hrsg.): *Arkadien oder Dschungelcamp, Leben im Einklang oder Kampf mit der Natur,* Freiburg/München, S. 217–247.

Park, J.; Conca, K.; Finger, M. (eds.) (2008): *The Crisis of Global Environmental Governance: Toward a New Political Economy of Sustainability,* London.

Paterson, M. (2007): *Automobile Politics. Ecology and Cultural Political Economy,* Cambridge MA.

Peluso, N. L.; Lund, C. (2011): New frontiers of land control: Introduction, in: *The Journal of Peasant Studies,* 38 (4), pp. 667–681.

Penz, O.; Sauer, B. (2016): *Affektives Kapital. Die Ökonomisierung der Gefühle im Alltagsleben.* Frankfurt am Main/New York.

Peters, S. (2020): Inequality kills. Corona will hit the Global South much harder than the North. The risk of massive political unrest and instability is looming, Berlin, Friedrich Ebert Foundation (http://www.ips-journal.eu/regions/latin-america/inequality-kills-4221/).

Pichler, M. (2014): *Umkämpfte Natur. Politische Ökologie der Palmöl- und Agrartreibstoffproduktion in Südostasien,* Münster.

Pichler, M.; Staritz, C.; Küblböck, K.; Plank, C.; Raza, W.; Ruiz Peyré, F. (eds.) (2016): *Fairness and Justice in Natural Resource Politics,* London.

Piketty, T. (2014): *Capital in the Twenty-First Century,* Cambridge MA. トマ・ピケティ著／山形浩生，守岡桜，森本正史訳『21 世紀の資本』みすず書房，二〇一四年.

Plank, L.; Plank, C. (2013): Land Grabbing – kritische Perspektive auf die neue Landnahme, in: Bröthaler, J. u.a. (Hrsg.): *Raumplanung. Jahrbuch des Departments für Raumplanung der TU Wien*, Wien, S. 177–194.

Polanyi, K. (1995 [1944]): *The Great Transformation. Politische und ökonomische Ursprünge von Gesellschaften und Wirtschaftssystem*, Frankfurt am Main. カール・ポラニー著／野口建彦，栖原学訳『[新訳]大転換：市場社会の形成と崩壊』東洋経済新報社，二〇〇九年.

Popp, S. (2014): Die neue globale Mittelschicht, in: *Aus Politik und Zeitgeschichte*, 64 (49), S. 30–37.

Porcaro, M.; Candeias, M. (2016): Occupy Machiavelli. Zwischen verbindender und strategischer Partei, in: *Luxemburg*, 2/2016, S. 8–21.

Poulantzas, N. (2001): Die Internationalisierung der kapitalistischen Verhältnisse und der Nationalstaat, in: Hirsch, J.; Jessop, B.; Poulantzas, N. (Hrsg.): *Die Zukunft des Staates*, Hamburg, S. 19–69.

Poulantzas, N. (2002 [1978]): *Staatstheorie. Politischer Überbau, Ideologie, autoritärer Etatismus*, Hamburg. ニコス・プーランツァス著／田中正人，柳内隆訳『国家・権力・社会主義』ユニテ，一九八四年.

Pun, N.; Lu, H. (2010): Unfinished Proletarianization: Self, Anger, and Class Action among the Second Generation of Peasant-Workers in Present-Day China, in: *Modern China*, 36 (5), pp. 493–519.

Radhuber, I. (2013): *Der plurinationale Staat in Bolivien. Die Rolle der Ressourcen- und Budgetpolitik*, Münster.

Räthzel, N. (1991): Rebellierende Selbstunterwerfung. Ein Deutungsversuch über den alltäglichen Rassimus, in: *links*, Nr. 12, S. 24–26.

Renn, O. (2014): *Das Risikoparadox. Warum wir uns vor den Falschen fürchten*, Frankfurt am Main.

Rilling, R. (2011): Wenn die Hütte brennt ... »Energiewende«, green new deal und grüner Sozialismus, in: *Forum Wissenschaft*, 28 (4), S. 14–18.

Rink, D. (2002): Environmental Policy and the Environmental Movement in East Germany, in: *Capitalism Nature Socialism*, 13 (3), pp. 73–91.

Rivera, M. (2015): Wie viel Entpolitisierung vertragen die SDGs? Ein kritischer Blick auf die Entstehung der Agenda 2030. IASS Working Paper, Potsdam, Institute for Advanced Sustainability Studies (http://222.iass-potsdam.de; 08.12.2016).

Rockström, J. et al. (2009): A safe operating space for humanity, in: *Nature*, Vol. 461, pp. 472–475.

Rössel, J.; Otte, G. (Hrsg.) (2011): *Lebensstilforschung. Kölner Zeitschrift für Soziologie und Sozialpsychologie, Sonderheft 51*, Wiesbaden.

Roth, R. (2018): Radikaler Reformismus: Geschichte und Aktualität einer politischen Denkfigur, in: Brand, U.; Görg, C. (Hrsg.): *Zur Aktualität der Staatsform: Die materialistische Staatstheorie von Joachim Hirsch,* Baden-Baden, S. 219–240.

Rucht, D. (1994): *Modernisierung und neue soziale Bewegungen. Deutschland, Frankreich und USA im Vergleich,* Frankfurt am Main/New York.

Sablowski, T. (2010): Konsumnorm, Konsumweise, in: Haug, W.-F.; Haug, F.; Jehle, P. (Hrsg.): *Historisch- Kritisches Wörterbuch des Marxismus,* Band 7/II, Hamburg, Sp. 1642–1654.

Sablowski, T. (2018): Warum die imperiale Lebensweise die Klassenfrage ausblenden muss, in: *LuXemburg,* 5/2018 (zeitschrift-luxemburg.de).

Sablowski, T.; Thien, G. (2018): Die AfD, die ArbeiterInnenklasse und die Linke: Kein Problem?, in: *PROKLA,* 48 (1), S. 55–71.

Sachs, W. (1984): *Die Liebe zum Automobil. Ein Rückblick in die Geschichte unserer Wünsche,* Reinbek. ヴォルフガング・ザックス著／土合文夫，福本義憲訳『自動車への愛：二十世紀の願望の歴史』藤原書店，一九九五年.

Sachs, W. (1997): Sustainable Development. Zur politischen Anatomie eines internationalen Leitbilds, in: Brand, K.-W. (Hrsg.): *Nachhaltige Entwicklung. Eine Herausforderung an die Soziologie,* Opladen, S. 93–110.

Said, E. (1981): *Orientalismus,* Hamburg. エドワード・W・サイード著／今沢紀子訳『オリエンタリズム（上・下）』平凡社ライブラリー，一九九三年.

Sander, H. (2016): *Auf dem Weg zum grünen Kapitalismus? Die Energiewende nach Fukushima,* Berlin.

Santarius, T. (2015): *Der Rebound-Effekt. Ökonomische, psychische und soziale Herausforderungen der Entkopplung von Energieverbrauch und Wirtschaftswachstum,* Marburg.

Sauer, B. (2001): *Die Asche des Souveräns. Staat und Demokratie in der Geschlechterdebatte,* Frankfurt am Main.

Schaffartzik, A. et al. (2014): The global metabolic transition: Regional patterns and trends of global material flows, 1950–2010, in: *Global Environmental Change,* Vol. 26, pp. 87–97.

Scheer, H. (2012): *Der energethische Imperativ. Wie der vollständige Wechsel zu erneuerbaren Energien zu realisieren ist,* München. ヘルマン・シェーア著／今本秀爾ほか訳『エネルギー倫理命法：一〇〇％再生可能エネルギー社会への道』緑風出版，二〇一二年.

Scherrer, C. (2015): Auspolierte Kratzer. Das US-Finanzkapital. Durch mehr regulierung weiter hegemonial?, in: *PROKLA,* 45 (2), S. 257–276.

Schivelbusch, W. (2015 [1977]): *Geschichte der Eisenbahnreise. Zur Industriali-*

sierung von Raum und Zeit im 19. Jahrhundert, Frankfurt am Main. ヴォルフガング・シヴェルブシュ著／加藤二郎訳『鉄道旅行の歴史：19 世紀における空間と時間の工業化』法政大学出版局，二〇一一年.

Schmalz, S. (2018): *Machtverschiebungen im Weltsystem. Der Aufstieg Chinas und die große Krise*, Frankfurt am Main/New York.

Schmidt, D. (2013): Fordismus. Glanz und Elend eines Produktionsmodells, in: *PROKLA*, 43 (2), S. 173–180.

Schmidt, D.; Sieron, S. (2016): Editorial. Ökonomie der Flucht und der Migration, in: *PROKLA*, 46 (2), S. 172–180.

Schneider, E. (2017): *Raus aus dem Euro – rein in die Abhängigkeit? Spielräume und Restriktionen alternativer Wirtschaftspolitik außerhalb der Währungsunion*, Hamburg.

Schneidewind, U. (2013): Transformative Literacy. Gesellschaftliche Veränderungsprozesse verstehen und gestalten, in: *GAIA*, 22 (2), S. 82–86.

Schoppengerd, S. (2017): Und man sieht nur die im Lichte: Ulrich Brand und Markus Wissen leuchten die Schattenseite der "imperialen Lebensweise" aus, in: *express: Zeitschrift für sozialistische Betriebs- und Gewerkschaftsarbeit*, Nr. 8.

Schor, J. B. (2015): Überarbeitet und überschuldet. Die Zukunft von Arbeit, Freizeit und Konsum, in: *Luxemburg*, 1/2015, S. 60–65.

Schramm, M. (2010): Die Entstehung der Konsumgesellschaft, in: Sieder, R.; Langthaler, E. (Hrsg.): *Globalgeschichte 1800–2010*, Wien, S. 367–388.

Schriefl, E.; Bruckner, M. (2016): Bedarf an Metallen für eine globale Energiewende bis 2050 – Diskussion möglicher Versorgungsgrenzen, in: Exner, A.; Held, M.; Kümmerer, K. (Hrsg.): *Kritische Metalle in der Großen Transformation*, Berlin/Heidelberg, S. 217–233.

Schüller, K. (1994): Sklavenaufstand, Revolution, Unabhängigkeit: Haiti, der erste unabhängige Staat Lateinamerikas, in: Zoller, R. (Hrsg.): *Amerikaner wider Willen. Beiträge zur Sklaverei in Lateinamerika und ihren Folgen*, Frankfurt am Main, S. 125–143.

Schurath, B. (2015): Die große Gier. Von Ressourcengerechtigkeit ist die globale Politik weit entfernt, in: *Südlink*, 173, Dossier Ressourcengerechtigkeit, S. 3–6.

Schwarzer, C. M. (2011): Besser noch ein Jahr weiterfahren, in: *Zeit Online*, 18. 02.2011 (http://www.zeit.de; 27.01.2017).

Schwedes, O. (2014): Vom Homo Civis Mobilis. Mobilität im Wandel der Geschichte, in: *Politische Ökologie*, 137, S. 18–24.

Sezgin, H. (2015): Tiere nutzen, in: Le Monde diplomatique; Kolleg Postwachs-

tumsgesellschaften (Hrsg.): *Atlas der Globalisierung. Weniger ist mehr*, Berlin, S. 22–27.

Sieder, R.; Langthaler, E. (2010): Was heißt Globalgeschichtc? Einleitung, in: Sieder, R.; Langthaler, E. (Hrsg.): *Globalgeschichte 1800–2010*, Wien, S. 9–36.

Sommer, B.; Welzer, H. (2014): *Transformationsdesign. Wege in eine zukunftsfähige Moderne*, München.

Sonderegger, R. (2010): Wie emanzipatorisch ist Habitus-Forschung? Zu Rancières Kritik an Bourdieus Theorie des Habitus, in: *LiTheS. Zeitschrift für Literatur- und Theatersoziologie*, Nr. 3, S. 18–39 (http://lithes.uni-graz.at; 08.12.2016).

Spash, C. L. (2010): The Brave New World of Carbon Trading, in: *New Political Economy*, 15 (2), pp. 169–195.

Speed, S. (2007): *Rights in Rebellion: Indigenous Struggle and Human Rights in Chiapas*, Palo Alto.

Stamer, G.; Mayer, L. (2017): Leben wie Trump in "America"? Aktuelle Bücher hinterfragen die "imperiale Lebensweise", in: *kommunisten.de* (kommunisten.de).

Statistisches Bundesamt (2012): Wirtschaft und Statistik (https://www.destatis.de; 08.12.2016).

Steckner, A. (2013): Marxistische Parteiendebatte revisited. Zur Verortung politischer Parteien in der bürgerlichen Gesellschaft, in: *PROKLA*, 43 (2), S. 217–238.

Steckner, A.; Candeias, M. (2014): Geiz ist gar nicht geil. Über Konsumweisen, Klassen und Kritik. Standpunkte 11/2014, Berlin, Rosa Luxemburg Stiftung (https://www.rosalux.de; 24.08.2016).

Steffen, W. et. al. (2011): The Anthropocene: From Global Change to Planetary Stewardship, in: *Ambio*, 40 (7), pp. 739–761.

Steger, J. (2015): ... werden so viele SUV verkauft?, in: *Absatzwirtschaft* (http://www.absatzwirtschaft.de; 20.12.2016)

Stieß, I. u.a. (2012): Analyse bestehender Maßnahmen und Entwurf innovativer Strategien zur verbesserten Nutzung von Synergien zwischen Umwelt- und Sozialpolitik, Dessau (https://www.umweltbundesamt.de; 08.12.2016).

Stremmel, J. (2015): Das wird man ja wohl noch fahren dürfen!, in: *Süddeutsche Zeitung*, 11.09.2015 (http://www.sueddeutsche.de; 31.12.2016).

Strohschneider, T. (2014): *Linke Mehrheit? Über Rot-Rot-Grün, politische Bündnisse und Hegemonie*, Hamburg.

Stützle, I. (2003): Staatstheorien oder »Beckenrandschwimmerinnen der Welt

vereinigt euch!«, in: *Grundrisse. Zeitschrift für linke Theorie und Debatte,* Nr. 6, S. 27–38 (http://www.grundrisse.net; 08.12.2016).

Svampa, M. (2012): Resource Extractivism and Alternatives: Latin American Perspectives on Development, in: *Journal für Entwicklungspolitik,* 28 (3), S. 43–73.

Svampa, M. (2020): Reflexiones para un mundo post-coronavirus, in: *Nueva Sociedad Online,* April 2020 (nuso.org).

Tanuro, D. (2013): *Green Capitalism: why it can't work,* London.

Tauss, A.; Ehs, T. (2016): Das Ende des Kapitalismus denken? Fragmente für eine demokratisch-ökologische Linke im 21. Jahrhundert, in: Tauss, A. (Hrsg.): *Sozial-ökologische Transformationen. Das Ende des Kapitalismus denken,* Hamburg, S. 169–182.

Thie, H. (2013): *Rotes Grün. Pioniere und Prinzipien einer ökologischen Gesellschaft,* Hamburg.

Thie, H. (2017): Ändere das Leben: Wer Umwelt sagt, muss auch Ökonomie sagen. Zum Buch "Imperiale Lebensweise", in: *Der Freitag,* 14 July 2017 (freitag.de; 01.12.2020).

Thien, G. (2018): *Die verlorene Klasse: ArbeiterInnen in Deutschland,* Münster, epilogue.

Thompson, E. P. (1980a): Die »moralische Ökonomie« der englischen Unterschichten im 18. Jahrhundert, in: Thompson, E. P.: *Plebeische Kultur und moralische Ökonomie. Aufsätze zur englischen Sozialgeschichte des 18. und 19. Jahrhunderts,* hrsg. von Groh, D., Frankfurt am Main, S. 66–130.

Thompson, E. P. (1980b): Zeit, Arbeitsdisziplin und Industriekapitalismus, in: Thompson, E. P.: *Plebeische Kultur und moralische Ökonomie. Aufsätze zur englischen Sozialgeschichte des 18. und 19. Jahrhunderts,* hrsg. von Groh, D., Frankfurt am Main, S. 34–66.

Thompson, E. P. (1987 [1963]): *Die Entstehung der englischen Arbeiterklasse. Erster Band,* Frankfurt am Main. エドワード・P・トムスン著／市橋秀夫，芳賀健一訳『イングランド労働者階級の形成』青弓社，二〇〇三年.

Tronto, J. C. (2013): *Caring Democracy: Markets, Equality, and Justice,* New York.

Umweltbundesamt (2015): Umweltbewusstsein in Deutschland 2014. Vertiefungsstudie: Umweltbewusstsein und Umweltverhalten junger Menschen, Dessau (https://www.umweltbundesamt.de; 08.12.2016).

UNDP (2013): Human Development Report: Human Progress and the Rising South, New York, United Nations Development Programme (http://hdr.undp.org; 08.12. 2016).

UNEP (2011): Towards a green economy. Pathways to Sustainable Development and Poverty Eradication, Nairobi, United Nations Environment Programme (http://www.unep.org; 09.01.2011).

UNEP (2016a): Global Material Flows and Resource Productivity. Assessment Report for the UNEP International Resource Panel, Nairobi, United Nations Environment Programme (http://uncp.org; 06.09.2016).

UNEP (2016b): Green is Gold: The Strategy and Actions of China's Ecological Civilization, Geneva, United Nations Environment Programme (http://web.unep.org; 08.12.2016).

Unfallforschung der Versicherer (2012): Sport Utility Vehicles im Unfallgeschehen, Berlin (https://udv.de; 08.12.2016).

UN-Generalversammlung (2015): Transformation unserer Welt: die Agenda 2030 für nachhaltige Entwicklung, New York (http://www.un.org; 06.09.2016). 国連総会／外務省(仮)訳「我々の世界を変革する：持続可能な開発のための2030アジェンダ」(https://www.mofa.go.jp/mofaj/gaiko/oda/sdgs/pdf/000101402.pdf).

Unmüßig, B. (1998): Welche Erfahrungen haben Nichtregierungsorganisationen gemacht? Und wie haben sie sich bewährt?, in: Calließ, J. (Hrsg.): *Barfuß auf diplomatischem Parkett. Die Nichtregierungsorganisationen in der Weltpolitik. Loccumer Protokolle*, Nr. 9/97, Rehburg-Loccum, S. 53-64.

Urban. H.-J. (2009): Die Mosaik-Linke. Vom Aufbruch der Gewerkschaften zur Erneuerung der Bewegung, in: *Blätter für deutsche und internationale Politik*, 5/2009. S. 71-78.

Urry, J. (2013): *Societies beyond oil*, London/New York.

van Dyk, S.; Misbach, E. (2016): Zur politischen Ökonomie des Helfens. Flüchtlingspolitik und Engagement im flexiblen Kapitalismus, in: *PROKLA*, 16 (2), S. 205-227.

VCD (2010): Position Elektromobilität, Berlin, Verkehrsclub von Deutschland (https://www.vcd.org; 08.12.2016).

VCÖ (2009): Soziale Aspekte von Mobilität, Wien, Verkehrsclub von Österreich (https://www.vcoe.at; 23.6.2016).

VCÖ (2016): Urbaner Verkehr der Zukunft, Wien, Verkehrsclub von Österreich.

Veblen, T. (2011): *Theorie der feinen Leute. Eine ökonomische Untersuchung der Institutionen*, Frankfurt am Main. ソースタイン・ヴェブレン著／村井章子訳『有閑階級の理論』ちくま学芸文庫，二〇一六年.

Verron, H. (2015): Ändert sich die Mobilitätskultur? - Zwei Experteninterviews, in: *Zeitschrift für Umweltpsychologie*, 19 (1), S. 12-26.

Vogel, S. (2015): Die autoritäre Versuchung. Europas neue Linke zwischen Auf-

bruch und Populismus, in: *Blätter für deutsche und internationale Politik*, 11/2015, S. 71–79.

Wackernagel, M.; Beyers, B. (2010): *Der Ecological Footprint. Die Welt neu vermessen*, Hamburg.

Wagner, K. (2013): Es werden keine Gefangenen gemacht. Gegenwärtige Trends der Ausbeutung des Planeten, in: Bardi, U. (Hrsg.): *Der geplünderte Planet. Die Zukunft des Menschen im Zeitalter schwindender Ressourcen*, München, S. 21–28.

WBGU (2009): Kassensturz für den Weltklimavertrag – Der Budgetansatz. Sondergutachten, Berlin, Wissenschaftlicher Beirat der Bundesregierung Globale Umweltveränderungen (http://www.wbgu.de; 08.12.2016).

WBGU (2011): Welt im Wandel. Gesellschaftsvertrag für eine Große Transformation, Berlin, Wissenschaftlicher Beirat der Bundesregierung Globale Umweltveränderungen (http://www.wbgu.de; 09.01.2012).

Weis, T. (2013): *The Ecological Hoofprint. The Global Burden of Industrial Livestock*, London/New York.

Welzer, H. (2011): Mentale Infrastrukturen. Wie das Wachstum in die Welt und in die Seelen kam, Berlin, Heinrich Böll Stiftung (https://www.boell.de; 30.12.2016).

Welzer, H. (2013): *Selbst denken. Eine Anleitung zum Widerstand*, Frankfurt am Main.

Wichterich, C. (2013): Haushaltsökonomien in der Krise, in: *Widerspruch*, 32 (62), S. 66–73.

Wichterich, C. (2016a): Feministische internationale politische Ökonomie und Sorgeextraktivismus, in: Brand, U.; Schwenken, H.; Wullweber, J. (Hrsg.): *Globalisierung analysieren, kritisieren und verändern. Das Projekt Kritische Wissenschaft*, Hamburg, S. 54–71.

Wichterich, C. (2016b): Bausteine von Zukunft und der Charme des Selbermachens. Wider den care- und ressourcenextraktivistischen Kapitalismus, in: Tauss, A. (Hrsg): *Sozial-ökologische Transformationen. Das Ende des Kapitalismus denken*, Hamburg, S. 183–204.

Wiedmann, T. O. et al. (2013): The material footprint of nations, in: *PNAS*, 112 (20), pp. 6271–6276.

Wilkinson, R.; Pickett, K. (2010): *The Spirit Level. Why Equality is Better for Everyone*, London.

Williamson, J. (1990): What Washington means by policy reform, in: Williamson, J. (ed.): *Latin American Adjustment: How much has happened?*, Washington, DC, pp. 7–20.

Winker, G. (2015): *Care Revolution. Schritte in eine solidarische Gesellschaft,* Bielefeld.

Wissen, M. (2004): Vielfalt als Nebeneffekt. Agrobiodiversität und demokratische Ressourcenkontrolle, in: *Politische Ökologie,* 22 (91-92), S. 76-78.

Wissen, M. (2010): Klimawandel, Geopolitik und »imperiale Lebensweise«. Das Scheitern von »Kopenhagen« und die strukturelle Überforderung internationaler Umweltpolitik, in: *Kurswechsel. Zeitschrift für gesellschafts-, wirtschafts- und umweltpolitische Alternativen,* 25 (2), S. 30-38.

Wissen, M. (2014): Auf dem Weg in einen »grünen Kapitalismus«? Die ökologische Modernisierung der imperialen Lebensweise (http://ifg.rosalux.de; 19.12.2016).

Wissen, M. (2016): Zwischen Neo-Fossilismus und »grüner Ökonomie«. Entwicklungstendenzen des globalen Energieregimes, in: *PROKLA,* 46 (3), S. 343-364.

Wissen, M.; Brand, U. (2021): Working-class environmentalism and socio-ecological transformation. Contradictions of the imperial mode of living, in: Räthzel, N.; Stevis, D.; Uzzell, D. (eds.): *The Palgrave Handbook of Environmental Labour Studies,* Houndmills (forthcoming).

Wolf, W. (2007): *Verkehr, Umwelt, Klima. Die Globalisierung des Tempowahns,* Wien.

Wood, E. M. (2015): *Der Ursprung des Kapitalismus. Eine Spurensuche,* Hamburg. エレン・メイクシンス・ウッド著／平子友長，中村好孝訳『資本主義の起源』こぶし書房，二〇〇一年.

World Steel Association (2015): Steel Statistical Yearbook, Brüssel (http://www.worldsteel.org; 08.12.2016).

Wright, E. O. (2010): *Envisioning Real Utopias,* London/New York.

WTO (2014): International Trade Statistics 2014, World Trade Organization (https://www.wto.org; 08.12.2016).

WTO (2015): International Trade Statistics 2015, World Trade Organization (https://www.wto.org; 08.12.2016).

Wuppertal Institut für Klima, Umwelt, Energie (2005): *Fair Future. Begrenzte Ressourcen und globale Gerechtigkeit,* München.

Wuppertal Institut für Klima, Umwelt, Energie (2009): *Zukunftsfähiges Deutschland in einer globalisierten Welt. Ein Anstoß zur gesellschaftlichen Debatte,* Frankfurt am Main.

Zapatista National Liberation Army 1993: Today we say "enough is enough!" (Ya Basta!), in: *First Declaration from the Lacandon Jungle. EZLN's Declaration of War,* (struggle.ws). サパティスタ民族解放軍著「『メヒコの覚醒者』：ラ

カンドン密林宣言」，太田昌国，小林致広編訳『もう，たくさんだ！：メキシコ先住民蜂起の記録 1』現代企画室，一九九五年.

Zeller, C. (2010): Die Natur als Anlagefeld des konzentrierten Finanzkapitals, in: Schmieder, F. (Hrsg.): *Zur Kritik der Politischen Ökologie heute,* Frankfurt am Main, S. 103–135.

Zhang, L. (2015): *Inside Chinas Automobile Factories. The Politics of Labor and Worker Resistance,* New York.

Ziai, A. (2011): Die heilige Kuh der >Entwicklung<. Post-Development und die Reaktionen darauf, in: *Südwind,* 32 (11), S. 39.

Zinn, K. G. (2015): *Vom Kapitalismus ohne Wachstum zur Marktwirtschaft ohne Kapitalismus,* Hamburg.

監訳者紹介

中村健吾（なかむら・けんご）

大阪市立大学大学院経済学研究科教授．『欧州統合と近代国家の変容』（昭和堂，2005 年），『岐路に立つ欧州福祉レジーム』（共編著，ナカニシヤ出版，2020 年）ほか．（日本語版への序文・第 1 章・第 6 章・第 8 章を担当）

斎藤幸平（さいとう・こうへい）

大阪市立大学大学院経済学研究科准教授．Karl Marx's Ecosocialism (Monthly Review Press, 2017)，『人新世の「資本論」』（集英社新書，2020 年）ほか．（第 4 章・第 6 章を担当）

訳者紹介

明石英人（あかし・ひでと）

駒澤大学経済学部教授．『マルクスとエコロジー』（共著，堀之内出版，2016 年），M. クヴァンテ『カール・マルクスの哲学』（共訳，リベルタス出版，2019 年）ほか．（第 5 章を担当）

岩熊典乃（いわくま・ふみの）

大阪産業大学経済学部専任講師．「アドルノにおける〈自然史〉の思想」（『経済社会学会年報』37 巻，2015 年），「初期フランクフルト学派と「自然に対する社会的諸関係」の危機」（『経済社会学会年報』38 巻，2016 年）ほか．（日本語版への序文・第 2 章・謝辞を担当）

岡崎 龍（おかざき・りゅう）

一橋大学大学院言語社会研究科非常勤講師．「ヘーゲルとパフォーマティヴィティ」（『思想』1137 号，2019 年），Zur kritischen Funktion des absoluten Geistes in Hegels Phänomenologie des Geistes (Diss. HU Berlin 2021) ほか．（第 7 章を担当）

表 弘一郎（おもて・こういちろう）

城西大学経済学部准教授．『アドルノの社会理論』（白澤社，2013 年），『現代経済学史の射程』（共著，ミネルヴァ書房，2019 年）ほか．（第 3 章を担当）

ウルリッヒ・ブラント(Ulrich Brand)
1967年生まれ．フランクフルト大学で博士号，カッセル大学で大学教授資格を取得．ウィーン大学教授．月刊誌『ドイツ政治と国際政治のための雑誌』の編者も務める．

マークス・ヴィッセン(Markus Wissen)
1965年生まれ．ベルリン自由大学で博士号，ウィーン大学で大学教授資格を取得．ベルリン経済・法科大学教授．季刊誌『プロクラ：批判的社会科学のための雑誌』の編集も行なう．

地球を壊す暮らし方——帝国型生活様式と新たな搾取
ウルリッヒ・ブラント　マークス・ヴィッセン

2021年6月17日　第1刷発行
2021年8月25日　第2刷発行

監訳者　中村健吾《なかむらけんご》　斎藤幸平《さいとうこうへい》

発行者　坂本政謙

発行所　株式会社 岩波書店
〒101-8002 東京都千代田区一ツ橋2-5-5
電話案内 03-5210-4000
https://www.iwanami.co.jp/

印刷・三秀舎　製本・松岳社

ISBN 978-4-00-061475-7　　Printed in Japan

資本主義と危機
——世界の知識人からの警告——
マルクス・ガブリエル
イマニュエル・ウォーラーステイン
斎藤幸平 他
四六判二一六頁
定価二〇九〇円

これがすべてを変える（上・下）
——資本主義vs.気候変動——
ナオミ・クライン
幾島幸子
荒井雅子 訳
四六判（上）三八二頁（下）四〇六頁
定価（上）三〇八〇円（下）二九七〇円

シリーズ 現代経済の展望
資本主義の新しい形
諸富徹
四六判二七〇頁
定価二八六〇円

ルポ つながりの経済を創る
——スペイン発「もうひとつの世界」への道——
工藤律子
四六判一九〇頁
定価二二〇〇円

岩波書店刊
定価は消費税10%込です
2021年8月現在